U0111463

大展好書　好書大展
品嘗好書·冠群可期

武學釋典 21

妙諦傳心
太極拳經秘譜匯宗

何欣委　編著

大展出版社有限公司

一代宗師張三豐先生自畫像

郝氏太極拳譜

《永年太極拳譜》

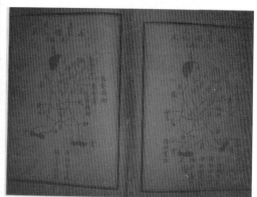

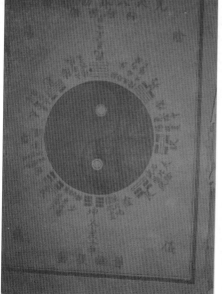

馮超如手抄李亦畬老三本拳譜

手抄拳譜《太極拳述要》

武匯川版《太極拳譜》

太極拳譜

北平武匯川先生校閱

上海匯川太極拳社出版

《李氏太極拳譜》

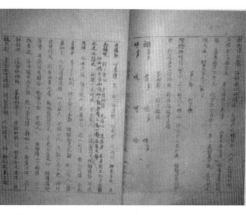

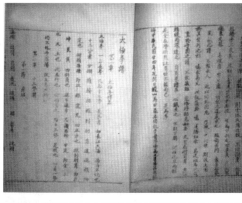

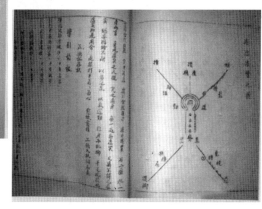

作者自敘

　　何欣委，字奮強，號逍遙散人、妙空子，居京師，業傳媒。醉心於傳統文化，久慕太極而未得明師，深以爲憾。

　　後因機緣巧合，偶觀武式太極拳第五代傳人宋保年老師演架；見其拳架小巧緊湊，摶氣內轉，起承開合，皆張弛有度；進退顧盼，均嚴謹得法；動作圓活自然，身法細膩入微。甫觀即知爲太極眞傳無疑，贊嘆之餘，心生欽服。遂由師兄楊理贛引薦，幸得師首肯，拜入門牆，得以一窺太極之全體大用，受教兩年，得益匪淺。惜愚資質魯鈍，未能盡悉堂奧，但求眞向道之切心不改。本著尊重傳統，學思並進之原則，廣集前賢之論說，匯爲三峡，以利同好共參而有得。

　　若廣大太極愛好者，能於書中歷代前賢之一言、一句之精論而心有相契，並從中得益，誠愚之所願也。

武式太極拳第六代傳人

達摩易筋洗髓經內功傳人

作者聯繫方式：

QQ：2811529756

郵箱：2811529756@qq.com

序

　　太極拳爲中國最爲著名的內家拳之一，具有極好的養生與技擊效果。其既是拳術，又是道功，歷來爲武術愛好者、文人、乃至道門中人所喜愛，時至今日，更成爲大眾養生健身之法寶。

　　太極拳源自太上玄門，肇始於三豐祖師，流於陳家溝，後經楊露禪宗師弘揚於京師，始廣爲世人所知。其後再經武禹襄、李亦畬二位宗師發明理法，可謂圓滿無暇。

　　太極拳傳承至今，已有數百年之歷史。在漫長的傳承、發展過程中，形成了陳、楊、武、吳、孫、趙堡等眾多流派，其派別、架勢雖然眾多，但莫不遵循「以柔克剛、運柔成剛」之理，這其中太極拳論的導向作用是顯而易見的。

　　試觀各派太極，從其淵源流別上可以看出太極拳的形成、演化過程。陳式太極是較爲古老的一個流派，依然保存著大量少林和長拳的影子，比如震腳、跌叉、躥蹦跳躍等，體現了中國武術由外家向內家的過渡狀態。這是太極拳形成和發展的第一個里程碑。

　　楊式太極拳，源於陳式太極，經過三代人的傳承、定架，形成了注重鬆沉、舒展、綿柔的特點，其行功平緩、勻速，勁力如綿裏裹鐵，且剔除了跳躍、震腳等外形較爲剛猛的動作，改大槍架爲虛實相間的虛步與弓步，邁步如貓行，

可謂太極拳發展的第二個里程碑。

武式太極拳，則素以法度嚴謹，架勢小巧，轉換靈活，外小內大著稱，較之各家太極，更注重理論之參究，例如傳世之《十三式行功要解》《太極拳解》《十三勢行功心解》《五字訣》《撒放秘訣》等，皆出自武、李之手。武式太極對於太極拳理法之完備，可謂厥功甚偉，是太極拳發展的第三個里程碑。

其後，再由楊式太極演化出偏於柔化的吳式太極拳，由武式太極拳演化出融太極、八卦、形意為一體的孫式太極拳，太極大家庭可謂百花齊放，百家爭鳴。

在太極拳數百年的演變中，各派歷代宗師留下了豐富的拳理拳論著作，其文約、其義深，且多為經驗之談，可謂研習太極之寶貴教程。然各家拳論歷來散見於各類書籍而少見彙集，實不便太極修行者查閱、研修。今有武式太極拳葛順成一脈之門人何君欣委，匠心獨具，以大願力，歷經數載，收集太極各派之拳理拳論善本、古本，復歷數月之善巧彙集、嚴謹校對，修正其中舛誤，始成今日之《太極拳經秘譜匯宗》《太極拳論秘譜匯宗》和《太極拳解秘譜匯宗》三部曲。此三部曲，可謂將民國以前之各派拳論著作收羅殆盡，堪為太極拳之百科辭典。

何君欣委，治學嚴謹，其於道學、佛學乃至易筋洗髓經皆有較深研究，此次匯總之《太極拳經、論、解秘譜匯宗》，則更顯其修為。此三部曲，既可作為太極愛好者練習之理論依據，又可成為太極研究者收藏研究之寶貴資料。是書之出，或可成為太極愛好者人手一本之必備參考書。

　　最後，希望此三部鴻篇巨著能爲廣大太極愛好者帶來幫助，爲太極拳界添一異彩。是爲序。

　　　　武式太極第六代傳人
　　　　程式八卦掌第七代傳人　楊光﹝理蹟﹞
　　　　全眞伍柳仙宗傳人

自　序

　　術可傳乎，必得之於明師，身教言傳，庶幾可得其眞意。藝可成乎，必勤於苦練，方可如春起之苗，未見其增，日有所長。道可證乎，必印之於先賢，按圖索驥，理法方可通融無礙，不至於趨入旁徑。

　　太極拳者，體陰陽，運五行，察八卦，順乎自然之理，合乎虛無之妙，後天逆運，返乎先天之神技也。歷來皆口授身教，罕有文字問世。竊察其因，則有二端：其一，歷來習武者少能通文，是以雖心中默識，下筆則難以成文，故無法言其精微，此其一也；另古人保守，惜藝如金，拳論乃先賢畢生之心得，非遇載道之器則不輕易示人，知音者稀，自然傳之不廣，此其二也。如是者，斯技拳論歷來罕有傳播者，及至武派太極開山祖師武禹襄先生將得之永年鹽店之王宗岳拳論公之於世，方是太極拳有系統文字之始，亦造就了太極拳別開生面之春。

　　考武禹襄宗師乃學富五車之飽學之士，喜文更好武，先得趙堡陳清萍授以眞訣，同時又參以王宗岳拳論遺文，潛心默識，孜孜以求，精研斯技，融而化之，功夫遂臻入化境，終成一代太極宗師。是以效仿先賢，將一生精研之心得撰以成文，流傳後世，可謂是厥功至偉也。後習太極者，不論門派，均將其拳論奉爲圭旨，研而習之，寶而珍之。宗師後傳

之李亦畬、李啓軒諸公則接續其道脈，進一步對拳論擴而充之，增演妙諦，以廣流傳。而其他各流派宗師亦多有拳論傳世，殫精竭慮，闡述斯技之精微，各有得力，功莫大焉。

拳論乃前輩先賢一生體悟之結晶，歷代宗師結集時無不精益求精，字字珠璣，點滴均從身體力行中感悟而來，可謂是慎重至極，無一浮詞，是以一字不可妄加，一字不可妄改。吾遍觀坊間諸譜，亥豕魯魚，錯訛百出者有之，次第顚倒者有之，胡亂篡改者有之，是以碎金珠玉難成牟尼一串。殊不知，技藝之精微妙義，差之雖毫釐，失之已千里，可不謹而慎乎？

無奈年代久遠，原傳譜文在歷代傳抄授受中均有散失，欲求其正，何其難也。但若順其自然，長此下去，歷代先賢凝聚心血之精論，必將愈傳愈歧，最終會流散於無，誠可惜也。

有鑒於此，愚不惴資質魯鈍，廣搜各派秘譜，並參以坊間流傳之較精版本，相互比對參照，改其錯訛，厘其次第，經數月精校，終至雅而可觀，特結集成冊，出版印行，以永流傳。得斯譜加以勤學善悟，則如有祖師親授，按圖索驥，潛心默識，理法並舉，日久功深則必臻大成，斯不負歷代宗師之拳拳苦心於萬一。是爲序。

武式太極拳第六代傳人
達摩易筋洗髓經內功傳人　　何欣委

前　言

內容簡介

本套叢書共三本，分為經、論、解三編，分別是《妙諦傳心——太極拳經秘譜匯宗》《神運無方——太極拳論秘譜匯宗》《微言大義——太極拳解秘譜匯宗》。

經

所謂經，路徑也、方法也，規矩準繩也。此編主要匯集了太極拳歷代宗師所傳承授受之口訣秘譜，其內容多言簡意賅，而其意蘊則微言大義，理法兼備；斯編廣納博收，抉微索引，所集內容之廣，前所未有。命名為《妙諦傳心——太極拳經秘譜匯宗》。

論

所謂論，論述也、闡發也，引申也。此編主要收錄了各派名家對太極拳理法所闡發之論述，這些精闢的論述均自實證實修、身體力行而來，乃歷代宗師一生經驗之結晶，可謂是字字千金，彌足珍貴；這些太極拳精論，對於廣大的太極拳愛好者來說，必將會起到提攜引路之妙用。此編命名為《神運無方——太極拳論秘譜匯宗》。

解

所謂解，分解也、釋義也，乃先賢對拳經之解悟也。歷代傳承之拳經、拳論，大多皆直指真詮，其中之微言大義不經解釋，後學難明；但未經證悟，所解又未必得真，很多時候僅從文字義來理解，不一定即是太極之真意。本編彙集之論解，皆是歷代公認之太極拳宗師所闡述，以求其符合正知、正見、正論之訴求。此編命名為《微言大義——太極拳解秘譜匯宗》。

意　義

理法共參

該套太極拳經、論、解匯集，三編一體，層層遞進，從點、線、面、體，多角度、分層次立體解構太極拳的核心修煉秘旨，使太極拳之理、法、訣、用，皆可透過本套叢書得以全景式的呈現，從而還原太極拳之本來面目；使廣大太極拳愛好者，有理可循，有法可依，有據可查，在日常練習中不至於蒙昧無依，趨入旁徑。

此經、論、解三編，雖為一體，但各有側重，分別從不同角度深入剖析太極拳之理法、練法、修法。同時，將各派先賢之拳論彙集一編，亦可供讀者逐一進行比對研究，互參互證，使太極拳之核心內涵更加透徹明晰，可謂是法訣俱全，真機畢現，實乃日常必備之資料，習拳悟道之圭旨。

挽救資料

此套太極拳經、論、解叢書，抉微索隱，鉤沉起軼，將散在各個論著裏的歷代太極拳宗師拳論均進行了細緻入微的整理和彙集，透過條分縷析地分類彙集整理，使歷代先賢之拳論資料得以眉目分明，理法兼備，顯明而直指，讀者無論是查閱抑或是研究，均可展卷而盡覽，一目而了然。

其次，從傳承的角度來講，此經、論、解三編將歷代宗師之拳論整理彙集成冊，可以在很大程度上有效地挽救和保存歷史資料，使這些珍貴的太極拳文字資料不至於隨著時間的久遠而散失，這也是太極拳在傳承發展過程中非常迫切的一件現實工作。

所以，整理和彙集前賢之精論，對於太極拳文字資料的歷史留存，刻不容緩，意義重大。

結　語

中華武術，博大精深，源遠流長，雖門派各別，但均各有得力。而太極拳作為一門內外兼修，煉養結合的優秀拳種，其拳理根植於我國傳統文化，伴隨著歷代前賢的傳承發揚，業已成為我國傳統文化的重要組成部分，一直以來都深受各界人士所推崇和喜愛。其影響力之巨，適應人群之眾，傳播範圍之廣，可謂古今罕見。如今更是作為中華傳統武術的代表拳種，早已走出國門，廣泛傳播於世界各地。

縱觀歷史，任何一個拳種，能夠經受住歲月的洗禮而流傳下來，最終成為一個知名的武術流派，最重要的根源和核心就是其背後的理法。而理法的形成，不僅僅取決於習武者的勤學苦練，更體現在習武者對這門武學的體認經驗與專業素養，繼而才能形成一套針對這一拳種的正確理論，並以此為基，最終濃縮為可堪參考借鑒的拳論。

然而，隨著時代的變遷，歷史的久遠，太極拳這一優秀的拳種，和其他拳種一樣，在其傳承接續的過程中，也逐漸偏離了其固有的發展軌跡，以至形成如今門派林立，拳架萬別，理法蕪雜之局面。

究其原因，固然有其歷代傳承接續過程中保守的一面，更多的則是一直以來其正確的理論體系，大多僅流傳於門內師徒之間的身傳口授，很少行諸於文字，即或有，亦皆深為秘惜，外人則更是難得一窺，是以碎金珠玉，難成牟尼寶珠一串，而在傳承接續的過程中，大量的先賢精論皆多有散失，以至於造成如今太極拳的發展似已進入了幾乎停滯不前的狀態，既無繼承，更無發展，雖愛好者眾，但大多僅流於枝葉而失其根本，漸迷其宗，漸失其真，只知其養生之效，而不知其搏擊之功，更難窺其入道之門。

而筆者則認為，聖人無二心，太極無二道，天下太極是一家，本無二無別，所謂分別者，後人之錯用心也。理法蕪雜，必然會造成學藝不精。習拳者若其武學思想不能與祖師之論心有相契，則必難得真，所得亦必非正法。正所謂差之雖毫釐，繆之已千里也。

　　而現今去古聖甚遠，又何以求其正呢？愚以為，自然應是以古聖先賢之語言為綱，字字體貼，細心體悟，以理指導其練，以練體悟其理，庶不至失其真蘊。

　　基於此，筆者承擔起了彙集整理歷代太極拳宗師經、論、解之重任，利用如今資訊發達的便利條件，廣納博收，抉微索引，厘其次第，證其錯訛，匯為三編，以為廣大太極拳愛好者參考學習之助，亦為防止這些珍貴歷史資料再次散失，挽救傳統文化的傳承接續，盡一點微薄之力。

　　整理彙編此套叢書，工程可謂異常龐大。要從浩如煙海的前賢著作中，厘出其精華，其所涉資料之多，錄入工作之繁重，所費精力之巨，實非常人所能感受。有幸的是筆者在整理此書過程中，得到了很多熱心朋友的無私幫助，才使得錄入工作變得輕鬆一些。

　　在此書即將付梓之際，特此對幫助過我的這些朋友致以誠摯的感謝！他們（所列名字不分先後）是江蘇無錫：陳道忠，浙江寧波：聞捷，湖北恩施：程鑾，湖南株洲：文志華，山西大同：陳越，四川自貢：林邦鑫，上海：徐強，杭州：唐諍皓，江西吉安：陳小鴻，湖南永興：周和平，浙江金華：盧金龍，廣東：李春霖、李金霖，武漢：楊帆，廣州：楊鎮澤，四川宜賓：余成，廣州：馮文斌、上海嘉定區：王永保，合肥：張智勇，長春：劉興鵬，合肥：吳強，河南南陽：賈國棟，江西贛州：郭小林，河北：孫利民、王崢，以及網友sufu、隨風巽、素風、浪打雲等。

同時在這裏也要特別感謝我的太極拳授業恩師宋保年先生，感謝他一直以來對我的辛勤教誨，也正是由於先生的悉心傳授，才使我得以一窺太極拳之真傳正法，從先生所學，收穫良多，概難言表，值此書出版之機，特致銘謝！

彙集說明

1. 此套叢書廣納博收，是目前所見到的太極拳出版物中內容最系統，收集最完善的太極拳經、論、解彙編叢書。此套叢書的出版發行，無論是對於太極拳習練者和研究者來說，都是非常實用的日常必讀叢書和學習參考工具書。

2. 為保證本套叢書的含金量，其所收內容皆是歷史上公認之太極拳名家論述，均為正知、正見、正論，若讀者悉心鑽研，加以勤學善悟，則如有祖師親授，自可得窺太極之真諦。

3. 本套叢書所收資料中，很多都是以前拳家秘而不宣之門內傳抄秘譜和資料，且不少資料都是首次公開，極富歷史價值和學術研究價值。

4. 本套叢書將歷代太極拳宗師之論述分為經、論、解三編，層層遞進，體用皆賅，條分縷析，理法兼備。使歷代散於各類資料中的太極拳經、論、解，均得到條理化、系統化的呈現，讀者無論是查閱抑或是參考學習，均會大有助益。

5. 為了不悖原著之本意，對於一些古體字和異體字，

則盡可能不做修改，以求不失其原意，但對於一些字已經形成約定俗成用法的字，則做了一定的修改，如「著」同「着」、「準」通「准」、「劢」通「勁」、「體」通「体」。有心之讀者可比對參考研究。

6. 新中國成立以前之拳家，大多誠篤務實，不重名利，亦肯平心下氣地踏實練功，所以其拳論、拳理大多從身體力行中感悟而來，無一浮詞，非常實用；所以本套叢書大多選擇新中國成立之前的太極拳家論述為主，以求達到使讀者能夠真實受用之目的。

7. 對於一些有爭議的優秀拳論，本套叢書則本著不設立場，不涉考據，秉承「依法不依人」的宗旨，僅收錄其內容，不參與發表過多的個人立場和看法，僅在拳論之後做出特別說明，以利於讀者自行瞭解辨析。

8. 太極拳論過去大多在門內以手抄本的形式流通，輾轉抄寫，其中錯訛實在所難免，對於一些難以定奪孰對孰錯之字，均在其後括弧內附有其他抄本之對照文字，以供讀者對照參考。

9. 本套叢書為了更加便於讀者參研，雖在內容上按派別來分卷，但在收錄立場上則本著不分派別、天下太極是一家的原則和共參共融的理念來進行彙集整理，所以只要是有深度、有見地的優秀拳論，均予收錄。

10. 本套叢書雖經筆者嚴謹校勘，但限於客觀條件和本人的學識水準有限，加以手頭可供查閱資料的不足，所以在彙集整理的過程中，難免會有各種各樣的錯誤，敬請廣大讀者朋友予以批評和指正，以利於再版時改正，以臻完美。

目　錄

第一卷
秘傳太極拳經抄譜匯集

張三豐祖師拳論

張三豐

張三豐，本名通，字君寶，元季儒者、技擊家，武當丹士。善書畫，工詩詞，遼寧人，另一說福建邵武人。曾舉茂才異等，任中山博陵令；自稱張天師後裔，為武當派開山祖師。明英宗賜號「通微顯化真人」；明憲宗特封號為「韜光尚志真仙」；明世宗贈封他為「清虛元妙真君」。傳有壇塔派、遙偈派、自然派、三豐派。

據道教界考證，其活動時期約由元延祐（1314—1320年）年間到明永樂十五年（1417年）。傳說其容丰姿魁偉，大耳圓目，鬚髯如戟。無論寒暑，只一衲一蓑，一餐能食升斗，或數日一食，或數月不食，事能前知，遊止無恒。居寶雞金台觀時，曾死而復活，道教稱之為「陽神出遊」。入明，自稱「大元遺老」，時隱時現，行蹤莫測。洪武二十四年（1391年）朝廷覓之不得。永樂年間，成祖遣使屢訪皆不遇，天順三年（1459年）詔封通微顯化真

人。張三豐認為所謂儒、釋、道三教僅為創始人之不同，實則「牟尼、孔、老皆名曰道」，而「修己利人，其趨一也」，又稱「一陰一陽之謂道，修道者修此陰陽之道也，一陰一陽，一性一命而已矣，《中庸》云：天命之謂性，率性之謂道，修道之謂教。三教聖人皆本此道以立其教也」。他還認為：「玄學以功德為體，金丹為用，而後可以成仙。」

張三豐精拳法，其法主禦敵，非遇困危則不發，而發則必勝。徽宗召之，道梗不前，夜夢玄帝授之拳法，厥明以單丁殺賊百餘，遂以絕技名揚於世。至明嘉靖時，其法遂傳於四明，以張松溪為最著。據清雍正年間，曹秉仁纂修的《寧波府志》卷三十一張松溪傳載：「張松溪，鄞人，善搏，師孫十三老，其法自言起於宋之張三豐。」

張三豐著述豐富，如《大道論》《玄機直講》《玄要篇》《無根樹》等，其著述作品被後人結集為《張三豐先生全集》而廣傳於世。

張三豐承留

天地即乾坤，伏羲為人祖。畫卦道有名，堯舜十六母。
微危允厥中，精一及孔孟。神化性命功，七二乃文武。
授之至予來，字著宣平許。延年藥在身，元善從復始。
虛靈能德明，理令氣形具。萬載詠長春，心兮誠真跡。
三教無兩家，統言皆太極。浩然塞而沖，方正千年立。
繼往聖永錦，開來學常續。水火既濟焉，願至戌
（戍）畢字。

口授張三豐老師之言

予知三教歸一之理，皆性命學也，皆以心為身之主也，保全心身，永有精氣神也。

有精氣神，纔能文思安安，武備動動，安安動動、乃文乃武。大而化之者，聖神也。先覺者，得其寰中，超乎象外矣。後學者，以效先覺之所知能，其知能，雖人固有之知能，然非效之，不可得也。

夫人之知能，天然文武。目視耳聽，天然文也。手舞足蹈，天然武也。孰非固有也，明矣。

前輩大成、文武聖神，授人以體育修身，進之不以武事修身，傳之至予，得之手舞足蹈之採戰，借其身之陰，以補助身之陽。身之陽，男也；身之陰，女也；然皆於身中矣。男之身祇一陽男，全體皆陰女，以一陽採戰全體之陰女，故人云一陽復始。

斯身之陰女，不獨七二，以一姹女配嬰兒之名，變化千萬，姹女採戰之可也，亦安有男女後天之身以補之者，所謂自身之天地以扶助之，是為陰陽採戰也。如此者，是男子之身皆屬陰，而採自身之陰，戰己身之女，不如兩男之陰陽對待，修身速也。

予及此，傳於武事，然不可以末技視，依然體育之學，修身之道，性命之功，聖神之境也。

今夫兩男之對待採戰，於己身之採戰，其理不二。己身亦遇對待之數，則為採戰也。是為汞鉛也。於人對戰，坎離之陰陽兌震，陽戰陰也，為之四正；乾坤之陰陽艮

巽，陰採陽也，為之四隅；此八卦也，為之八門。

身、足位列中土，進步之陽以戰之，退步之陰以採之，左顧之陽以採之，右盼之陰以戰之，此五行也，為之五步，共為八門五步也。

夫如是，予授之爾，終身用之，不能盡之矣。又至予，得武繼武，必當以武事傳之而修身也。修身入首，無論武事文為，成功一也，三教三乘之原，不出一太極。願後學以易理格致於身中，留於後世可也。

張三豐以武事得道論

蓋未有天地，先有理，理為氣之陰陽主宰。主宰理，以有天地，道在其中。陰陽氣道之流行，則為對待；對待者，陰陽也，數也。

一陰一陽之為道。道無名，天地始。道有名，萬物母。未有天地之前，無極也，無名也。既有天地之後，有極也，有名也。然前天地者，曰理；後天地者，曰母。是乃理化先天陰陽氣數，母生後天胎、卵、濕、化。位天地，育萬育，道中和，然也。故乾坤為大父母，先天也；爹娘為小父母，後天也。得陰陽先後天之氣，以降生身，則為人之初也。

夫人身之來者，得大父母之命性賦理，得小父母之精血形骸，合先後天之身命，我得而成人也，以配天地為三才，安可失性之本哉。然能率性，則本不失，既不失本來面目，又安可失身體之去處哉？

夫欲尋去處，先知來處。來有門，去有路，良有以

也。然有何以之？以之固有之知能，無論知愚賢否，固有知能，皆可以之進道。既能修道，可知來處之源，必能去處之委，來源去委既知，能必明身不修。故曰：自天子至於庶人，壹是皆以修身為本。

夫修身以何，以之良知良能，視目聽耳，曰聰曰明，手舞足蹈，乃武乃文，致知格物，意誠心正。

心為一身之主，正意誠心，以足蹈五行，手舞八卦。手足為之四象，用之殊途，良能還原。目視三合，耳聽六道，目、耳亦是四形體之一表，良知歸本。耳目，手足，分而為二，皆為兩儀；合之為一，共為太極。此由外斂入之於內，亦自內發出之於外也。

能如是，表裏精粗無不到，豁然貫通，希賢希聖之功，自臻於曰睿曰智，乃聖乃神。所謂盡性立命，窮神達化，在茲矣。然天道、人道，一誠而已矣。

學太極拳須斂神聚氣論

太極之先，本為無極，鴻蒙一氣，混濁不分，故無極為太極之母，即萬物先天之機也。

二氣分，天地判，始成太極。二氣為陰陽，陰靜陽動，陰息陽生。天地分清濁，清浮濁沉，清高濁卑；陰陽相交，清濁相媾，氤氳化生，始育萬物。

人之生世，本有一無極，先天之機是也。迨入後天，即成太極。故萬物莫不有無極，亦莫不有太極也。

人之作用，有動必靜，靜極必動，動靜相因，而陰陽分，渾然一太極也。人之生機，全恃神氣，氣清上浮，無

異上天；神凝內斂，無異下地；神氣相交，亦宛然一太極也。

故傳我太極拳法，即須先明太極妙道。若不明此，非吾徒也！

太極拳者，其靜如動，其動如靜，動靜循環，相連不斷，則二氣既交，而太極之象成；內斂其神，外聚其氣，拳未到而意先到，拳不到而意亦到。

意者，神之使也；神氣既媾，而太極之位定；其象既成，其位既定，氤氳化生，而演為七二之數。

太極拳總勢十有三，掤、捋、擠、按、採、挒、肘、靠，進步、退步、右顧、左盼、中定，按八卦五行之生剋也；其虛靈、含拔、鬆腰、定虛實、沉墜、用意不用力、上下相隨、內外相合、相連不斷、動中求靜，此太極拳之十要，學者之不二法門也。

學太極拳為入道之基，入道以養心定性，聚氣斂神為主。故習此拳，亦須如此。若心不能安，性即擾之。氣不外聚，神必亂之。心性不相接，神氣不相交，則全身之四體百脈，莫不盡死。雖依勢作用，法無效也。欲求安心定性，斂神聚氣，則打坐之舉不可缺，而行功功法不可廢矣。

學者須於動靜之中，尋太極之益，於八卦五行之中，求生克之理。然後，混七二之數，渾然成無極，心性神氣，相隨作用，則心安性定，神斂氣聚，一身中之太極成，陰陽交，動靜合；全身之四體百脈，周流通暢，不黏不滯，斯可以傳吾法矣。

太極拳經歌訣六首

其一

　　順項貫頂兩膀鬆，束烈（肋）下氣把襠撐。

　　胃（威）音開勁兩捶爭，五趾抓地上彎弓。

其二

　　舉動輕靈神內斂，莫教斷續一氣研。

　　左右宜有虛實處，意上寓下後天還。

其三

　　拿往丹田練內功，哼哈二氣妙無窮。

　　動分靜合屈伸就，緩應急隨理貫通。

其四

　　忽隱忽現進則長，一羽不加至道藏。

　　手快手慢皆非似，四兩撥千運化良。

其五

　　極柔即剛極虛靈，運若抽絲處處明。

　　開展緊湊乃縝密，待機而動如貓行。

其六

　　掤捋擠按四方正，採挒肘靠斜角成。

　　乾坤震兌乃八卦，進退顧盼定五行。

太極行功說（法）

　　太極行功，功在調和陰陽，交合神氣。打坐即為第一步下手功夫。

　　行功之先，猶應治臟。使內臟清虛，不著渣滓，則神

斂氣聚，其息自調。

進而吐納，使陰陽交感，渾然成為太極之象。然後再行運各處功夫：

冥心兀坐，息思慮，絕情欲，保守真元，此心功也。

盤膝曲股，足跟緊抵命門，以固精氣，此身功也。

兩手緊掩耳門，疊指背，彈耳根骨，以袪風池邪氣，此首功也。

兩手擦面，待其熱，更用唾沫遍摩之，以治外侵，此面功也。

兩手按耳輪，一上一下，摩擦之，以清其火，此耳功也。

緊合其睫，眼珠內轉，左右互行，以明神室，此目功也。

大張其口，以舌攪口，以手鳴天鼓，以治其熱，此口功也。

舌抵上齶，津液自生，鼓漱咽之，以潤其內，此舌功也。

叩齒卅六，閉緊齒關，可集元神，此齒功也。

兩手大指，擦熱揩鼻，左右卅六，以鎮其中，此鼻功也。

既得此行功奧竅，還須正心誠意，冥心絕欲，從頭做去，始能逐步升登，證悟大道，長生不老之基，即胎於此。若才得此太極拳法，不知行功之奧妙，掣置不顧，此無異於煉丹不採藥，採藥不煉丹，莫道不能登長生大道，即外面功夫，亦決不能成就。

　　必須功拳並練，蓋功屬柔而拳屬剛，拳屬動而功屬靜，剛柔互濟，動靜相因，始成為太極之象，相輔而行，方足致用。

　　此練太極拳者，所以必先知行功之妙用；行功者，所以必先明太極之妙道也。

太極行功歌（六字訣）

　　兩氣未分時，渾然一無極。
　　陰陽位即定，始有太極出。
　　人身要虛靈，行功主呼吸。
　　呵噓呼哂吹，加嘻成六數。
　　六字意如何，治臟不二訣。
　　治肝宜用噓，噓時睜其目。
　　治肺宜用哂，哂時手雙托。
　　心呵頂上叉，腎吹抱膝骨。
　　脾病一再呼，呼時把口撮。
　　仰臥時時嘻，三焦熱退鬱。
　　持此行內功，陰陽調胎息。
　　大道在正心，誠意長自樂。
　　即此是長生，胸有不死藥。

行功十要

　　面要常擦，目要常揩，
　　耳要常彈，齒要常叩，
　　背要常暖，胸要常護，

腹要常摩，足要常搓，
津要常咽，腰要常揉。

行功十忌

忌早起科頭，忌陰室納涼，
忌濕地久坐，忌冷着汗衣，
忌熱着曬衣，忌汗出扇風，
忌燈燭照睡，忌子時房事，
忌涼水著肌，忌熱火灼膚。

行功十八傷

久視傷精，久聽傷神，
久臥傷氣，久坐傷脈，
久立傷骨，久行傷筋，
暴怒傷肝，思慮傷脾，
極憂傷心，過悲傷肺，
至飽傷胃，多恐傷腎，
多笑傷腰，多言傷液，
多睡傷津，多汗傷陽，
多淚傷血，多交傷髓。

王宗岳太極拳經原譜

王宗岳

　　王宗岳，生平不詳，約為明朝萬曆年人，內家拳名家。其人深研易理、兵法、太乙、奇門等絕學，精通拳法、劍法、槍法，精研數十年，融匯貫通，功臻化境。由他所著的《太極拳譜》中之《太極拳論》，更是被視為太極拳之經典理論，研習斯技之圭旨；除此之外他還著有《陰符槍譜》等著作。

　　關於王宗岳本人的歷史資料流傳很少，僅《清史稿·王來咸傳》《王征南墓誌銘》中有少量記載。另外，武式太極拳開山祖師武禹襄之甥李亦畬在其《太極拳小序》寫道：「太極拳始自宋張三豐，其精微巧妙，王宗岳論詳且盡矣。後傳至河南陳家溝陳姓，神而明者，代不數人。我郡南關楊某，愛而往學焉。專心致志，十有餘年，備極精巧。旋里後，市諸同好，母舅武禹襄見而好之，常與比較，伊不肯輕以授人。僅能得其大概。素聞豫省懷慶府趙堡鎮，有陳姓名清平者，精於是技。逾年，母舅因公赴豫省，過而訪焉。研究月餘，而精妙始得，神乎技矣。」

　　此文是近代關於太極拳源流之最早記載，亦是對王宗岳的較早記載之一。

王宗岳太極拳論
——原文：山右王宗岳太極拳論

太極者，無極而生，陰陽之母也。動之則分，靜之則合。無過不及，隨曲就伸。人剛我柔謂之走，我順人背謂之黏。動急則急應，動緩則緩隨。雖變化萬端，而理唯一貫。

由着（招，下同）①熟而漸悟懂勁，由懂勁而階及神明。然非用力之久，不能豁然貫通焉。

虛領頂勁，氣沉丹田，不偏不倚，忽隱忽現。左重則左虛，右重則右杳。仰之則彌高，俯之則彌深。進之則愈長，退之則愈促。一羽不能加，蠅蟲不能落。人不知我，我獨知人。英雄所向無敵，蓋皆由此而及也！

斯技旁門甚多，雖勢有區別，概不外壯欺弱、慢讓快耳。有力打無力，手慢讓手快，是皆先天自然之能，非關學力而有也。察四兩撥千斤之句，顯非力勝！觀耄耋禦眾之形，快何能為？

立如枰準（准，下同）②，活似車輪，偏沉則隨，雙重則滯。每見數年純功不能運化者，率皆自為人制，雙重之病未悟耳。欲避此病，須知陰陽。黏即是走，走即是黏。陽不離陰，陰不離陽，陰陽相濟，方為懂勁。懂勁後愈練愈精，默識揣摩，漸至從心所欲。

本是捨己從人，多誤捨近求遠。所謂差之毫釐，謬之千里。學者不可不詳辨焉！是為論。

註：①「着」古本拳論為「著」，其意類「招」，後

次字均用此意。

　②準，音ㄓㄨㄣˇ，古代測量水平的儀器。準者，所以 揆其平也《漢書·律曆志》。準，平也《說文》。準與准 其實是兩個獨立的漢字，各有其內涵和外延，並不完全等 同。今則準與准大多通用，而實略有區別。

太極拳釋名
——一名長拳，一名十三勢

　長拳者，如長江大海，滔滔不絕也。

　十三勢者，掤、捋、擠、按、採、挒、肘、靠、進、 退、顧、盼、定也。

　掤、捋、擠、按，即坎、離、震、兌，四正方也。 採、挒、肘、靠，即乾、坤、艮、巽，四斜角也。此八卦 也。進步、退步、左顧、右盼、中定，即金、木、水、 火、土也。此五行也；合而言之，曰十三勢。

　（是技也，一著一勢，均不外乎陰陽，故又名「太極 拳」。）

十三勢行功歌訣

　十三總勢莫輕識（視）。命意源頭在腰隙。
　變換虛實須留意。氣遍身軀不稍滯。
　靜中觸動動猶靜。因敵變化示神奇。
　勢勢存心揆用意。得來不覺費功夫。
　刻刻留心在腰間。腹內鬆靜氣騰然。

尾閭正中神貫頂。滿身輕利頂頭懸。
仔細留心向推求。屈伸開合聽自由。
入門引路需口授。功夫無息法自休。
若言體用何為準。意氣君來骨肉臣。
詳推用意終何在。益壽延年不老春。
歌兮歌兮百四十。字字真切義無遺。
若不向此推求去。枉費工夫貽歎息。

打手歌

掤捋擠按須認真，上下相隨人難進。
任他巨力來打我，牽動四兩撥千斤。
引進落空合即出，沾連黏隨不丟頂。

打手要言

內固精神，外示安逸。
彼不動，己不動；彼微動，己先動。

太極拳經解
──武當張三豐著　山右王宗岳解

歌訣一

順項貫頂兩膀鬆

虛靈頂勁，氣沉丹田。兩背鬆，然後窒。
束斂（烈）下氣把襠撐

提頂吊襠，心中力量。

威（胃）音開勁兩捶爭

開合按勢懷中抱，七星勢視如車輪，柔而不剛。彼不動，己不動；彼微動，而己意先動。

五趾抓地上彎弓

由腳而腿，由腿而身，練如一氣。如轉鶻之鳥，如貓擒鼠。發動如弓發矢，正其四體，步履要輕隨，步步要滑齊。

歌訣二

舉步輕靈神內斂

一舉動，周身俱要輕靈，尤須貫串。氣宜鼓蕩，神宜內斂。

莫教斷續一氣研

勿使有凸凹處，勿使有斷續處。其根在腳，發於腿，主宰於腰，形於手指，由腳而腿而腰，總須完整一氣。向前退後，乃得機得勢，有不得機得勢處，身便散亂，其病必於腰腿求之。

左右宜有虛實處

虛實宜分清楚，一處自有一處虛實，處處總此一虛實。周身節節貫串，勿令絲毫間斷耳。

意上寓下後天還

上下前後左右皆然。凡此皆是意，不在外面。有上即有下，有前即有後，有左即有右。如意要向上，即寓下意。譬之將植物掀起，而加以挫折之力，其根自斷，損壞

之速乃無疑。

歌訣三

拿住丹田練內功

拿住丹田之氣，練住元形，能打哼哈二氣。

哼哈二氣妙無窮

氣貼背後，斂入脊骨。靜動全身，意在蓄神，不在聚氣，在氣則滯。內三合，外三合。

動分靜合屈伸就

太極者，無極而生，陰陽之母也。動之則分，靜之則合。無過不及，隨屈就伸。

緩應急隨理貫通

人剛我柔為之走，人背我順為之黏。動急則急應，動緩則緩隨。雖變化萬端，而理為之一貫。由招熟而漸悟懂勁，由懂勁而階及神明。然非用力之久，不能豁然貫通焉。

歌訣四

忽隱忽現進則長

不偏不倚，忽隱忽現。左重則左虛，右重則右杳。仰之則彌高，俯之則彌深。進之則愈長，退之則愈促。

一羽不加至道藏

一羽不能加，蠅蟲不能落。人不知我，我獨知人。英雄所向無敵，蓋皆由此而及也。

手慢手快皆非似

斯技旁門甚多，雖勢有區別，概不外壯欺弱，慢讓快

耳。有力打無力，手慢讓手快，是皆先天自然之能，非關學力而有為也。

四兩撥千運化良

察四兩撥千斤之句，顯非力勝。觀耄耋能禦眾之形，快何能為。立如秤準，活似車輪。偏沉則隨，雙重則滯。每見數年純功，不能運化者，率自為人所制，雙重之病未悟耳。欲避此病，須知陰陽。黏即是走，走即是黏，陰不離陽，陽不離陰，陰陽相濟，方為懂勁。

懂勁後，愈練愈精，默識揣摩，漸至從心所欲。本是捨己從人，多誤捨近求遠。所謂差之毫釐，謬以千里。學者不可不詳辨焉。

此論句句切要，並無一字陪襯，非有夙慧之人，未能悟也；先師不肯妄傳，非獨擇人，亦恐枉費工夫耳。

歌訣五

極柔即剛極虛靈

極柔軟，然後極剛堅。能呼吸，然後能靈活。氣以直養而無害，勁以曲蓄而有餘。

運若抽絲處處明

全身意在精神不在氣。有氣者無力，無氣者純剛。氣如車輪，腰似車軸。似鬆非鬆，將展未展，勁斷意不斷，藕斷絲亦連。

開展緊湊乃縝密

心為令，氣為旗，腰為纛，先求開展，後求緊湊，乃可臻於縝密矣。

待機而動如貓行

牽動往來氣貼背，斂入脊骨。內固精神，外示安逸。邁步如貓行，運勁如抽絲。

歌訣六

掤捋擠按四方正，採挒肘靠斜角成。

乾坤震兌乃八卦，進退顧盼定五行。

長拳者，如長江大河，滔滔不絕也。

十三勢者，掤、捋、擠、按、採、挒、肘、靠，此八卦也。進步、退步、左顧、右盼、中定，此五行也。合而言之，曰十三勢。掤、捋、擠、按，即坎、離、震、兌，四正方也。採、挒、肘、靠，即乾、坤、艮、巽，四斜角也。進、退、顧、盼、定，即水、火、金、木、土也。

以上係三豐祖師所著，欲天下豪傑延年益壽，不徒作技藝之末也。

王宗岳陰符槍譜
——唐豪整理點注

陰符槍譜序
——佚名

蓋自易有太極，始生兩儀，而陰陽之義以名，然道所宜一，理百體而安萬化者，則不存乎陽，而存乎陰。孔子

曰：尺蠖之屈，以求伸也。龍蛇之蟄，以存身也。古今來言道家本乎此，即古今來談兵之家，亦有未能出乎此者也。每慨世之所謂善槊者，類言勢而不言理。夫言勢而不言理，是徒知有力，而不知有巧也，非精於技者矣。

山右王先生，自少時經史而外，黃帝老子之書，及兵家言，無書不讀，而兼通擊刺之術，槍法尤其精者也。蓋先生深觀於盈虛消息之機，熟悉於止齊步伐之節，簡練揣摩，自成一家，名曰陰符槍。噫！非先生之深於陰符，能如是乎！

辛亥歲（即乾隆五十六年，公元1791年），先生在洛即以示予，予但觀其大略，而未得深悉其蘊，每以為憾。予應鄉試居汴（即開封），而先生適館於汴。退食之餘，復出其稿示予，乃悉心觀之。先生之槍，其潛也，若藏於九泉之下；其發也，若動於九天之上。上下無窮，剛柔相易，而其總歸於陰之一字，此誠所謂陰符槍者也。

夫理無大小，道有淺深，隨人所用，皆可會於一源。《陰符經》言道之書，廣大悉備，而先生獨取其一端，用之一槍。然則觀之於槍，亦可知先生之於道矣。昔楊氏之槍，自云二十年梨花槍，天下無敵手。夫以婦人而明槍法，不過知其勢，未必能達其理意也。而猶能著一時而傳後世若此。況先生深通三教之書，準今析古，精煉而成，而謂不足傳於天下後世乎。

先生嘗謂予曰：予本不欲譜，但悉心於此中數十年，而始少有所得，不以公之天下，亦烏之於功若知其是哉。於是，將槍法集成為訣，而明其進退變化之法，囑序於

予，因志其大略而為之序云。

乾隆歲次乙卯

陰符槍總訣六則

身則高下，手則陰陽，步則左右，眼則八方。

陽進陰退，陰出陽回，沾隨不脫，疾若風雲。

以淨（靜）觀其動，以退敵前（此句當有沿訛），審機識勢，不為物先。

下則高之，高則下之，左則右之，右則左之。

剛則柔之，柔則剛之，實則虛之，虛則實之。

槍不離手，步不離拳，守中禦外，必對三尖。

上平勢七則

立身要聳，前步要顛滿，托上與胸齊，此長槍勢也，用之小槍可也。

彼槍紮我左脅，我開左步，向裏促步前進，連搠他手，勢窮反槍，我單手紮出。

彼槍紮我右脅，我開右步，向外隨步，紮彼小門，落騎馬勢，即照下平勢運用可也。

彼槍紮高我大門，我搭槍如蛇纏物，連足趕上二轉，將彼槍扶在正中，盡力使下，即用單手紮出。小門同。彼從大門，不論上、中、下三門紮我，即乘紮之時，開右步，隨右步，躲開彼槍，用單手，盡力中平，紮彼大門，是為青龍獻爪。

彼從小門，不論上、中、下三門紮我，即乘彼槍（槍

下當有脫字）之時，懸空轉步，躲開彼槍，用單手，盡力紮彼小門，亦是青龍獻爪。

　　註：若將第四節分作二則，本篇當佚一則。

中平勢十三則

　　立身要正，平槍在臍上，彼中平紮我大門，我用圈法，圈開彼槍，單手紮出。彼中門紮我小門，我用圈法，圈開彼槍，單手紮出可也。

　　彼槍中平，紮我大門，我退步，掩彼槍梢。彼轉紮我小門，我撒前手，單手紮彼小門。

　　彼中平紮我小門，退步掩彼槍梢。彼槍紮我大門，我撒前手，單手紮出可也。

　　彼中平紮我大門，我開左步，隨右步，後手轉陽，至臍下，前手合陰，雙手照他虎口紮出。

　　彼中平紮我小門，我開左步，隨右步，落騎馬勢。雙手照他手腕紮去。

　　彼中平紮我大門，我用青龍獻爪紮去，與上平法同。

　　彼紮我小門，我用青龍獻爪紮去，亦與上平法同。

　　彼中平紮我大門，我退步，挑彼手腕，槍要出長，前手仰，後手合。

　　彼中平紮我大門，我退步從他，指前手，托後手紮（紮下當脫一彼字）。

　　彼高紮我大門，我隨槍作托刀勢，起槍紮彼手，或彼杆，或彼槍開梢，即反手，用盡力紮出。

　　彼高紮我，圈開彼槍，進步雙手高紮彼臉，他槍起

護，我撒開前手，用單手紮彼腮。

彼平紮我小門，我開左步，隨右步，落騎馬勢捉彼，以後照彼下平勢用。彼待槍不動，如先紮，必合槍，開梢則紮，不開梢則不紮。

註：須將第二節，第六節，第八節，各分作二則，才符標題十三則之數。

下平勢十一則

彼中平梨花滾袖槍紮我，我用陰陽手，一仰一合，輕敲彼槍，連足退後要紮他，他轉槍之時，我撒前手，單手紮出。

彼低沾我，不論大小門，我與他落槍之時，進前步，起身紮他咽喉，此下平勢俱可用之。

托刀勢，後腿弓，前腿蹬，彼紮我，我身懸空轉步，單手紮彼腳腕，彼從大門中平紮我，我前足收回，用雙手紮，俯身打彼槍桿，連足趕上，敲彼前手，待彼勢窮，反槍單手紮出。

彼從小門斜紮我，我將前足收回，用陽手背紮紮他槍。彼轉槍大門紮我，我開左步，代右步，用單手紮彼小腹。

彼低沾我槍，我向他小門，開左步，促右步，雙手紮彼乳下。

我梢在左，他中平紮我，我開左步，代右步，單手盡力，紮彼小腹。我槍在右，他中平紮我，我懸空轉步，落騎馬勢，單手紮彼左脅，中與不中，即抽槍照原勢跳回。

他若趕來，將槍在地顛起，用滑步紮他，我槍梢在中，看其身一動，即發槍紮去，是謂先發削人，名占位之槍。

彼從大門高紮我，我從大門圈開他槍，用單手紮出可也。彼從小門高紮我，我從小門圈開彼槍，亦用單手紮出可也。

註：本篇佚數則。

穿袖，挑手，穿指，搭外，搭裏十七則

今人紮槍，步步上前，殊失進退之理。我今定退一步法，隨護隨退，則彼槍紮空，其心必亂，亂而取之，其勢甚易。蓋爭先者，黃帝之學也；退後者，老子之教也。

今人紮槍，以捉拿為主，捉拿不住，不敢還槍，則利在常紮者，不如躲還，只妙在一時，所謂中平一點，難招架也。

今人紮槍，高紮高迎，低紮低迎，緊緊相隨，惟恐不及，失之大迂。不如高紮高迎，彼落我即紮高，低紮低迎，彼起我即紮低，在上紮上，在下紮下，甚為捷便。

今人紮槍，多用轉槍，裏掩紮外，外掩紮裏，如梨花滾袖槍是也。不知此最吃虧，如彼槍紮我，我從大門掩住彼槍，令其紮我小門，彼轉槍紮我，我撤前手，後手紮出，彼落空，我槍著實矣。

凡發槍紮人，要紮透，不要紮穿，一點便回，隨立以備不虞，兵法所謂一克如始戰者是也。慎之慎之。

凡與人紮對槍，不許呆立。他以虛槍相試，我以虛槍相應。彼進我退，彼退我進。足要輕，步要碎，身無定

影，飄飄如仙。待實紮之時，我躲槍還槍，使開步法向前，偏身著力也。

凡與人對槍，要去貪心，絕脫氣，眼注彼手，勿得旁觀，微有不便，不勉強發槍。待時而動，一擊便脫為上乘。

凡與人對槍，要善賣破綻，誘之使入，中途擊之，彼不及防，兵法所謂形之敵，必從之者也。

凡與人對槍，我心不肯先紮，必不得已，亦惟點一槍誘之使入矣。

凡與人對槍，讓我先紮，我虛點一槍，即便回身，彼若趕來，其舉足未定之時，所謂及其陳未定而薄之者是也。（註本節有脫句）。

凡與人紮槍，利在乘虛，如彼紮上則下虛，紮下則上虛，紮右則左虛，紮左則右虛，以目注之，以時蹈之，百無一失，兵法所謂兵形避實而擊虛者是也。

凡與人紮槍，與用兵相同。體者，兵也。心者，大將也。目者，先鋒也。三軍運用，難在一人，然平日之節制（本句當有脫字），已戰之時，先鋒領眾對敵，固不及事事而謀之大將。紮槍亦然，平日手足習熟，對敵之時，目光一照，四體從令，亦不及著著用心也。

凡紮槍，不必著數太多，博而不精，終屬無益，只在要緊處，操演精熟，變化無窮而已。所謂兵不在多，而在精者也。

凡與人紮槍，我發槍紮彼，彼從大門拿開，我槍落左，不必著急，看其高來，我倒後步，盡力一抽，落抱刀勢，反身單手紮出；看其低來，我倒後步作阻攔勢，閉住他

槍。

凡與人對槍，我發槍紮人，彼從小門拿開我槍，領我落右，不必著急，待其紮來，不論高低，我將前步一退，後手一提，作翦步而走。出險之後，重回定勢。

凡與人對槍，要看勢。兵法云：用眾者務易，用寡者務險。一人與二人紮槍，其數已倍，況多者乎！據險固不待言，然平人紮槍，與兵法究竟不同，兩軍對壘，限於紀律，豈能曳兵而走。是平人則不然，相持於城邑院落之中，或據穿口，或據隘巷固宜。方平原曠野，彼眾我寡，人則翦跳為主，必不可背陷重圍，想起空間之處，即我托足之所。彼趕來，拖槍而走，不趕即止。頻頻回顧，見有輕足善走者，迫近吾身，我回身單手直刺，中與不中，拔槍又走，出險又息，罵之則來，趕來又如前，如此則一可敵百矣。

凡與人紮槍之法，先學蹤跳，能逾高趕遠，繼之以脫，則萬將難敵矣。

陰符槍氣絕四首

嫋嫋長槍定二神，也無他相也無人。
勸君莫作尋常看，一段靈光貶此身。

心須望手手望槍，望手望槍總是真。
煉到丹成九轉後，心隨槍手一齊迷。

至道何須分大小，精粗總是一源頭。

若將此術當兵論，孫武何須讓一籌。

靜處為陰動則符，功夫只是有沉謀。
若還靜裏無消息，動似風雲也算浮。

楊家傳抄太極拳經老譜（秘傳抄本）

八門五步

掤（南），捋（西），擠（東），按（北），採（西北），挒（東南），肘（東北），靠（西南）——方位。

方　位

坎、離、兌、震、巽、乾、坤、艮——八門。

方位、八門，乃為陰陽顛倒之理，週而復始，隨其所行也。總之，四正四隅，不可不知矣！

夫掤、捋、擠、按，是四正之手；採、挒、肘、靠，是四隅之手。合隅、正之手，得門、位之卦。以身分步，五行在意，支撐八面。

五　行

進步（火），退步（水），左顧（木），右盼（金），定之方，中土也。

夫進退為水火之步，顧盼為金木之步。以中土為樞機

之軸，懷藏八卦，腳踩五行，手、步八五，其數十三，出於自然十三勢也。名之曰：「八門五步。」

八門五步用功法

八卦五行，是人生成固有之良。必先明知、覺、運、動四字之本由，知覺運動得之後，而後方能懂勁，由懂勁後，自能接及神明。

然用功之初，要知知覺運動，雖固有之良，亦甚難得之於我也。

固有分明法

蓋人降生之初，目能視、耳能聽、鼻能聞、口能食，顏色、聲音、香臭、五味，皆天然知覺固有之良，其手舞足蹈於四肢之能，皆天然運動之良；思及此，是人孰無？

因人性近習遠，失迷固有，要想還我固有，非乃武無以尋運動之根由，非乃文無以得知覺之本原，是乃運動而知覺也。

夫運而知，動而覺。不運不覺，不動不知。運極則為動，覺盛則為知。動知者易，運覺者難。先求自已知覺運動，得之於身，自能知人。要先求知人，恐失於自己。不可不知此理也，夫而後懂勁然也。

沾黏連隨

沾者，提上拔高之謂也。

黏者，留戀繾綣之謂也。

連者，捨己無離之謂也。

隨者，彼走此應之謂也。

要知人之知覺運動，非明沾、黏、連、隨不可。斯沾、黏、連、隨之功夫，亦甚細矣。

頂匾丟抗

頂者，出頭之謂也。

匾者，不及之謂也。

丟者，離開之謂也。

抗者，太過之謂也。

要知於此四字之病，不明沾、黏、連、隨，斷不明知覺運動也。初學對手，不可不知也，更不可不去此病。所難者，沾、黏、連、隨，而不許頂、匾、丟、抗，是所不易矣。

對待無病

頂、匾、丟、抗，失於對待也；所以為之病者，既失沾、黏、連、隨，何以獲知覺運動？既不知己，焉能知人？

所謂對待者，不以頂、匾、丟、抗相對於人也，要以沾、黏、連、隨等待於人也。能如是，不但無對待之病，知覺運動自然得矣，可以進於懂勁之功矣。

對待用功法守中土（俗名站樁）

定之方中足有根，先明四正進退身。

掤捋擠按自四手，須費功夫得其真。
身形腰頂皆可以，沾黏連隨意氣均。
運動知覺來相應，神是君位骨肉臣。
分明火候七十二，天然乃武並乃文。

身形腰頂

身形腰頂豈可無，缺一何必費工夫。
腰頂窮研生不已，身形順我自伸舒。
捨此真理終何極，十年數載亦糊塗。

太極圈

退圈容易進圈難，不離腰頂後與前。
所難中土不離位，退易進難仔細研。
此為動功非站定，倚身進退並比肩。
能如水磨摧急緩，雲龍風虎象周旋。
要用天盤從此覓，久而久之出天然。

太極進退不已功

掤進捋退自然理，陰陽水火相既濟。
先知四手得來真，採挒肘靠方可許。
四隅從此演出來，十三勢架永無已。
所以因之名長拳，任君開展與收斂。
千萬不可離太極，對待於人出自然。
由茲往返於地天，上下進退永連綿。

太極上下名天地

四手上下分天地，採挒肘靠由有去。

採天靠地相應求，何患上下不既濟。

若使挒肘習遠離，迷了乾坤遺嘆惜。

此說亦明天地盤，進用肘挒歸人字。

太極人盤八字歌

八卦正隅八字歌，十三之數不幾何。

幾何若是無平準，丟了腰頂氣歎哦。

不斷要言只兩字，君臣骨肉細琢磨。

功夫內外均不斷，對待數兒豈錯他。

對待於人出自然，由茲往復於地天。

但求捨己無深病，上下進退永連綿。

太極體用解

理為精氣神之體，精氣神為身之體。身為心之用，勁力為身之用。心身有一定之主宰者，理也。精氣神有一定之主宰者，意誠也。誠者，天道。誠之者，人道。俱不外意念須臾之間。

要知天人同體之理，自得日月流行之氣。其氣、意之流行，精神自隱微乎理矣。夫而後言乃武、乃文，乃聖、乃神，則得矣。若特以武事論之於心身，用之於勁力，仍歸於道之本也，故不得獨以末技云爾。

勁由於筋，力由於骨。如以持物論之，有力能執數百

斤，是骨節皮毛之外操也，故有硬力。如以全體之有勁，似不能持幾斤，是精氣之內壯也。雖然若是，功成後，猶有妙出於硬力者，修身、體育之道，有然也。

太極文武解

文者，體也；武者，用也。文功在武，用於精氣神也，為之體育；武功得文，體於心身也，為之武事。

夫文武尤有火候之謂，在放卷得其時中，體育之本也；文武使於對待之際，在蓄發，適當其可者，武事之根也。故云：武事文為，柔軟體操也，精氣神之筋勁，武事武用，剛硬武事也，心身之骨力也。

文無武之預備，為之有體無用；武無文之侶伴，為之有用無體。如獨木難支，孤掌不響，不惟體育、武事之功，事事諸如此理也。

文者，內理也；武者，外數也。有外數，無文理，必為血氣之勇，失於本來面目，欺敵必敗爾。有文理，無外數，徒思安靜之學，未知用的採戰，差微則亡耳。自用、於人，文武二字之解，豈可不解哉。

太極懂勁解

自己懂勁，接及神明，為之文成，而後採戰，身中之陰，七十有二，無時不然。陽得其陰，水火既濟，乾坤交泰，性命葆真矣！

於人懂勁，視聽之際，遇而變化，自得曲誠之妙，形著明於不勞，運動覺知也。

功至此，可為攸往咸宜，無須有心之運用耳！

八五十三勢長拳解

自己用功，一勢一式，用成之後，合之為長，滔滔不斷，週而復始，所以名長拳也。萬不得有一定之架子，恐日久入於滑拳也，又恐入於硬拳也。決不可失其綿軟，周身往復，精神意氣之本，用久自然貫通，無往不至，何堅不摧也！

於人對待，四手當先，亦自八門五步而來，跕四手，手手碾磨，進退四手、中四手、上下四手、三才四手；由下乘長拳四手起，大開大展，煉至緊湊，屈伸自由之功，則升之中上成矣。

太極陰陽顛倒解

陽：乾、天、日、火、離、放、出、發、對、開、臣、肉、用、氣、身、武（立命）方、呼、上、進、隅。

陰：坤、地、月、水、坎、卷、入、蓄、待、合、君、骨、體、理、心、文（盡性）圓、吸、下、退、正。

蓋顛倒之理，水、火二字詳之則可明。如火炎上，水潤下者，水能使火在下而用，水在上，則為顛倒，然非有法治之，則不得矣！

辟如水入鼎內，而置火之上，鼎中之水，得火以燃之，不但水不能下潤，藉火氣，水必有溫時；火雖炎上，得鼎以隔之，是為有極之地，不使炎上，炎火無止息，亦不使潤下之水永滲漏。此所為水火既濟之理也，顛倒之理

也。

若使任其火炎上、水潤下，必至火、水必分為二，則為火水未濟也。

故云：分而為二，合之為一之理也。故云：一而二，二而一。總斯理為三，天、地、人也。

明此陰陽顛倒之理，則可與言道。知道不可須臾離，則可與言人。能以人弘道，知道不遠人，則可與言天地同體。上天下地，人在其中矣！

苟能參天察地，與日月合其明，與五嶽四瀆華朽，與四時之錯行，與草木並枯榮，明鬼神之吉凶，知人事興衰，則可言乾坤為一大天地，人為一小天地也。

夫如人之身心，致知格物於天地之知能，則可言人之良知、良能。若思不失固有，其功用浩然正氣，直養無害，攸久無疆矣！

所謂人身生成一小天地者，天也、性也，地也、命也，人也、虛靈也、神也。若不明之者，烏能配天地為三乎。然非盡性立命，窮神達化之功，胡為乎來哉。

人身太極解

人之周身，心為一身之主宰。主宰，「太極」也。二目為日月，即「兩儀」也。頭像天，足像地，人中之人及中腕（脘），合之為「三才」也。四肢「四象」也。

腎水、心火、肝木、肺金、脾土，皆屬陰；膀光水、小腸火、膽木、大腸金、胃土，皆陽矣，茲為內也。

顱丁火，地閣、承漿水，左耳金、右耳木、兩命門土

也，茲為外也。

神出於心，目眼為心之苗；精出於腎，腦腎為精之本；氣出於肺，膽氣為肺之原；視思明，心動神流也；聽思聰，腦動腎滑也。

鼻之息香臭，口之呼吸出入，水鹹、木酸、土辣、火苦、金甜，及言語聲音，木毫、火焦、金潤、土堆、水漂、鼻息、口吸呼之味，皆氣之往來，肺之門戶，肝膽巽震之風雷，發之聲音，出入五味，此言口、目、鼻、舌、神、意，使之六合，以破六欲也，此內也；手、足、肩、膝、肘、胯亦使六合，以正六道也，此外也。

眼、耳、鼻、口、大小便、肚臍，外七竅也；喜、怒、憂、思、悲、恐、驚，內七情也；七情皆以心為主，喜心、怒肝、憂脾、悲肺、恐腎、驚膽、思小腸、怕膀胱、愁胃、慮大腸，此內也。

夫離：南正、午、火、心經；

坎：北正、子、水、腎經；

震：東正、卯、木、肝經；

兌：西正、酉、金、肺經；

乾：西北隅、金、大腸、化水；

坤：西南隅、土、脾、化土；

巽：東南隅、膽、木、化土；

艮：東北隅、胃、土、化火；

此內八卦也。

外八卦者：

二四為肩，六八為足，上九下一，左三右七也；坎

一，坤二，震三，巽四，中五，乾六，兌七，艮八，離九，此九宮也；內九官亦如此。

表裏者：

乙　肝左肋，化金通肺；

甲　膽化土，通脾；

丁　心化木，中膽通肝；

丙　小腸化水，通腎；

己　脾化土，通胃；

戊　胃化火，通心，後背前胸，山澤通氣；

辛　肺右肋，化水通腎；

庚　大腸化金，通肺；

癸　腎下部，化火通心；

壬　膀胱化木，通肝；

此十天干之內外也。十二地支亦如此之內外也。

明斯理，則可與言修身之道矣。

太極分文武三成解

蓋言道者，非自修身，無由得也。然又分為三乘之修法。乘者成也，上乘即大成也，下乘即小成也，中乘即誠之者成也。法分三修，成功一也。

文修於內，武修於外。體育內也，武事外也。其修法內外表裏成功，集大成，即上乘也。由體育之文，而得武事之武，或由武事之武，而得體育之文，即中乘也。然獨知體育，不入武事而成者，或專武事，不為體育而成者，即小成也。

太極下乘武事解

太極之武事，外操柔軟，內含堅剛，而求柔軟，柔軟之於外。久而久之，自得內之堅剛。非有心之堅剛，實有心之柔軟也。

所難者，內要含蓄堅剛而不施，外終柔軟而迎敵，以柔軟而應堅剛，使堅剛盡化無有矣。

其功何以得乎，要非沾、黏、連、隨已成，自得運動知覺，方為懂勁。而後神而明之，化境極矣。

夫四兩撥千斤之妙，功不及化境，將何以能，是所謂懂沾運，得其視聽輕靈之巧耳。

太極正功解

太極者，圓也，無論內外、上下、左右，不離此圓也。

太極者，方也，無論內外、上下、左右，不離此方也。

圓之出入，方之進退，隨方就圓之往來也。

方為開展，圓為緊湊，方圓規矩之至，其孰能出此以外哉。

如此得心應手，仰高鑽堅，神乎其神，見隱顯微，明而且明，生生不已，欲罷不能矣！

太極輕重浮沉解

雙重為病，干於填寔，與沉不同也；雙沉不為病，自

爾騰虛，與重不易（一）也。

雙浮為病，祗如漂渺，與輕不例也；雙輕不為病，天然清靈，與浮不等也。

半輕半重不為病，偏輕偏重為病。半者，半有著落也，所以不為病；偏者，偏無著落也，所以為病。偏無著落，必失方圓；半有著落，豈出方圓？

半浮半沉為病，失於不及也；偏浮偏沉，失於太過也。

半重偏重，滯而不正也；半輕偏輕，靈而不圓也。

半沉偏沉，虛而不正也；半浮偏浮，茫而不圓也。

夫雙輕不近於浮，則為輕靈；雙沉不近於重，則為離虛，故曰「上手」；輕重半有著落，則為「平手」；除此三者之外，皆為「病手」。

蓋內之虛靈不昧，能致於外氣之清明，流行乎肢體也。若不窮研輕、重、浮、沉之手，徒勞掘井不及泉之歎耳！

然有方圓四正之手，表裏精粗無不到，則已極大成，又何云「四隅出方圓」矣。所謂方而圓，圓而方，超乎象外，得其寰中之上手也。

太極四隅解

四正，即四方也，所謂掤、捋、擠、按也。初不知方能使（始）圓，方圓復始之理無已，焉能出隅之手矣！緣人外之肢體，內之神氣，弗得輕靈、方圓、四正之功，始出輕重浮沉之病，則有隅矣！

辟如：半重偏重，滯而不正，自然為採、挒、肘、靠之隅手；或雙重填實，亦出隅手也；病多之手，不得已以隅手扶之，而歸圓中方正之手，雖然至底者，肘靠亦及此，以補其所以云爾。

夫日後功夫能致上乘者，亦須獲採挒，而仍歸大中至正矣！是四隅之所用者，因失體而補缺云云。

太極平準腰頂解

頂如準，故云「頂頭懸」也；兩手即平左右之盤也；腰即平之根株也；「立如平準」，所謂輕、重、浮、沉，分厘毫絲則偏，顯然矣！

有準頂頭懸，腰之根下株（尾閭至胸門也）。

上下一條線，全憑兩平（手）轉。

變換取分毫，尺寸自己辨。

車輪兩命門，一纛搖又轉。

心令氣旗使，自然隨我便。

滿身輕利者，金剛羅漢煉。

對待有往來，是早或是晚。

合則放發去，不必凌霄箭。

涵養有多少，一氣哈而遠。

口授須秘傳，開門見中天。

太極四時五氣解圖

夏火呵南
春木噓東　　西呬金秋
北吹水冬
吸　呼　土中央

太極血氣根本解

血為營，氣為衛。血流行於肉、膜、絡；氣流行於骨、筋、脈。

筋、甲為骨之餘；髮、毛為血之餘。血旺則髮毛盛，氣足則筋甲壯。

故血氣之勇力，出於骨、皮、毛之外壯；氣血之體用，出於肉、筋、甲之內壯。氣以血之盈虛，血以氣之消長。消長盈虛，週而復始，終身用之，不能盡者矣！

太極力氣解

氣走於膜、絡、筋、脈；力出於血、肉、皮、骨。故有力者，皆外壯於皮骨，形也；有氣者，是內壯於筋脈，象也。氣血功於內壯，血氣功於外壯。

要之，明於「氣血」二字之功能，自知力氣之由來矣！知氣力之所以然，自能明用力、行氣之分別。行氣於筋脈，用力於皮骨，大不相侔也。

太極尺寸分毫解

功夫先煉開展，後煉緊湊。開展成而得之，才講緊湊。緊湊得成，才講尺、寸、分、毫。由尺住之功成，而後能寸住，分住，毫住。此所謂尺、寸、分、毫之理也，明矣！

然尺必十寸，寸必十分，分必十毫，其數在焉！

故云：對待者，數也；知其數，則能得尺寸分毫也；要知其數，非秘授，而能量之者哉！

太極膜脈筋穴解

節膜、拿脈、抓筋、閉穴，此四功，由尺、寸、分、毫得之後而求之。

膜若節之，血不周流；脈若拿之，氣難行走；筋若抓之，身無主地；穴若閉之，神昏氣暗。

抓膜節之半死，申（單）脈拿之似亡。

單筋抓之勁斷，死穴閉之無生。

總之，氣血精神若無，身何有主也？如能節、拿、抓、閉之功，非得點傳不可。

太極字字解

挫、柔（揉）、捶、打（於己、於人），按、摩、

推、拿（於己、於人），開、合、升、降（於己、於人），此十二字皆用手也。

屈、伸、動、靜（於己、於人），起、落、急、緩（於己、於人），閃、還、撩、了（於己、於人），此十二字，於己，氣也；於人，手也。

轉、換、進、退，於己，身也；於人，步也。

顧、盼、前、後，於己，目也；於人，手也；即瞻前眇後、左顧右盼也。此八字關乎神矣！

斷、接、俯、仰，此四字，關乎意、勁也。斷、接，關乎神氣也。俯、仰，關乎手足也。勁斷意不斷，意斷神可接；勁、意、神俱斷，則俯仰矣！手足無著落耳！俯為一叩，仰為一反而已矣！不使叩反，非斷而複接不可。

對待之字，以俯仰為重，時刻在心，身、手、足，不使斷之無接，則不能俯仰也！

求其斷接之能，非見隱顯微不可。隱微似斷而未斷，見顯似接而未接。接接斷斷，斷斷接接，其意心、身體、神氣極於隱顯，又何慮不沾、黏、連、隨哉！

太極節拿抓閉、尺寸分毫解

對待之功既得，尺寸分毫於手，則可量之矣。然不論節拿抓閉之手易，若節膜、拿脈、抓筋、閉穴，則難！非自尺寸分毫量之，不可得也。

節，不量，由按而得膜。

拿，不量，由摩而得脈。

抓，不量，由推而得筋。

拿閉，非量而不能得穴。

由尺盈而縮之寸、分、毫也。此四者，雖有高授，然非自己功夫久者，無能貫通焉！

太極補瀉氣力解

補瀉氣力於自己難，補瀉氣力於人亦難。

補自己者，知覺功虧則補，運動功過則瀉，所以，求諸己不易也。補於人者，氣過則補之，力過則瀉之，此勝彼敗，所由然也。

氣過或瀉，力過或補，其理雖一（亦然），然其有詳。夫過補為之過上加過，遇瀉為之緩他不及，他必更過，仍加過也。

補氣、瀉力，於人之法，均為加過於人矣。補氣名曰「結氣法」，瀉力名曰「空力法」。

太極空結挫揉論

有挫空、挫結，有揉空、揉結之辨。

挫空者，則力隅矣！挫結者，則氣斷矣！揉空者，則力分矣！揉結者，則氣隅矣！

若結柔挫，則氣力反；空揉挫，則力氣敗；結挫揉，則力盛於氣，力在氣上矣！空挫揉，則氣盛於力，氣過、力不及矣！挫結揉、揉結挫，皆氣閉於力矣！挫空揉，揉空挫，皆力鑿於氣矣！

總之，挫結、揉空之法，亦必由尺寸分毫量，能如是也！不然，無地之挫揉，平虛之靈結，亦何由而致於哉！

懂勁先後論

夫未懂勁之先，長出頂、匾、丟、抗之病。既懂勁之後，恐出斷、接、俯、仰之病。然未懂勁，故然病亦出；勁既懂，何以出病乎？

緣勁似懂未懂之際，正在兩可，斷接無準矣，故出病。神明及猶不及，俯仰無著矣，亦出病。若不出斷接俯仰之病，非真懂勁，弗能不出也！

胡為「真懂」？因視聽無由，未得其確也，知瞻眇顧盼之視覺，起落緩急之聽知，閃還撩了之運覺，轉換進退之動知，則為真懂勁！則能階及神明，及神明，自攸往有由矣！

有由者，由於懂勁，自得屈伸動靜之妙。有屈伸動靜之妙，開合升降，又有由矣！由屈伸動靜，見入則開，遇出則合；看來則降，就去則升；夫而後才為真及神明矣！

明也，豈可日後不慎，行坐臥走、飲食溺溷之功；是所為及中成、大成也哉！

尺寸分毫在懂勁後論

在懂勁先，求尺寸分毫，為之小成，不過末技，武事而已！所謂能尺於人者，非先懂勁也。如懂勁後，神而明之，自然能量尺寸。尺寸能量，才能節、拿、抓、閉矣！

知膜、脈、筋、穴之理，要必明存亡之手。知存亡之手，要必明生死之穴。其穴之數，安可不知乎？知生死之穴數，烏可不明閉而不生乎？烏可不明閉而無生乎？是所

謂二字之存亡，一閉之而已，盡矣。

太極指掌捶手解

自指下之腕上，裏者為「掌」，五指之首為之「手」，五指皆為「指」；五指攢裏，其背為「捶」。

如其用者，按、推，掌也；拿、揉、抓、閉，俱用指也；挫、摩，手也；打，捶也。

夫捶，有「搬攔」，有「指襠」，有「肘底」，有「撇身」；四捶之外有「裹（覆）捶」。

掌，有「摟膝」，有「換轉」，有「單鞭」，有「通背」；四掌之外有「串掌」。

手，有「雲手」，有「提手」，有「合手」，有「十字手」；四手之外有「反手」。

指，有「屈指」，有「伸指」，「捏指」、「閉指」；四指之外有「量指」，又名「尺寸指」，又名「覓穴指」。

然指有五指，有五指之用。首指為手，仍為指，故又名「手指」。

其一，用之為「旋指」「旋手」。

其二，用之為「根指」「根手」。

其三，用之為「弓指」「弓手」。

其四，用之為「中合手、中合指」。

四手指之外，為「獨指」「獨手」也。食指為「卞指」，為「劍指」，為「佐指」，為「沾指」。中指為「心指」，為「合指」，為「鉤指」，為「抹指」。無名

指為「全指」，為「環指」，為「代指」，為「扣指」。小指為「幫指」「補指」「媚指」，「掛指」。若此之名，知之易而用之難，得口訣秘法，亦不易為也。

其次，有「對掌」「推山掌」「射雁掌」「晾翅掌」；「似閉指」「拗步指」，「彎弓指」「穿梭指」；「探馬手」「彎弓手」「抱虎手」「玉女手」「跨虎手」；「通山捶」「葉下捶」「背反捶」「勢分捶」「捲挫捶」。

再其次，步隨身換，不出五行，則無錯矣。因其沾、連、黏、隨之理，捨己從人，身隨步自換。只要無五行之舛錯，身、形、腳、勢出於自然，又何慮些須之病也！

口授穴之存亡論

穴有存亡之穴，要非口授不可，何也？一因其難學，二因其關乎存亡，三因其人才能傳。

第一，不授不忠不孝之人；

第二，不傳根底不好之人；

第三，不授心術不正之人；

第四，不傳鹵莽滅裂之人；

第五，不傳目中無人之人；

第六，不傳知禮無恩之人；

第七，不授反覆無常之人；

第八，不傳得易失易之人。

此須知八不傳，匪人更不待言矣。

如其可以傳，再口授之秘訣。傳忠孝知恩者，心氣和

平者，守道不失者，真以為師者，始終如一者。此五者果其有始有終、不變如一，方可將全體大用之功，授之於徒也。

明矣，於前於後，代代相繼，皆如是之所傳也。噫，抑亦知武事中烏有匪人哉！

註：此抄譜原為楊家秘藏之譜，極少外傳，僅在門弟子中傳抄，最早公開見於楊澄甫所著《太極拳使用法》（1931年），其中收錄有老譜16篇，但非全本。後吳式太極傳人吳公藻將此譜影印件公開，名為《太極法說》，較楊澄甫所公開內容，則更為完善，封面有吳鑒泉親筆簽名，扉頁吳公藻記曰：「此書乃先祖吳全佑府君拜門後，由班侯老師所授，是於端方親王府內抄本；在我家已一百多年，公藻在童年時即保存到如今。」

2000年中國國際廣播出版社出版了（初版於1993年）由楊振基演述、嚴翰秀整理的《楊澄甫式太極拳》（再訂本），影印了「家傳古典手抄太極拳老拳譜」，篇後楊振基言：「手抄本太極拳老拳譜32解，長期在我母親處保存，1961年末我要去華北局教拳，母親將此手抄本交與我，由於此本作為自己的內修本也就沒有外傳，今趁出書之機把它公佈，讓廣大愛好太極拳者藉此有新的思索和提高太極拳理論水平，這是我所盼。」該書影印「老拳譜」內容與「吳本」幾乎完全相同（極個別字有別）。顧留馨先生在《太極拳研究》中也選錄「老譜」14條，注云：「此譜係沈家楨從楊澄甫處抄得，共有43篇論文，據云由其祖楊露禪傳下，何處得來不知。」

楊班侯抄傳太極拳經譜（秘傳抄本）

楊班侯

楊班侯

楊班侯（1837—1892），名鈺，河北永年人，楊式太極拳重要傳人，著名太極拳家，楊露禪次子。

楊班侯自小頑皮，好打鬥，其父楊露禪恐其傷人，不准其學習拳藝。後送其至武式太極拳始創者武禹襄的學館習文。武禹襄先生見班侯學文頗不敏，但練拳則一學就會，悟性極高，於是暗授班侯拳技，後被班侯父親楊露禪知曉，見其為可造之材，於是就把太極拳術傾囊相授。楊班侯在父親楊露禪和老師武禹襄的共同教導下，領悟良多，且能舉一反三，把學到的招式融進技擊的攻防進退中，功遂臻於上乘，武藝絕倫，名震鄉里。

根據河北永年縣誌記載：楊班侯相貌清瘦，富有臂力，幼承嚴父、嚴師真傳，學武悟性極高，騰挪跳躍，像猿猴一樣，尤其擅長太極大杆技術，全面系統地掌握了太極拳的核心奧秘，並繼承了乃父衣鉢，武功卓絕。約在清咸豐六年（公元1856年），19歲時隻身來北京，先跟其父楊露禪在端王府教拳。一說在淳王府內教授其子侄習武。後在北京新橋香餌胡同設場授徒，因不被時人所識，又沒

重視其攻防作用，一度被冷漠。後經楊露禪來京親臨指導，楊式太極拳始傳於北京，漸及全國。

班侯性情剛躁，好打不平，善用散手，數折強梁，年尚未滿二十，已經名滿京華。尤其是拳擊雄縣劉武師和北京西四牌樓比武較技兩件軼事，至今尚被人們所津津樂道。

班侯後到清政府旗營任教官，得戴藍翎，充武德騎尉一職。

由於楊班侯性情剛烈，常出手傷人，所以弟子不多，其徒有凌山、萬春、全佑、牛連元、教蓮堂、陳秀峰、張信義、李連芳、張印堂、李萬成等。

太極歌訣

有意無意皆非是，當在其間求消息。

有無相變空連環，環中便是此真意。

　　註：此首太極歌訣署名爲楊班侯所撰，但是否確爲班侯先生所傳則無法確考，姑且收錄之，以俟有識者考證研究。

全體大用訣

大極拳法妙無窮，掤捋擠按雀尾生。

斜走單鞭胸膛占，回身提手把著封。

海底撈月亮翅變，挑打軟肋不容情。

摟膝拗步斜中找，手揮琵琶穿化精。

貼身靠近橫肘上，護中反打又稱雄。

進步搬攔肋下使，如封似閉護正中。

十字手法變不盡，抱虎歸山採挒成。

肘底看捶護中手，退行三把倒轉肱。
墜身退走扳挽勁，斜飛著法用不空。
海底針要躬身就，扇通臂上托架功。
撇身捶打閃化式，橫身前進著法成。
腕中反有閉拿法，雲手三進臂上攻。
高探馬上攔手刺，左右分腳手要封。
轉身蹬腳腹上占，進步栽捶迎面衝。
反身白蛇吐信變，採住敵手取雙瞳。
右蹬腳上軟肋踹，左右披身伏虎精。
上打正胸肋下用，雙風貫耳著法靈。
左蹬腳踢右蹬式，回身蹬腳膝骨迎。
野馬分鬃攻腋下，玉女穿梭四角封。
搖化單臂托手上，左右用法一般同。
單鞭下式順鋒入，金雞獨立占上風。
提膝上打致命處，下傷二足難留情。
十字腿法軟骨斷，指襠捶下靠為鋒。
上步七星架手式，退步跨虎閃正中。
轉身擺蓮護腿進，彎弓射虎挑打胸。
如封似閉顧盼定，太極合手式完成。
全體大用意為主，體鬆氣固神要凝。

十三字行功訣

1. 十三字

掤，捋，擠，按，採，挒，肘，靠，進，退，顧，

盼，定。

2. 口訣

> 掤手兩臂要圓撐，動靜虛實任意攻。
> 搭手捋開擠掌使，敵欲還著勢難逞。
> 按手用著似顛倒，二把採住不放鬆。
> 來勢兇猛捌手用，肘靠隨時任意行。
> 進退反側應機走，何怕敵人藝業精。
> 遇敵上前迫近打，顧住三前盼七星。
> 敵人逼近來打我，閃開正中定橫中。
> 太極十三字中法，精意揣摩妙更生。

（另一版本）

> 掤貫周身主在圓，動靜虛實知往返。
> 搭手捋擠連珠用，敵欲還著勢實難。
> 按手挫根必傾倒，二把採卷顯藝精。
> 來勢兇猛捌手破，肘靠近身任意行。
> 起落進退隨勢走，慢中寓快須自明。
> 遇敵上前迫近打，顧住三前盼七星。
> 敵人逼近來擊我，閃開正中定橫中。
> 太極奧妙十三法，精意揣悟妙更生。

註：此另一版本之訣是從其他傳抄本中所抄錄，佚失之文？抑或後人增添之文？無法確考，姑且收錄之，以俟有識者研究考證。

十三字用功訣

逢手遇掤莫入盤，黏沾不離得著難。
閉掤要上採挒法，二把得實急無援。
按定四正隅方變，觸手即佔先上先。
捋擠二法趁機使，肘靠攻在腳跟前。
遇機得勢進退走，三前七星顧盼間。
周身實力意中定，聽探順化神氣關。
見實不上得攻手，何日功夫是體全。
操練不按體中用，修到終期藝難精。

八字訣法

三換二捋一擠按，搭手遇掤莫讓先。
柔裏有剛攻不破，剛中無柔不為堅。
避人攻守要採挒，力在驚彈走螺旋。
逞勢進取貼身肘，肩胯膝打靠為先。

虛實訣

虛虛實實神會中，虛實實虛手行功。
練拳不諳虛實理，枉費功夫終無成。
虛守實發掌中竅，中實不發藝難精。
虛實自有虛實在，實實虛虛攻不空。

亂環雙訣

1. 太極亂環訣

亂環術法最難通，上下隨合妙無窮。
陷敵深入亂環內，四兩千斤著法成。
手腳齊進橫豎找，掌中亂環落不空。
欲知環中法何在，發落點對即成功。

2. 三環九轉訣

太極三環九轉功，環環盤在手掌中。
變化轉環無定式，點發點落擠虛空。
見實不在點上用，空費功夫何日成。
七星環在腰腹主，八十一轉亂環宗。

陰陽訣

太極陰陽少人修，吞吐開闔問剛柔。
正隅收放任君走，動靜變化何須愁。
生剋二法隨著用，閃進全在動中求。
輕重虛實怎的是，重裏現輕勿稍留。

十八在訣

掤在兩臂，捋在掌中，
擠在手背，按在腰攻。
採在十指，挒在兩肱，

肘在屈使，靠在肩胸。

進在雲手，退在轉肱，

顧在三前，盼在七星，

定在有隙，中在得橫。

滯在雙重，通在單輕，

虛在當守，實在必衝。

二十字訣

披閃擔搓歉，黏隨拘拿扳。

軟掤摟催掩，撮墜續擠攤。

五字雙訣

1. 五字經訣

披從側方入，閃展無全空，

擔化對方力，搓磨試其功。

歉含力蓄使，沾黏不離宗，

隨進隨退走，拘意莫放鬆。

拿閉敵血脈，扳挽順勢封，

軟非用拙力，掤臂要圓撐。

摟進圓活力，催堅戳敵鋒，

掩護敵猛入，撮點致命攻。

墜走牽挽勢，繼續勿失空，

擠他虛實現，攤開即成功。

2. 輕重分勝負五字訣

雙重行不通，單輕反成功。
單雙發宜快，勝在掌握中。
在意不在力，走重不走空。
重輕終何在，蓄意似貓行。
隔方得相見，千斤四兩成。
遇橫單重守，斜角成方形。
踩定中誠位，前足奪後踵。
後足從前卯，放手便成功。
趁勢側鋒入，成功本無情。
輾轉急要快，力定在腰中。
舍直取橫進，得橫變正衝。
生剋隨機走，變化何為窮。
貪歉皆非是，丟捨難成名。
武本無善作，含情誰知情。
情同形異理，方為武道宏。
術中陰陽道，妙在五言中。
君問意何在，道成自然明。

太極拳五個要領原文

1. 六合勁

擰裹、鑽翻、螺旋、崩砟、驚彈、抖搜。

2. 十三法

掤、捋、擠、按、採、挒、肘、靠、進、退、顧、盼、定（中）；正、隅、虛、實、收、放、吞、吐、剛、柔、單雙、重（輕）。

3. 五　法

進法、退法、顧法、盼法、定法。

4. 八　要

掤要撐，捋要輕，擠要橫，按要攻，採要實，挒要驚，肘要衝，靠要崩。

5. 全力法

前足奪後足，後足站前蹤，
前後成直線，五行主力攻。
打人如親嘴，手到身要擁，
左右一面站，單臂克雙功。

打手八要

心靜、氣沉、膽大、身靈、眼捷、手快、步實、勁堅。

心靜：心定，自然虛靜。

氣沉：鬆靜，則氣沉於根。

膽大：藝高技精，自能膽大。

身靈：有騰挪、閃戰之功，步活身靈。

眼捷：由顧盼練到純以神行。

手快：著熟而懂勁，則信手而應。

步實：氣沉則步實，根穩則身手敏捷。

勁堅：剛柔相濟，無堅不摧。

五字要言

拳理極精細，勿以當兒戲，欲學拳術者，先將基礎立。

拳中基本功，有長即是師，研究其理性，技擊是其次。

萬莫學死方，動作要有理，不學招法手，與死方無異。

比如當大夫，盡學成方劑，藥方開出來，等候病來治。

得病合我方，未聞有此理，就是有點效，也是瞎碰到。

結果背原理，傷病不為奇，莫學拍打功，以免本能失。

皮肉徒受苦，氣血多凝滯，有害於衛生，又有礙拳意。

力緊神便死，豈能把人治，懷疑不憑信，請自體察試。

要知拳中理，首先站樁起，意在宇宙間，天地人一體。

運動如抽絲，開弓即試力，四肢弓崩撐，運動軟慢鬆。

屈伸與開合，身由雲端起，呼吸細靜長，舒暢皆如意。

形象似癲狂，如醉如呆癡，蛇形趟泥步，揉球摩擦力。

兩手似兜泥，如撈稠糖稀，內外要鬆靜，斂神聽細雨。

綿綿覺如醉，悠悠水中戲，默對向天空，虛靈須定意。

洪爐大冶金，陶熔物不計，神機由內變，調息呼吸氣。

守靜如處女，動似迅雷至，力鬆意宜緊，本是涵養氣。

螺旋滾無形，毛髮力加戴，筋骨道即放，渾噩一驚時。

支點增強力，遍體彈簧似，百骸若機輪，旋轉有勁力。

腰身似蛇驚，步行旋風起，縱橫起波瀾，如鯨回旋式。

頂心力空靈，渾身如線提，兩目神光斂，鼻息耳凝閉。
小腹要常圓，胸肋微含蓄，指端力如電，骨節鋒棱起。
活潑比猿捷，邁步如貓似，大凡舉與動，渾身皆消息。
一觸即爆發，威力無邊際，學者莫好奇，要用自然力。
良知與良能，實踐學來的，動靜任自然，萬勿用拙力。
返嬰尋天真，軀柔如童浴，勿忘勿助長，升堂漸入室。
論技說應敵，不費吹灰力，拳術之動作，手足板眼齊。
首要力均整，內外要合一，屈伸隨意往，樞紐不偏倚。
動靜分虛實，陰陽水火濟，精神宜內斂，練神得還虛。
頭打腳隨走，站他中央地，任有萬能手，總也難逃避。
路線踏中心，鬆緊不滑滯，旋轉要穩准，鉤錯互相宜。
力純智和愚，審慎對方力，隨屈忽就伸，相互虛實移。
運動如弓滿，著敵似電急，鷹膽虎威視，足腕似兜泥。
鵑落似龍潛，渾身盡爭力，面善心要狠，膽大更須細。
纏劈攢裏橫，扭擰彈簧力，接觸揣時機，叱詫如雷似。
變化影無形，周旋意無意，披從側方入，閃展全無空。
擔化對方力，搓磨試其功，歉含力蓄使，黏沾不離宗。
隨進隨退走，拘意莫放鬆，拿閉敵血脈，扳挽順勢封。
軟非用拙力，掤臂要圓撐，摟進圓活力，摧堅戳敵鋒。
掩護敵猛入，撮點致命攻，墜走牽挽勢，繼續勿失空。
擠他虛實現，攤開即成功，順勢閃拿欺，展軟柔化吸。
撤退近托推，手腳一齊發，伸手看形容，身法要偏行。
見手分左右，避手吸進身，上下用反勁，手腳要同心。
勁到吸閃空，撞崩化欺衝，手到隨身變，用時如閃電。
黏手軟綿隨，氣在眼前追，來時機伶進，拳打要進身。

見勢順他勁，變步撐腰身，手眼身法步，欺到方為真。

攦手隨身靠，捆時反勁欺，進步耳如風，沉氣在腹中。

若見長手法，指攦閃進崩，若見短手法，長勁沉氣中。

若見亂手法，偏砸順身攻，動手先看肩，指手在胸前。

肩偏手必到，身仰腳必發，伸手步先行，見勁順手中。

若見力過猛，撒化閃進空，進步挒崩擠，攦發順勁倚。

手眼身法步，隨時變體形，出手要平身，開門手為真。

若見高手法，撞倚先拔根，掤架打中線，攦推撞進身。

若見沖天手，變掌攦崩穿，若見矮手法，抽腰走上身。

法本耳目思，掌本面目排，手到撒化變，欺步看路線。

撞進裏外手，反拿隨身轉，拐攦指閃欺，見手反拿腕。

欺步崩撞勢，動手氣下轉，進身本氣根，拿破隨手變。

聽問黏沾連，進步柔化推，上下要相隨，內外要合一。

試聲山谷應，神氣要貫足，恭慎意且合，五字要言記。

見性明理後，反向身外去，莫教死方滯，莫教招法拘。

句句是要言，莫當是兒戲，願我同道者，切記要切記。

註：楊班侯所傳之太極拳九訣，是楊班侯傳給牛連元的重要太極拳訣抄本文獻，楊式其他分支均未見其傳。但據吾師宋保年先生言：葛順成傳武式太極拳門內則一直流傳有此抄本內容，且長期以來門人傳習此譜均甚為珍秘之，歷代傳人均會背誦云云，而此抄本內容傳自何人則不可考。

此本最早正式公佈是1958年，牛連元的弟子吳孟俠、吳兆峰所著《太極拳九訣八十一式注解》（人民體育出版社），首次公佈了太極拳九訣，當時在太極拳界頗有影

響，轟動一時，被譽爲「字字珠璣，句句錦繡」。

另據吳孟俠先生的弟子喻承鏞講，《太極拳九訣八十一式注解》一書，還有兩訣尚未公開，其中《五字經訣》和《亂環訣》，實爲《五字雙訣》和《亂環雙訣》。喻承鏞先生將另外兩訣欣然獻出，可謂是功德無量之舉。

宋遠橋傳抄太極拳譜（秘傳抄本）
——民國　宋書銘傳抄

太極拳總綱目

宋氏家傳源流支派論，太極拳三十七名目，八字歌，三十七心會論，三十七周身大用論，十六關要論，功用歌，俞蓮舟得授全體，授秘歌，太極別名十三式，程先生小九天法式，觀經悟會法，用功有五志，四性歸源歌，宋仲殊後天論法，十不傳、四大忌、用功三小忌。

宋氏家傳太極功源流支派論
——宋遠橋緒記

所謂後代學者，不失其本也。自余而上溯，始得太極之功者，授業於唐於觀子、許宣平也，至余爲十四代焉。有斷者，有繼者。

許先師係江南徽州府歙縣人，隱城陽山，即本府城南紫陽山，結詹南陽辟穀。身長七尺六，髯長至臍，髮長至

足，行及奔馬。每負薪賣於市中，獨吟曰：「負薪朝出賣，沽酒日夕歸。借問家何處，穿雲入翠微。」李白訪之不遇，題詩望仙橋而回。

所傳太極拳功，名三十七，因三十七式而名之，又名長拳者，所謂滔滔無間也。總名太極拳三十七式，名目書之於後。

太極拳三十七名目

四正、四隅、雲手、彎弓射雁、揮琵琶、進搬攔、簸箕式、鳳凰展翅、雀起尾、單鞭、上提手、倒攆猴頭、摟膝拗步、肘下捶、轉身蹬腳、上步栽捶、斜飛式、雙鞭、翻身搬攔、玉女穿梭、七星八步、高探馬、單擺蓮、上跨虎、九宮步、攬雀尾、山通背、海底珍珠、彈指、擺蓮轉身、指襠捶、雙擺蓮、金雞獨立、泰山生氣、野馬分宗、如封似閉、左右分腳、掛樹踢腳、八方掌、推碾、二起腳、抱虎推山、十字擺蓮。

此通共四十三手，四正、四隅、九宮步、七星八步、雙鞭、雙擺蓮在外，因自己多坐用的功夫，其餘三十七數是先師之所傳也。此式應一式練成再練一式，萬不可心急齊用，三十七式卻無論何式先、何式後，只要一一將式用成，自然三十七式皆化為相繼不斷矣，故謂之曰長拳。

腳趾五行，懷藏八卦。腳之所在，為中央之土。上則可定乾南、坤北。離東、坎西。掤、捋、擠、按，四正也。採、挒、肘、靠，四隅也。

八字歌

掤捋擠按世間稀，十個藝人十不知。
若能輕靈並捷便，沾黏連隨俱無疑。
採挒肘靠更出奇，行之不用費心思。
果得粘黏連隨字，得其環（寰）中不支離。

三十七心會論

腰脊為第一之主宰，喉頭為第二之主宰，
心地為第三之主宰。丹田為第一之賓輔，
掌指為第二之賓輔，足掌為第三之賓輔。

三十七周身大用論

一要心性與意靜，自然無處不輕靈。
二要遍體氣流行，一定繼續不能停。
三要喉頭永不拋，問盡天下眾英豪。
如詢大用緣何得，表裏精粗無不到。

十六關要論

蹬之於足，行之於腿，
縱之於膝，活潑於腰，
靈通於背，神貫於頂，
流行於氣，運之於掌，
通之於指，斂之於髓，
達之於神，凝之於耳，

息之於鼻，（呼吸）往來於口，

渾噩於（一）身，（全體）發之於毛。

功用歌

輕靈活潑求懂勁，陰陽既濟無滯病。

若得四兩撥千斤，開合鼓蕩主宰定。

俞蓮舟得授全體

俞家，江南寧國府涇縣人。太極功名曰先天拳，亦曰長拳。得唐李道子所傳，道子係江南安慶人，至宋時與游酢莫逆。至明時，李道子常居武當山南岩宮，不火食，第啖麥麩數合，故又名夫子李也。見人不及他語，惟云「大造化」三字。

既云唐人，何以知之明時之夫子李，即是李道子先師也？緣余上祖遊江南涇縣俞家，方知先天拳亦如余家之三十七式，太極之別名也。而又知俞家是唐時李道子所傳也，俞家代代相承之功。每歲往拜李道子廬，至宋時尚在也，越代不知李道子所往也。

至明時，余同俞蓮舟遊湖廣襄陽府均州武當山，夫子見之叫曰：「徒再孫焉往？」蓮舟抬頭一看，斯人面垢正厚、髮長至地，味臭。蓮舟心怒，曰：「爾言之太過也，吾觀汝一掌必死耳，爾去罷！」夫子云：「重再孫我看看你這手！」蓮舟上前掤連捶，未依身，則起十丈許落下，未折壞筋骨。蓮舟曰：「你總用過功夫，不然能制我者鮮

矣。」夫子李曰：「你與俞清慧、俞一誠認識否？」蓮舟聞之悚然，「此皆予上祖之名也」，急跪曰：「原來是我之先祖師至也。」夫子李曰：「吾在此幾韶光未語，今見你誠哉大造化也，授你如此如此。」蓮舟自此不但無敵，而後亦得全體大用矣。

　　予上祖宋遠橋與俞蓮舟、俞岱岩、張松溪、張翠山、殷利亨、莫谷聲，久相往來金陵之境。夫子李先師授俞蓮舟「秘歌」云：無形無象，全身透空。應物自然，西山懸磬。虎吼猿鳴，水清河靜。翻江播海，盡性立命。此歌余七人皆知其句。後余七人同往拜武當山，夫子李不見。道經玉虛宮，在太和山元高之地見玉虛子張三豐也。此張松溪、張翠山師也。身長七尺有餘，鬚美如戟，寒暑惟一箬笠，日能行千里，遠自洪武初年至太和山修煉，予七人共拜之，耳提面命，月餘後歸。自此不絕往拜。玉虛子所傳，惟張松溪、張翠山，拳名十三式，亦太極功別名也，又名長拳。十三式名目並論說，列之於後。

夫子李先師授俞蓮州秘歌

　　無形無象（忘其有己），
　　全體透空（內外如一）。
　　應物自然（隨心所欲），
　　西山懸磬（海闊天空）。
　　虎吼猿鳴（鍛鍊陰精），
　　水清河靜（心死神活）。
　　翻江播海〔氣血（元氣）流動〕，

盡性立命〔神充（定）氣足〕。

太極別名十三式

攬雀尾、單鞭、提手上式、白鵝晾翅、摟膝拗步、手揮琵琶、進步搬攔捶、如封似閉、抱虎推山、攬雀尾、肘底看拳、倒攆猴、斜飛式、提手上式、白鵝晾翅、摟膝拗步、海底珍、山通背、撥山捶、退步搬攔捶、上勢攬雀尾、單鞭、雲手、高探馬、左右分腳、轉身蹬腳、進步栽捶、翻身撥心捶、翻身二起腳、披身踢腳、上步搬攔捶、如封似閉、抱虎推山、斜單鞭、野馬分宗、玉女穿梭、單鞭、雲手、下式、金雞獨立、倒攆猴、斜飛式、提手上式、白鵝晾翅、摟膝拗步、海底珍、山通背、上式攬雀尾、單鞭、雲手、高探馬、十字擺蓮、摟膝指襠捶、上勢攬雀尾、單鞭、下式、上步七星、下步跨虎、轉身擺蓮、彎弓射虎、上勢攬雀尾、合太極。

程先生小九天法式

七星八步、開天門、什錦背、提手、臥虎跳澗、單鞭、射雁、穿梭、白鶴升空、大襠捶、小襠捶、葉裹花、候（猴）頂雲、攬雀尾、八方步（掌）。

觀經悟會法

太極者，非純功於易經，不能得也。以易經一書，必須朝夕悟在心內，會在身中，超以象外，得其寰中。人所不知之妙，若非得師一點心法之傳，如何能致使我手之

舞、足之蹈，樂在其中矣。

用功五志

博學（是多功夫）

審問（不是口問，是「聽勁」）

慎思（聽而後，留心想念）

明辨（生生不己）

篤行（如天行健）

四性歸源歌

世人不知己之性，何能得知人之性？

物性亦如人之性，至如天地亦此性。

我賴天地以存身，天地賴我以致局。

若能先求知我性，天地授我偏獨靈。

宋仲殊後天法之緣起

胡鏡子，在揚州自稱之名，不知姓氏，此是宋仲殊之師也。

仲殊，安州人，嘗遊姑蘇台，柱上倒書一絕云：「天長地久任悠悠，你既無心我亦休。浪跡天涯人不管，春風吹笛酒家樓。」

仲殊所傳殷利亨太極拳，名曰「後天法」，亦是掤、捋、擠、按、採、挒、肘、靠也。然而勢法名目不同，其功用則一也，如一家人分居，各有所為也，然而根本非兩事也。

後天法目

陽肘、陰肘、遮陰肘、晾陽肘、肘裹槍、肘開花、八方捶、陰五掌、陽五掌、單提（鞭）肘、雙鞭肘、臥虎肘、飛雲肘、研磨肘、山通肘、兩膝肘、一膝肘。

十不傳

一不傳外教；

二不傳無德；

三不傳不知師弟之道者；

四不傳收不住者；

五不傳半途而廢者；

六不傳得寶忘師者；

七不傳無納履之心者；

八不傳好怒、好慍者；

九不傳外欲太多者；

十不傳匪事多端者。

此書有四忌

忌飲過量之酒；忌當色者夫婦之道，要將有別字認清；忌無義之財；忌動不合中之氣，一飲一啄在內。

用功三小忌

食吃多；

水多飲；

睡時多。

宋遠橋緒記

以上太極功名家名目。因余身臨其境，並得良友往來相助，皆非作技藝觀人者也。一家人恐其久而差也，故筆之於書，以授後人玩索而有得焉。則終身用之，有不能盡者矣。

其餘太極再有別名目拳法，惟太極則不能有兩說也。若太極說有不同，斷乎不一家也。卻無論功夫高低上下，一家人並無兩家話也。

自上之先師而上溯其根源，東方先生再上而溯，始孟子；當列國紛紛，固將立命之功，所謂養我浩然之氣，塞於天地之間，欲大成者，則化功也；小成者，武事也。立命之道，非氣體之充，胡能也。由立命以盡性，至於窮神達化。自天子至於庶人，何莫非誠意正心修身始也。

書及後世，萬不可輕泄傳人。若謂不傳人，當年先祖師何以傳至余家也，卻無論親朋遠近，所傳者賢也！遵先師之命，不敢妄傳，後輩如傳人之時，必須想余緒記之心血與先師之訓誨也。

附　記

無極歌

無形無象無紛爭（紛拏），一片神行至道誇。

參透虛無根蒂固，渾渾沌沌樂無涯。

太極歌

太極原生無極中，混元一氣感斯通。

先天逆運隨機變，萬象包羅易理中。

出手論

人之兩手分左右，出手有虛實前後，有先來後到。快打喉頭慢擊腰，不快不慢拔起腳。按向後坐，将向前移。直來橫往曲繞，千變萬化，不離中心。實變虛，虛變實，亦實亦虛，虛實不分，捉摸不定。

九宮步

以手帶步兩翅搖；

以身帶步水上漂；

以步帶身任逍遙。

註：此本採自宋書銘所藏抄本，宋抄本名為《宋遠橋太極功源流支派論》，吳圖南藏本名《宋氏家傳太極功源流支派論》，崔毅士藏本名《楊式太極拳密傳（訣）》《太極拳總綱目》前二十二目，張虎臣藏本名為《內家後天第一功集要》《太極拳總綱目》等，名字雖不一，但內容則基本相同。

許禹生著《太極拳勢圖解》（1921年版）中記載：有宋書銘者，自云宋遠橋後，久客項城幕，精易理，善太極拳術，頗有所發明，與余素善，日夕過從，獲益匪鮮。本

社教員紀子修、吳鑒泉、劉恩綬、劉彩臣、姜殿臣等多受業焉。

許又說：「唐許宣平，所傳太極拳術名三世七，因只三十七勢而得名。其教練之法，為單勢教練，令學者一勢練熟，再授一勢，無確定拳路。功成後，各勢自能互相連貫，相繼不斷，故又謂之長拳。其要訣有：八字歌、心會論、周身大用論、十六關要論、功用歌；傳宋遠橋。

太極秘術手抄本（秘傳抄本）

劉風梧序

余幼失怙，習祖遺之醫略，於《景岳全書》卷九‧雜證十三卷‧瘟疫處：得先祖手錄太極秘術方勝數折，字草潦亂，幸尚可辨識，故復錄之存義，然實未睹其術焉。

先祖劉恒山，道光八年人，初經藥商，後習醫道。咸豐十一年，路遇困病危者，施救罔效，祖懷善念，奔波鎮里，挽一老醫者復臨乃處，老扶脈搖首而去，病者知無生，托祖善後，祖諾，其感，探懷示祖簿冊，囑錄而殉葬。祖憐而草繕，復置其懷，其奄然溘逝。先祖勉鄉人善葬焉。

此於錄後，言之一二。因係祖手澤，且理玄奧，故謄而錄存，是序。

民國六年仲春月，汜水劉風梧拜識

《太極秘術》序

余從師溫州張楚臣先師。先師曰：「是術得之於道門，精微奧義，有不可言傳之妙。德不修者不與之，名利重者難成之，才不足者不傳之。故擇者不易，爾宜慎密勿惰。」

余秘之，而習之已歷四十餘載，更忝以道家丹法，始悟其源流之澤長，光耀九洲。然修之不易，猶如深海尋珠，循寶光而不捨，歷艱辛而不頹，始得而獲，更知珍貴，雖萬金而不售，斯道氣常存者也。

噫！孰鑒道求真，難於此乎？而身不其驗，動不明其用，輒言得道，津津善辯，而惑人輩，猶為可悲耳。詐偽橫溢四海，真言不屑而聞。故大道當隱，俟時漸復，此亦道之至理所含也。

雍正六年冬月
愚叟王柏青留示

太極拳道
──邢喜懷

先師曰：習拳，習道，理義須明。功不間斷，其藝乃精。夫拳之道者，陰陽之化生，動靜之機變也。知氣養而增命，善競撲而全身，此為習拳之妙理。

氣何以養？寅時吐納，神守天根，意沉海底，心靜息寂，神意互戀，升降吞液，腹中如輪，旋轉循規，是以知水火之和氣，為兩腎所出，此人身性命之本，須刻刻留意

為是。

撲何以善？手腳四肢，皆聽命於心神。動靜虛實，隨意氣而定取。上動下合，左轉右旋，前移後趨，惟心神之所向，意氣之所使也。腰為真機，而貫串肢節，勢無所阻，是收內意者為用耳。

太極拳說

夫太極者，法演先天，道肇生化焉。化生於一，是名太極。先天者，太極之一氣；後天者，分而為陰陽，凡萬物莫不由此。

陽主動，而陰主靜。動之極則陰生，靜之極則陽生。有生有死，造化之流行不息。有升有降，氣運之消長無端。體象有常者可知，變化無窮者莫測。大之而立天地，小之而悉秋毫。太極之理，無乎不在。

陰無陽不生，陽無陰不成。陰陽之氣，修身之基。上陽神而下陰海，合之者，而元氣生。左陽腎而右陰腎，合之者，而元精產。背外陽而懷內陰，皆合者，而元神定。陰中有陽，陽中有陰，本乎陽者親上，本乎陰者親下。是則手以陽論，腳以陰名，相合者而身自靈。虛實分而陰陽判，動靜為而陰陽變。縱者橫之，剛者柔之，來者去之，開者闔之，無非陰陽之妙理焉。

然陰陽和合，斯理孰持？勝負兩途，斯驗孰主。「一判陰陽兩極分，聚合陰陽逢在中」。是以云，其妙者，「一」也；其竅者，「中」也。

夫太極拳者，性命雙修之學也。性者天，上潛於頂，

頂乃性之根；命者海，下潛於臍，臍乃命之蒂；故知雙修之道在天根海蒂之合也。真意為其中使，而有所驗。動之始，則陽生；靜之始，則柔生。動之極，則陰生；靜之極，則剛生。陰陽剛柔，太極拳法，四肢義通，且陰陽之中，復有陰陽。剛柔之中，復有剛柔。故有太陰、太陽，少陰、少陽，太剛、太柔，少剛、少柔，太極拳手之八法備焉。曰掤、捋、擠、按、採、挒、肘、靠。

「一」以「中」分而陰陽出，陰陽復而四時成，中為生化之始，合時成五氣行焉。東有應木之蒼龍；西有屬金之白虎；北陸玄龜，得水性而潛地；南方赤鳥，得火氣而飛升；中土孕化，以生成而明德。五行生剋，太極拳腳之五步出焉。曰進、退、顧、盼、定。

夫太極拳者，呼吸二五之中氣，手運八法之靈技，腳踩五行之妙方。上下內外與意合，節節貫串於一身。因而，萬千之變，無乎不應，此所以根出於一，而化則無窮，太極拳之所寓焉。俾使學者默識心通，故為說之而已哉。

太極拳秘傳
——張楚臣

太極拳，功有濟世之法，技有運身之術，示外者足矣。而修行之秘，須寶而重之，不得輕授，倘傳匪人，則遺禍為害，寧不惕哉。

訣曰：沉氣於腹，以意定之，不得妄提。聚而鼓蕩，狀若璇璣。意活而運，氣如輪轉。其要不離腹中，此所以

刻刻留意者耳。

　　神領全身，以手為先，腳隨手動，身隨腳轉。意與神通，氣隨意走，筋脈自隨氣行，此所以舉動用意者耳。

　　夫太極拳者，內氣之鼓蕩運動，須與外形之勢同；凡舉動，神意互戀，神領手訣，而意令氣運，由手而肘、而肩，由腳、而膝、而腰，自可達以眾歸一之道，此既上下內外合為太極之妙術也。

　　手有八法而一神虛領，氣有百環皆隨意而定。神主陽而行外，勢也、形也；意主陰而守內，精也、氣也。手為陽而動於上，腳為陰而移於下。妙在俱合，靈在俱鬆。勢未動而意已動，神意俱在形之先，勢不可執，以神意為機變，無須以成架為局焉。

太極丹功義詮
——王柏青

　　道自虛無生有為，便從太極中規循。
　　天地分判陰陽義，人法自然意神合。
　　道心玄秘守天根，內丹培育成在坤。
　　精氣合練延年藥，渾然天人俱忘春。
　　悟得天心道基尊，生生妙境育靈根。
　　拋卻名利海天闊，寰中日月隨心神。
　　兩隻慧劍定中土，一團和氣衝玄門。
　　蒼海無浪緣龍蜇，青天恬謐赤子心。
　　精氣神喻三祖孫，氣為先祖萬物根。
　　精乃氣子生神意，積氣生精自全神。

出玄入牝呼吸循，念念歸底海容深。
俟至地火噴湧時，百脈俱活修全真。
三花妙合統在神，五氣聚分權由心。
修德培土孕內丹，日月真息火候存。
三魂息安畫夜分，兩弦期活朔望臨。
但使方寸宅勤守，黃芽白雪何須尋。
汞借水銀喻人心，鉛如鋼鐵比人身。
嬰兒姹女亦如是，黃婆撮合土意真。
坎離分合水火輪，注生定死本命根。
上下左右皆非是，中腰陰陽兩腎門。
子午上星下會陰，戊己神闕並命門。
庚申金氣土得藏，坤火巽風意息存。
乾中陽失翻成離，坎得中實轉易坤。
化陰抽陽還健體，潛藏飛躍總由心。
寅時面南守天根，舒形緩息漸寂隱。
恬淡念沉入深海，無物腹虛靜無塵。
大道無聲緩緩運，一縷綿綿下歸引。
漸細漸長谷底滿，收聚散氣團仙真。
日追月墜曉星臨，三光先後開天門。
深山寂幽溶溶夜，恰是道基初生根。
貪龍欲騰行沛霖，怒虎出洞將噬人。
天符一道玉音降，虎歸龍伏修清心。
陰陽媾合龍虎吟，意癡神醉戀魂魄。
心腎交合水火濟，田蒸海溫好浴身。
紫氣炎焰沖玄門，肌爽竅開樂人倫。

甘露瓊漿天池滿，餌津潤臟滌身心。
潛龍勿用築基因，見龍在田產靈根。
飛龍在天運武火，亢龍有悔形退陰。
祖氣復入閉開門，腹胎意轉運法輪。
能令十息緩緩吐，三十息上可調神。
精生靈根氣護神，神定身中息自沉。
內息氣運精神固，此真之外更無真。
神行氣行元海運，一輪始終胎息勻。
善養生者在守息，物欲善者勤養根。
太極一氣延年藥，氣命神性雙修門。
天地合育續命芝，但知求我不求人。
肢鬆心沉入臍輪，太極未分是真陰。
一陽動處天意現，神令手運移崑崙。
挽起光寰轉乾坤，氣滾意馳腹中尋。
龍翔九天雲伴起，虎嘯幽谷風摧林。
借勢循向在心神，貼從璇璣妙進身。
順力渾然迭不覺，勿用氣力返傷根。
腹虛若海載萬均，能運沉浮善曲伸。
神形意氣能一處，移山倒海翻乾坤。
陰摧陽轉陽摧陰，可知玄奧在腹心。
丹田一球璇璣活，舒合恬逸動無塵。
孰曉腹氣圓活真，調腑理臟順經筋。
若待壽高神體健，不枉當初勤練身。

太極丹功要術

天地人靈，道存唯此。欲修丹功，象天法地，參自然而合人身，奪造化在悟玄機。人內三寶，精氣神也。修者，寅時合道，須擇幽靜之處，背北面南，氣收地靈。直立兩肩之中，安定子午之位，氣沉腹臍，意導孕合，心靜而息寂，呼吸悠長至若無，脈流而氣摧，神意俱會似如失，意導氣運，腹輪常轉，雜念止則內外鬆適，心念靜而呼吸若一，意氣互感，暖流回轉。其態若輪，生生不息。此為一氣渾圓，修之可享遐齡。

一氣流轉而無微不到，陰陽和合而化育五臟。運行於筋骨、經脈，營衛於肌膚、毛孔。通連於天地祖氣，氣機循環，升降有序。身隨升降而起伏，手隨機勢而運形。形動而神靜，意會而勢靈。微風也能順化，葉落亦能知警。蹬此門堂，許為初成。

功既有成，須明用道。太極之妙，首在心神。惟心靜，能詳察進退之機。惟神領，可體悟起伏之道。進因降而起，退因合而伏。其法，曰神，曰氣，曰形。神者能輕靈，氣者有剛柔，形者可縱橫。以神擊敵為先，身未動，威先發於瞳，傷敵之神，令彼膽寒；以氣擊敵，勢未成，而無畏浩氣出，破敵之氣，令彼心怯；以形擊敵，俟敵動身，應形合之，制敵之形，令彼跌仆；內靜外動，外疾內緩，神靜而意動，心靜而氣動，息靜而身動。眼欲疾而神須緩，步欲疾而氣須緩，手欲疾而心須緩；內態靜緩，外形愈疾，息無所亂，無虞身疲。

運功發勁，外柔內剛。卷之則柔，發之成剛。柔為長勁，剛為瞬間。化敵之力，纏綿如絲。圓而勁柔，擊敵空門。勢若奔雷，循方直達。柔則鬆弛，內氣如縷不斷。剛則開張，瞬間一瀉千里。意深如此，惟氣行之。動如簧彈箭發，靜如山岳雄峙。功不間斷，持久通靈。氣機活潑，由心外場。感應神通，人未臨身，已知來犯之處。意令氣發，去則攻其無救，人未明立仆，警心寒⋯⋯（後文佚失）

　　註：此本《太極秘術》手抄拳譜，據云來自中醫世家劉風梧之家傳抄本，惜乎內容不是很全，抑或在傳抄遞繕中有所遺失，是以佚文不少，而關於此本來源之顛末，在此抄本之汜水劉風梧序言中已有闡明。

　　縱觀此篇拳論，其內容是完全按照趙堡太極歷代傳人來排序，幾乎每一代傳人對拳理均有闡發。這幾篇拳論對太極拳理法之闡述均十分深刻，微言大義，纖毫畢露，條分縷析，說理透徹。其所闡理法則多與道家內丹學說相合，以武入道之思想非常突出。總體來說這幾篇拳論是一本非常優秀的拳譜彙集，故收錄於此，以供廣大太極拳愛好者參研。

　　至於此抄本之來源是否可靠，則不屬於本書所涉及之範圍，姑留於有識之士去考證研究。

《內功眞經》眞本全書(秘傳抄本)

前　序

內功四經，余祖總憲公任江西時所購也。公歿後，迄今百餘年，未有知此書作何用也。甲子余於不意中得之於藏之樓，開卷茫然，幾於懈怠，後費盡心思，鑽研數年，乃知此書為武技之宗派，而功夫眞傳也。故內功已成，隨法皆成妙招，謂資之彌而取之，左右逢其源者也。然內功眞傳不求速，須費盡年月，方能有成，其不求速，內功經者顧屬上。或有天資遲鈍，急切不知之妙，與家道窮迫，不能日日用功，一入門即欲攻經悟道，豈不望洋而收哉。

今就內功之見於外者，集為數篇，曰大力全局；曰內功合戰；曰內功散門；反背順逆，總和內功經關竅。由是一入門，經內道理，亦可悟矣。至於間架招數，亦有其一二，然不知內功經，而於橫豎骨節、順逆相制之理，往往大相反矣。

嗟呼，內功四經埋沒於世數百年矣，古人之跡既泯滅而不傳，後之學此道者，豈不妄用心乎。時任午秋，與珠

山友人景房話此意後，傳蘭香書室，因草之以序。

琅琊王南溪序

後　序

　　道自得天地之精髓，陰陽之秘蘊者，必不磨滅於默默之中，非偶然也。天必生奇人以知之，知之必著為書，不行於數百年之前，必行於數百年之後；必生一得書之人，不奇惜，必生一藏書之人，藏書之人不能行，必生人以力行之，不畏艱難，務求講明古人眞跡，以待於後世；又恐一人之力有所不能，盡而又生人以輔翼之，豈偶然哉，嗚呼！若此諸人或相待於數百年之後，或相遇於數百年之中，其中離離合合，亦奇矣。

　　余之友，南溪子，其祖為清初總憲，督撫江西。泊舟清江，見有商人舟覆，拯貨水底，獲一石函，中有二書，公欲視之。商人呈公，閱視之，一曰劍丹，一曰內功。內功之書正四篇，一曰內功經，二曰納卦經，三曰神運經，四曰地龍經，後記云：貞觀二年三月十五日錄。公以重價購之。嗟呼，此書作於上古，藏於水底，盛之石函，可謂遙年湮矣。數百年埋沒，而一旦傳之於世，豈非此道之不可磨滅，而特生賈人以得之，總憲公以藏之哉。

　　公得視書簡，閱良久，見其理元妙，實正好之，然以貯膺。朝廷重命，方欲盡瘁，未暇研究。公歿，遂為世傳。公之後人，大抵以文功名為重，其不讀書者，又留心於身家生計，皆論不及此。間有閱及之者，開卷茫然，遂以為無用之物，甚至王氏之子孫，亦有不知家藏有此書

者。唯吾友南溪子，生而穎悟，總讀書不至功名，玩心於詩書之間，毫無世俗輸積之計。一日，忽得此書，見有印跡，歎曰：公神明人也，其不以重價沽無用之物也，明矣！此書必有彌意，但無有能知之者矣。乃細心推測，見其有言卦者，一似易經注解；有言周身經脈者，一似醫家脈絡；有練神氣者，一似道家丹書。推測至二三年，無以對其際。

後與管某閒談，伊言其師，拳術精勇，妙藝絕倫等得之於內功經，因詢之曰：「內功經尚存乎？」管某曰：「此書失之久矣，邵師蓋得之於口授者，不過經中十之二三。」南溪子忽然有悟，蓋明公所得之書也！又取而閱之，忽然略有所醒悟。乃益加鑽研，才知可以開人之智慧；其次，亦可以療病壯身。而遇敵可制勝，猶其功之小者。二年之後，出而遇敵，無不制勝。

嗟呼！百年以此書為無用之物，不有南溪子以推測之，終屬於無用乎！古云：「道為知己者傳。」良不虛也！百餘年之理埋沒，而一旦發揮其蘊奧，豈非此道之不可磨滅，而特生南溪子以彰明之哉。然此道彌奧無窮，南溪子自以為所能者，不過十中之半。恨無知己者，與之講明，而切究之。欲終不傳，又恐古人之寶書自此而沒滅，甚為可惜。以此十數年之功，苦蘊於中，未發於外，常憂憂不樂。

丙子，余至其邑，與之甚者，以年相若而志相得。余之視彼如兄，而彼視之吾如弟，久聞其精於武技，適觸所好，因再三致詰，而南溪子以交厚，絕不吝惜，因為余說

大概，初聞之，以為拳勇之粗術耳。既而與館於近村，與之朝夕相見，聞其功夫有壯身療病之效，因求而用之。南溪子曰：「此功夫非一朝一夕之故，恐不能持久，無益而徒勞耳。」余力請之，遂授吾一二，余取用之，數月未見功效，暗以為迂調，且將棄之。南溪子曰：「吾言此功非朝夕之可及，君不信，而今何如哉？」余愧甚，又用數月，微有功效，甚喜，告南溪子曰：「且請再益。」南溪子曰：「不可因後用之。」

數月之間，忽然得奇效，平時所患結核，至是痊癒，氣力數倍於常，然後知南溪子不輕以授人者，非吝也，重此道也。因再拜求教，又得纖微，總甚少之，然後知其為人不少以言辭，亦遂不請。南溪子曰：「此功用氣之處，只有一經，若誤入旁門，傷人不淺。」余總聞之而未著意，授而用之，漸有所悟；忽思天地間之術，莫非古人擬造之術，吾獨不可杜撰乎？略有所增損。不數月，忽得拘攣病，窘甚以告，南溪子曰：「此道之為功也，不可貪多，不可太急，不可妄有增損，內所增損，多與此正為者耳，不然吾弟豈有受專。」余惶恐無地，立誓悔過。

南溪子講後其端的，數月之後，拘攣之病遂已，自此彼以為是者，日夜以求之，彼以為非者，日夜以去之。如是者二年，覺心中大有所悟，而氣體間，浩浩乎，如囊日矣。余雖不言而心知，然相知之彌，每相忘於形骸。南溪子未以為功，余亦未嘗出一言相附也，每談及此，至忘寢食，而南溪子灼論風發，不後如問之與以少矣。如是又二年，南溪子忽授書二卷，而告余曰：「此無上之寶書也，

久欲傳人之未得其人，今觀矣非風塵者，願以此相贈。其一曰劍書，此仙家之丹經，非夙業有慧根者不可轉傳；其二曰內功經，此能壯身療病，多換氣力，吾欲傳於海內，公諸好可乎？」余驚喜異常，投地再拜曰：「此萬金不易之術耳，羨之者，非能不甚？」而吾兄獨以教弟，能對弟之彌，勞神以教弟，弟難報大德，今又傳以寶書，且以傳世，吾兄之力，心恕而無所私也，何不可之有因。

備問書之始末。南溪子具告之曰：「此書多有不解者，今欲與吾弟細加注解以明之，而後人得而用之矣。」余曰：「數百年之埋沒，而一旦傳於海內，豈非此道之不可沒滅哉，天特生一不畏艱辛之人，務求講明古人真跡，以傳後世也哉，弟豈不才，敢竭鄙誠以輔翼吾兄，共成此於是乎。」

序珠山宗景房序

總　論

拳勇之術，古來不下數十家，曰探馬、曰鑒子、曰羅漢、曰太祖、曰佛爺、曰武子，一切可驚可駭之名，難以盡述。

承人陋習，學此則非彼，學彼則非此，紛紛聚訟，日甚一日。而要之，不得內功真傳，拘家所縱，費盡苦功，終屬下乘。猶之讀書，不能反約、泛覽、博務，何能明道？又凡物莫不有其本，得其本而末隨之矣；所謂一以禦萬，簡以禦煩（繁）者也。

近來習此道者，忘其本之為一，而逐其末之不同，分

門別戶，捏造名色，往往自為譽曰：「吾之術近路也。」不詢其一以禦萬、簡以禦煩（繁）之道，茫然罔覺，何怪其臨敵潰哉。夫宇宙之正道，原未有近路也，不過有本末先後耳。後此變化無方，皆前此循序漸進有以致之也，何有近路之可言哉？

然則所謂本者，何也？曰筋也。順進可以制敵，退可以自守，往來上下，無不如意。鬆、小、背，不足以當敵，退不能自守，備多虛實，無非危機。由此言之，固要哉。然不知之綱領，不知之樞機，不知之歸宿，雖有猶未嘗也。

何謂之綱領？曰頭也。頭為諸陽之會，一身之綱領也。譬如物之有柄，事之有始；柄之不正，事之不裹，專望後之等哉？故頭之為用也，欲向上提起，不欲向下堆積，欲生旺有神，不宜頹靡無氣，一身之筋精勁雖不在頭，而頭未始無關於之得失也。

何謂之樞機？曰肩也，肋也。肩為臂之本，肋為氣之窟，上以頭部之精神，下以足、腰、胯之威勢，周身之大關會也。譬如室之有門，國之有關，門不開，不通往來出入。故肩之為用也，其要有八，曰通、透、穿、貼、鬆、汗、合、堅；肋之為用也，其要有二，曰開張舒展，緊彈聚斂。得此竅訣，中部之妙，思過半矣。

何為勁之歸宿，曰足也。足為百體之根，上載全身者也。譬如萬物之生於土而履於地，衰旺體態，無不因乎地。苟非博厚，何能載物哉？故足為之出也，凡一放一鬆，無不從足底湧泉穴而起；之入也，一收一緊，無不從

足底湧泉穴而伏。此下路之要訣，而工夫之根基也。知此三者，可以得其大概矣。

猶有要專，何者也？曰氣也。蓋之生於氣，猶木之生於水，木必待水潤而得生，必得氣養而後出，自理也。欲願養氣，必開關竅，以順其氣，不然而人身之關竅，皆為後天之濁氣否塞盡矣，雖欲養氣可得哉？

必伸筋拔力以通之，而後真氣自行，行是氣可以養，可以濟氣矣。故用之初，氣盡有交互相濟之用，及其久也，有渾然如一之德。後之學者，潛心體會，必對予不妄評矣。若夫氣之浮沉、之鬆緊、首之開合、手之橫豎、身之正側，當求之內功經與夫十式局內，非一朝一夕之功能明也。

山左琅琊王南溪注解

海右珠山宗景房參訂

內功四經

卷一　內功經

內功之傳，脈絡甚真。

不知脈絡，勉強用之，則無益而有損。

前任後督，氣行滾滾。井池雙穴，發勁循循。千變萬化，不離乎本。得其奧妙，方歎無垠。

任脈起於承漿，直下至陰前高骨。督脈起於尻尾，直上由脊背、過泥丸、下印堂、至人中而止。

井者，肩井穴也，肩頭分中即然。池者，曲池穴也，

肘頭分中即然。此周身發勁之所也。

龜尾升氣，丹田練神，氣下於海，光聚天心。

從尾骨盡處，用力向上翻起，真氣自然上升矣。臍下一寸二分，丹田穴也，用功時存元神於此處耳。小腹正中為氣海，額上正中為天心，氣充於內，形光於外也。

既明脈絡，次規格式。

格式者，入門一定之規也。不明此，即脈絡亦空談耳。

頭正而起，肩平而順，背平而正。

正頭、起項、壯面、神順、肩活、胸平背自平，身微有收斂之形，此式中之真竅也。

足堅而穩，膝曲而伸，襠深而藏，肋開而張。

足既動，膝用力，前陰縮，兩肋開。

氣調而勻，勁鬆而緊；緩緩行之，久久功成。

出氣莫令耳聞，勁必先鬆而後緊。

先吸後呼，一出一入；先提後下，一升一伏；內收丹田，氣之歸宿。

吸入呼出，勿使有聲。

提者，吸氣之時，存想真氣上升至頂也。下者，真氣降歸於丹田也。伏者，覺周身之氣漸小，墜於丹田，龍蟄虎臥，潛伏也。

下收穀道，上提玉樓，或立或坐，吸氣於喉，以意送下，漸至底收。

收者，慎氣謝也。提玉樓者，耳後高骨也。使氣往來無阻礙，不拘坐立，氣自喉者，以肺攝心也。氣雖聚於丹

田，存想沉至底方妙。

升有升路，肋骨齊舉；降有降所，氣吞俞口。

氣升於兩肋，骨縫極力張開，向上舉之，自然得竅。降時必自俞口，以透入前心，方得真路。

既明氣竅，再詳勁訣，曰通，勁之連也；曰透，骨之速也。

通透往來，無阻也，伸勁拔力以和緩，柔軟之意。

曰穿，勁之連也；曰貼，勁之絡也。

穿貼橫豎，聯絡也，伸勁拔力以剛堅，凝結之意。

曰鬆，勁之漁；曰悍，勁之萃。

鬆漁者，柔之極也，養精蓄銳之意；悍萃者，剛之極也，氣血結聚之謂；鬆如繩之繫，悍如水之清。

曰合，勁之一；曰堅，勁之轉。

合者，合周身之一也；堅者，橫豎斜纏之謂也。

按肩以練步，逼臀以堅膝，圓襠以堅胯，提胸以下腰。

按肩者，將肩井穴勁，沉至湧泉；逼臀者，兩臀極力貼住也；圓襠者，內向外極力掙橫也；提胸者，起前胸也。

提頦以正項，貼背以轉斗，鬆肩以出勁。

兩背骨，用力貼住，覺其勁自臍下而出，自六腑向外，轉至斗骨而回。出勁之時，將肩井穴勁軟意鬆開，自無礙矣。

曰橫勁，曰順勁，變之分明，橫以濟豎，豎以橫用。

豎者，肩至足底；橫者，兩背手也。以身說，則豎者自腋至二肩穴；橫者，自六腑轉於斗骨背也。自襠至足底，自膝至於臀，以腿而言之也。

五氣朝元，週而復始。四支元首，收納甚妙。

吸氣納於丹田，升真氣於頭，復至俞口，降於丹田。

一運真氣，自襠下於足底，復上自外胯，升於丹田。

二運真氣自背骨膊裏出手，復自六腑，轉於丹田。一升一降，一下一起，一出一入，並行不悖，周流不息，久久用之，妙處參悟甚多。

練神練氣，返本還元，天地交泰，水升火降，頭足上下，交接如神。

靜升光芒，動則飛騰；氣勝形隨，意勁神同。神帥氣，氣帥形，形隨氣騰。

以上勁訣即詳，下言調氣之方。

每日清晨，靜坐盤膝，閉目緘口，細調呼吸，一出一入，皆從鼻孔。而少時氣定，遂吸一口氣，但吸氣時，須默想真氣自湧泉發出，升於兩脅，自兩脅升於前胸，自前胸升於耳後，漸升於泥丸。

降手時，須默想真氣由泥丸至印堂，降至鼻，鼻至喉，喉至脊背，脊背透至前心，前心沉至丹田。丹田氣足，自能復從尾閭，達於脊背，上升泥丸，週而復始，從乎天地，循環之理也。

卷二　納卦經

乾坤

頭項法乎乾，取其剛健純粹；足膝法乎坤，取其靜厚載物。

凡一出手，先視虎口，前頷用力，正平提起；後脊背

用力塌下，真手來時，直達提氣穴，著力提住，由百會穴轉過崑崙，下明堂，貫兩目，其氣欲鼻孔泄時，便吸入丹田。兩耳下各三寸六分，謂之眼穴，用力向下截住，合周身全局，用之久，自知其妙也。

凡一用步，兩外虎眼，極力向內，兩內虎眼，極力向外，委中大筋，竭力要直；兩蓋骨，竭力要曲，四面相交，合周身之力，向外一扭，則湧泉之氣，自能從中透出矣。

巽兌

若夫肩背，宜於鬆活，是乃巽順之意，襠胯要宜靠緊，須玩兌澤之情。

塌肩井穴，須將肩頂骨正直下與比肩骨相合，曲池穴，比肩頂骨略低半寸，手腕直與肩齊，背骨遂極力貼住，此是豎勁，不是橫勁，以豎則實，以橫則虛。

下肩井穴，自背底骨直至足底，故謂豎。右背則將左背之勁，自骨底以意透於右背，直送二記扇門穴，故謂橫。兩勁並用而不亂，元氣方能升降如意，而巽順之意得矣。

襠胯要圓而緊，氣正直上行，不可前出，不可後掀，兩胯分前後，前胯用力向前，後胯用力向下，湧泉來時向上甚大，兩胯極力按之，總以骨縫口相對，外陰、內陽，忽忽相吞併為主。

艮震

艮象曰：時行則行，時止則止，其義深哉。胸欲竦起，艮山相似；肋有呼吸，震動莫疑。

肋者，脇也，魚腮也。胸雖出而不高，肋雖閉而不

束，雖張而不開，此中玄妙，難以口授。用力須以意出，以氣勝，以神足，則為合式，非出骨內勁也。

用肋一氣呼吸，為開拳，以手之出，為開閉，以身之縱橫，為開閉。步高勁在於足，中步勁在於肋，下步勁在於背，自然理也。

坎離

坎離之卦，乃身內之義也，可以意會，不可以言傳。以腎為水火之象，水宜升，火宜降。

兩相既濟，水火相交，真氣乃萃，精神漸長，聰明且開，豈但勁乎？是以善於拳者，講勁養氣，調水火，此一定不易之理也，須以意導之。下氣聚勁，練步，皆欲心氣下達於腎也，亦須以意導也。

卷三　神運經

總訣四章

練形而能堅，練精而能實，練氣而能壯，練神而能飛。

固形氣，以為縱橫之本；萃精神，以為飛騰之基。故形氣勝，能縱橫；精神斂，能飛騰。

第一章　言神運之體

先明進退之勢，復究動靜之根，進先伏而後起，退方一合而即動。以靜為本，故身雖疾，而心自暇，靜之妙，當明內外呼吸之間。

縱橫者，勁之橫豎；飛騰者，氣之深微。

第二章　言神運之式

擊敵者，有用形、用氣、用神之遲速；被攻者，有仆

也、怯也、索也之深淺。以形擊形，自到後而乃勝；以氣擊氣，手方動，而可謂；以神擊神，身未動，而得入。

形受形攻，形傷而仆於地。氣受氣攻，氣傷而怯於心。神受神攻，神傷，而索於膽。

第三章　言神運之用

縱橫者，肋中形合之式；飛騰者，丹田呼吸之間。進退隨手之出入，來去任氣之自然。氣欲露而神欲斂，身宜穩而步宜堅，既不失之於輕，復不失之於動。探如鷹隼之飛，疾若虎豹之強。

第四章　合言體用之意

山不汗則崩，木無根則倒，水無源則涸，功夫亦然。學者欲用神運經，必須內功、納卦、十二大勁，周身全局，方可學此。否則不惟無益，而且有損。

凡用此功，必須騎馬式，穩住周身全局，一呼則縱，一吸則回。縱時兩足齊起，回時兩足齊落，此法永不可易。然用勁，又因敵佈陣，當有高低、上下、遠近、遲速、虛實、大小，變化不一。剛柔動靜之間，成敗得失之機，在是焉。

欲善用勁，須動步不動心，動身不動氣，心靜而步堅，氣靜而身穩，由靜而精，自得飛騰變化矣。蓋知靜之為靜，靜亦動也；知動之為動，動亦靜也。是以善於神動者，神緩而眼疾，心緩而手疾，氣緩而步疾，蓋因外疾而內緩，外柔而內剛，知體用之妙也。所貴者，以柔用剛，方是真剛；以柔用疾，方是真疾。此中定靜妙奧之用，得之於象外，非可以形跡求也。學者務要深詳參究，久而久

之，神運之法，自能悟其妙理。

神運即明，再言內功。

內功十二大力法

一曰底練，穩步如山。二曰堅膝，屈直似柱。

三曰襠胯，內外湊齊。四曰胸背，剛柔相濟。

五曰頭顱，正側撞敵。六曰三門，堅肩貼背。

七曰二門，橫豎用肘。八曰穿骨，破彼之勁。

九曰堅骨，封彼之下。十曰內掠，敵彼之裏。

十一曰外格，敵彼之外。十二曰撩攻，上下內外如一矣。

第一大力曰底練

底者，足也。練者，練之於地也。凡遇敵之時，百般用勁，穩然不動，皆煉底之功也。

用法俱在內經，外用有二：一勾敵人之手足，須曲吾足尖向內彎起，以外勁勝之；一封敵人之足，須將襠勁全墜於地，以內勁勝之。

第二大力曰堅膝

堅者，用內功以後自然堅也。外用有二：凡敵近身上攻，則用提膝，下攻則用跪膝，俱視其勢之平側，隨時變換，不可預定。

第三大力曰襠胯

襠者，內襠也。胯者，外胯也。若兩敵逼近，將周身大力一落，內襠外胯俱可勝人，但須湊集合式方可用之。若勉強做作，則失之遠矣。其詳細俱見經內。

第四大力曰胸背

內功已成，前胸後背俱有大力，可以制人。無有甚巧，須封敵人之手，用後背須讓出敵人之手，防其攻吾也。

第五大力曰頭顱

內功已成，不但胸背可以制人，即頭顱亦可取勝。其用有二：曰側撞，曰正撞。側撞者，敵在吾前，吾側身撞去也；正撞者，敵在吾上，吾正撞去也。亦必防敵人之手。

第六大力曰三門

三門者，肩也。用肩三法，須垂吾收手，貼住兩股，以小身法用之。或側用，或平用，或用之於上，或用之於下，俱在合戰散門內，難以盡注，大抵有內功以後方可用之。

第七大力曰二門

二門者，肘也。此力在十二大力成之最速，其用有二：曰橫肘，曰豎肘。豎肘者，豎吾手頭在吾面側以肘攻人也；橫肘者，橫吾手頭在吾懷中以肘攻人也。用法雖多，必本乎此。

第八大力曰穿骨

敵自上路來，吾將全局極力一伸向前穿之，彼之勁自破，吾自獲全勝矣。但須斗骨側起，後步墊往前步以極力向前穿之，不然與通捶混矣。

第九大力曰堅骨

敵自下路來，吾以一手封其一手，將全局極力猛落，

自得全勝矣。但須斗骨側起方能得法，其堅之輕重，全在內功之深淺。

第十大力曰內掠

敵自裏來，須以掠勁勝之。其用有三：上掠破敵人上路之勁，中掠破敵人中路之勁，下掠破敵人下路之勁，俱封其手以用之。

第十一大力曰外格勁

敵自外門而來，須以格勁勝之。亦有上格、中格、下格之分。但內功已成，亦不必盡拘，敵遠則格敵人之手，近則格敵人之身，無不可格之處，學者神而明之可也。

第十二大力曰撩攻

將手頭以內功煉得堅實，如撩物之勢，以攻人也。此力若成，微一著手，即可攻人於數步之外。

手頭不可太遠，敵人僅隔寸許，然後撩之方妙。若與敵人相去甚遠，須以步趕之。其用有五：曰內撩，攻敵人之在裏門者；曰外撩，攻敵人之外門者；曰上撩，攻敵人之高勢者；曰下撩，攻敵之低勢者；曰正撩，攻敵之正逢者。其到身如何發勁，如何身法、步法，俱在經內。

卷四　地龍經

【第一局】

地龍真經，利在底攻。

無論敵人高矮遠近，功力大小，皆可以底攻勁勝之。

蓋人上部多實，下部多虛。雖平人相角，攻下勝於攻上，況合內功大力者乎。然欲行此法，必先將內功、納

卦、神運三經，摹煉熟嫻，然後可用地龍經。不然空有式樣，凡經內所藏訣竅，皆不能知其妙矣。

地龍經雖自成一局，然其中道理貫串氣脈連絡處，皆內功、納卦、神運三經，相為表裏，學者不可不知。地龍一局，「底攻」二字盡之矣。其中雖有無限議論、無限道理、無限法門、無限變化，悉於此兩字發出。

【第二局】

全身煉地，強固精明。

遇敵非徒煉足底也，全身倒地，尤能煉氣、煉血、煉筋、煉神，能用周身大力全局，然後可以制放。

煉氣則固，煉筋則強，煉神則明，其工夫全在平時，皆經內所譯言者，勿用左道。

【第三局】

伸可成屈，住亦能行，

屈如伏虎，伸比騰龍，

行住無跡，屈伸潛蹤。

此言敵來，吾即倒身於地。前用雙手按於地上，後用雙足梢著地，即將通身騰起懸地。然後遂敵所在，任意行法，此正格也。若用屈，則合周身大力全局，以雙手向後力拖全身，自能屈而起立，伸則雙足向前力掛，亦能伸而擊敵。行住無一定之格，因敵施法，彼住吾行，全在使敵人不能窺吾蹤跡。偶將身一縮，手足俱皆不見，以全力覆蔽之，但以頭伏於手上，窺敵虛實，如伏虎狀。手足仍能擊敵，如故起立如常。騰則全身伸直，勿論反側，皆能制敵，起立任意蜿蜒，伏如騰龍狀。故欲伏先騰，欲騰先

伏，伏者騰之勢，騰者伏之機也。一騰一伏，一伸一縮，變化見矣。

【第四局】

身堅似鐵，法密如龍，

翻猛虎豹，轉疾隼鷹。

此局專重堅、密、疾、猛四字。然不悟四經全局，必不能知其妙，須將四經體會明白而後用之，方能任意。蓋不密則失，不堅則亂。身一著地，即使敵人入吾套中，而不能出，更須翻騰有虎豹之猛，婉轉有如隼鷹之疾，方無遺漏。不然，敵雖中法，亦不能如意也。

反側伏仰，為翻豎勁也；左右輪轉，為轉換勁也。轉則兩足伸直，翻則略曲一足，橫豎勁方能分明不亂。

【第五局】

倒分前後，左右分明。

敵對面來，吾將全身向後撲去，直倒於敵人身後，使彼目不及瞬。然行法謂之前倒，否則仰跌於地，使敵制吾則遠，吾制敵則近。以次行法謂之後倒，若夫前後左右更屬騰閃之功。敵人直攻來，吾將全身向外一閃，或左或右，務使敵人落空，遂即倒身在地。乘時行法，比及敵人收步變局時，已早中吾法矣。一倒則勝敵，不待細分前後左右，方是此中化境。

【第六局】

門有變化，法無定形。

門者，吾所自立之門也，伏可變仰，仰可變伏，側能成反，反能成側，此皆隨時立門之規矩，不可執一而不

化。

至於行法更無一定，有法從門者，有門從法者，甚至於法離門、門離法，俱由平日熟讀四經。其中元妙，無不洞達，臨時方能應手而來。不然雖耳提口道，亦不能領略，況徒勞眼力乎。

反側伏仰是門，手足攻擊是法，門近則法變，法近則門變，婉轉不窮，妙法層生。

【第七局】

前攻用掌，二三門同。

前攻者，敵在吾前，吾應順勢以吾前部攻之。須用掌，勿論左右，但一手封住彼踵，在上一手自內向外，力折其膝；否則用雙手封住其足。上三門勁狠攻其三里穴。倘敵人足近吾胸下，務要順勢曲吾三門，自上而下，攻其足面，皆能取勝。

用二門法，最要迅速方妙。敵逼吾太近，防其以足攻吾也，以故散門中不敢輕用。

【第八局】

後攻用足，踵膝通攻。

敵在吾下，吾則順勢以吾下部攻。須用足，勿論左右，但一足纏敵一足，再進一足，力撞其膝。反側俯仰，左右上下，皆可曲伸住行，皆可翻轉騰挪，成功須曲盡其妙，不可稍有阻擋方為合式。

用踵者，敵步稍遠，吾足僅能到而不能纏，則亦不必用纏法。但提一足騰空，自上而下撞其足面；倘彼收回，吾即再飛起一足，仍力撞之。若敵人用步近吾襠下，可以

不必轉用前法，但以跪膝撞其足面，自能獲勝。以上六法，內功散門中亦曾言及，然皆本於此纏，非另有講究也。

兩足後高骨處，謂之踵，雖云自上而下，卻是斜擊，不是正擊；跪膝，謂兩膝是也。用時不可提得太高，太高則虛而無力矣。

【第九局】

遠則追擊，近則接迎。

倘敵人忽然退怯，不可任其自退，須追之。然追之亦不用變局高身法，須將兩手按地，將襠懸起，使雙足自襠向底前透遞而出，以遠為合式。若雙足已合前局，須將全身屈起，用雙手向前力撲而出，亦能趕到，仍以遠為合式。比及追之行法，須以上六法任意變換而行，若方才立法，敵即忽然而來，切不可向左右前後閃避。順勢以法接之，不待敵人穩步合局，迅速迎上，方無不中之法。

追擊之法，與神運經一理，全憑懸襠兩字。通身若無大力，唯兩手按地，襠必不能懸，況兩足跳躍遠追乎。須內功神運煉熟，再用此功方得其妙。

【第十局】

大胯著地，側身局成。

大胯者，外胯骨也。大胯著地者，定側身側局也。

凡用側倒局，須單胯骨尖著地，兩手輕輕按地，足膝俱皆騰起，自能蜿蜒屈伸，翻住行悉於側身局化出。用此局，全在手輕輕按地，一重則手成迂物矣。須時按時起，周身方能活動，亦可單用二門著地，隨勢騰出雙手法。

【第十一局】

仰倒若坐，尻尾單憑。

夫人仰倒於地，未有不以全臀坐地者。坐者非用臀，坐而用臀，則成潰局。

要能行法，唯以臀骨尖著地，手足與身，俱皆騰起，合住周身全局。向左則左轉，向右則右轉，任意行法，無不中竅。亦可單用手按地，唯懸下部行法制人，但不如全騰之勢，上可以用雙手，下可以用雙足，更元而妙也。照得此局，左右盤旋，隨在中竅，其妙有不得勝言者。然須知所以然者，全在臀骨作樞機，若將臀實坐於地，則相去遠矣。

【第十二局】

高低任意，遠近縱橫。

高低任意者，人意此法只能在地盤旋，不能起而高攻，孰知遂倒遂起，任意騰伏，原是此經本原，稍有牽強不為合式。

凡用起法，須暗曲一足在底，合底煉全局大力，加以雙手或單手助之，勿論左右，反側俯仰前後，自能遂倒遂起。

縱橫者，用高身法跳出，用地龍經局收回，用地龍局縱出，一高則攻敵之上，一低則攻敵之下，總以不露形跡堅密疾猛為要。

此局全是神運經道理，人能於神運經熟有讀得，知其縱橫飛騰之勢，明其煉氣、煉神之理，自能一貫豁然。

附 錄

周天法運義

> 法由內臟，外無形跡，
> 僅可意會，難以言說。
> 徐徐引氣，呼吸以鼻，
> 腿足並齊，身體直立，
> 頭頂提項，穀道內斂，
> 目視正平線，耳聽內消息，
> 氣由丹田升降，兩手守心自然。

調息法運義

運用內功，最要調理氣息，不定時地，不拘坐立，不言不動，妙從靜出。

最注意者，將氣歸納於丹田，口虛含，舌頂上齶，從鼻中呼吸，愈慢愈緩，細長而勻，不令有意，純任自然，意靜神安，安而自得，不可間斷，不論時辰。初練宜漸漸加長，日久生動，其妙無窮。

赤松子胎息決

氣穴之間，昔人名曰「生死門戶」，又謂之「天地之根」。凝神於此，久之，元氣日充，元神日旺。神旺則氣暢，氣暢則血融，血融則骨強，骨強則髓滿，髓滿則腹盈，腹盈則下實，下實則行步輕捷，動作不疲，四體健

康，顏色如桃李，去仙不遠矣。此亦是拳術內勁之意義也。

原　跋

此書得自清初，總憲王公得於水底石函之中，初無可解。百年之後，南溪子悟識參機，方知是仙傳至寶，付於知己宗景房。

學者用之，必須由內功入手學練，納卦次之，神運又次之，地龍收功，大略不過如此也。尚望同志者詳注參學是幸。

北京　宋約齋得於燕都

劉曉堂先生得於瀋陽工部庫中

第二卷
陳式太極拳傳譜匯集

陳長興太極拳論

陳長興

　　陳長興（1771—1853），陳家溝十四世，字雲亭，生於河南省溫縣陳家溝。陳長興樁功深厚，立身中正，落地生根，不偏不倚，穩如泰山，形若木雞，人稱「牌位先生」，精於陳氏世傳之拳術。

　　陳長興早年先以保鏢為業，走鏢山東。清道光年間，河北廣平府永年城西大街「泰和堂」東主陳德瑚（陳家溝人），雇用陳長興護院，並教習店員武術，用以保店自衛。少年楊露禪、李伯魁（同是永年人），在此期間學得陳長興長拳。

　　陳長興晚年，與子陳耕耘加盟北京「得勝鏢局」，留在京都設館授徒；較有名的弟子有，其子陳耕耘，宗侄陳花梅，陳懷遠，楊露禪（福魁）等。

拳經總歌

縱放屈伸人莫知，諸靠纏繞我皆依。

劈打推壓得進步，搬撂橫採也難敵。

鉤掤逼攬人人曉，閃驚取巧有誰知？

佯輸詐走誰云敗，引誘回衝制勝歸。

滾拴搭掃靈微妙，橫直劈砍奇更奇。

截進遮攔穿心肘，迎風接步紅炮捶。

二換掃壓掛面腳，左右邊簪莊跟腿。

截前壓後無縫鎖，聲東擊西要熟識。

上籠下提君須記，進攻退閃莫遲遲。

藏頭蓋面天下有，攢心剁肋世間稀。

教師不識此中理，難將武藝論高低。

用武要言

要訣云：捶自心出，拳隨意發。總要知己知彼，隨機應變。

心氣一發，四肢皆動。足起有地，動轉有位。或粘而游，或連而隨；或騰而閃，或折而空；或掤而捋，或擠而捺。

拳打五尺以內，三尺以外；遠不發肘，近不發手。無論前後左右，一步一捶。遇敵以得人為準，以不見形為妙！

拳術如戰術，擊其無備，襲其不意；乘擊而襲，乘襲而擊。虛而實之，實而虛之；避實擊虛，取本求末。出遇

眾圍，如生龍活虎之狀；逢擊單敵，似巨炮直轟之勢。

上、中、下一氣把定，身、手、足規矩繩束。手不向空起，亦不向空落，精敏神巧全在活。

古人云：能去能就，能剛能柔，能進能退。不動如山嶽，難知如陰陽；無窮如天地，充實如太倉；浩渺如四海，眩曜如三光。察來勢之機會，揣敵人之短長。靜以待動，動以處靜，然後可言拳術也！

要訣云：借法容易上法難，還是上法最為先。

戰鬥篇云：擊手勇猛，不當擊梢，迎面取中堂。搶上搶下勢如虎，類似鷹鵰下雞場。翻江潑海不須忙，丹鳳朝陽最為強。雲背日月天交地，武藝相爭見短長。

要訣云：發步進入須進身，身手齊到是為真。法中有訣從何取？解開其理妙如神。

古有閃、進、打、顧之法；何為閃？何為進？進即閃，閃即進，不必遠求！何為打？何為顧？顧即打，打即顧，發手便是！

古人云：心如火藥手如彈，靈機一動鳥難逃。身似弓弦手似箭，弦響鳥落顯神奇。

起手如閃電，電閃不及合眸；擊敵如迅雷，雷發不及掩耳。

左過右來，右過左來。手從心內發，落向前面落。力從足上起，足起猶火作。

上左須進右，上右須進左。發步時，足跟先著地，十趾要抓地。步要穩當，身要莊重。去時撒手，著人成拳。上下氣要均停，出入以身為主宰。不貪不歉，不即不離。

拳由心發，以身摧手，一肢動百骸皆隨。一屈統身皆屈，一伸統身皆伸。伸要伸得盡，屈要屈得緊。如捲炮捲得緊，崩得有力。

戰鬥篇云：不拘提打、按打，擊打、衝打、膊打、肘打、胯打、腿打，頭打、手打，高打、低打，順打、橫打，進步打、退步打，截氣打、借氣打，以及上下百般打法，總要一氣相貫。

「出身先占巧地」，是為戰鬥要訣。骨節要對，不對則無力。手把要靈，不靈則生變。發手要快，不快則遲誤。打手要狠，不狠則不濟。腳手要活，不活則擔險。存心要精，不精則受愚。

發身要鷹揚猛勇，潑辣膽大，機智連環，勿畏懼遲疑。如關臨白馬，趙臨長阪。神威凜凜，波開浪裂。靜如山岳，動如雷發。

要訣云：人之來勢，務要審察。足踢頭前，拳打膊下。側身進步，伏身起發。足來提膝，拳來肘撥。順來橫擊，橫來捧壓。左來右接，右來左迎。遠便上手，近便用肘。遠便足踢，近便加膝。

拳打上風，審顧地形。手要急、足要輕，察勢如貓行。心要整、目要清，身手齊到始為真。手到身不到，擊敵不得妙；手到身亦到，破敵如摧草。

戰鬥篇云：善擊者，先看步位，後下手勢。上打咽喉下打陰，左右兩肋並中心。前打一丈不為遠，近打只在一寸間。

要訣云：操演時，面前如有人；對敵時，有人如無

人。面前手來不見手，胸前肘來不見肘。手起足要落，足落手要起。

心要佔先，意要勝人。身要攻人，步要過人。頭須仰起，胸須現起。腰須豎起，丹田須運起。自頂至足，一氣相貫。

戰鬥篇云：膽戰心寒者，必不能取勝；不察形勢者，必不能防人。

先動為師，後動為弟。能教一思進，莫教一思退，膽欲大而心欲小。「運用之妙，存乎一心」而已！一理運乎二氣，行乎三節，現乎四梢，統乎五行。時時操演，朝朝運化；始而勉強，久而自然！拳術之道學，終於此而已矣！

十大要論

第一要　理

夫物散必有統，分必有合。天地間，四面八方，紛紛者，各有所屬。千頭萬緒，攘攘者，自有其源。蓋一本可散為萬殊，而萬殊咸歸於一本。拳術之學，亦不外此公理。

夫太極拳者，千變萬化，無往非勁；勢雖不侔，而勁歸於一。夫所謂一者，自頂至足，內有臟腑筋骨，外有肌膚皮肉，四肢百骸相聯，而為一者也；破之而不開，撞之而不散，上欲動而下自隨之，下欲動而上自領之；上下動而中部應之，中部動而上下和之；內外相連，前後相需，所謂一以貫之者，其斯之謂歟！

而要非勉強以至之，襲焉而為之也。當時而動，如龍如虎，出乎爾而，急如閃電；當時而靜，寂然湛然，居其所而穩如山岳。且靜無不靜，表裏上下，全無參差牽掛之意；動無不動，前後左右，均無遊疑抽扯之形。洵乎若水之就下，沛然莫能禦之也。若火機之內攻，發之而不及掩耳。不暇思索，不煩擬義，誠不期然而已然。

蓋勁以積日而有益，功以久練而後成。觀聖門一貫之學，必俟多聞強識，格物致知，方能有功。是知事無難易，功惟自進，不可躐等，不可急就；按步就序，循序漸進。夫而後百骸筋節，自相貫通；上下表裏，不難聯絡；庶乎散者統之，分者合之，四肢百骸，總歸於一氣矣。

第二要　氣

天地間，未有一往而不返者，亦未嘗有直而無曲者矣。蓋物有對待，勢有回還，古今不易之理也。故嘗有世之論捶者而兼論氣者矣！

夫主於一，何分為二？所謂二者，即呼吸也。呼吸，即陰陽也。捶不能無動靜，氣不能無呼吸。呼則為陽，吸則為陰；上升為陽，下降為陰；陽氣上升為陽，陽氣下行為陰；陰氣上升為陽，陰氣下行為陰。此陰陽之所以分也。

何謂清濁？升而上者為清，降而下者為濁。清者為陽，濁者為陰。然分而言之為陰陽，渾而言之統為氣。氣不能無陰陽，即所謂人不能無動靜，鼻不能無呼吸，口不能無出入，而所以為對待、回還之理也。然則氣分為二，而貫於一。有志於是途者，甚勿以是為拘拘焉耳！

第三要　三節

夫氣本諸身，而身節部甚繁，若逐節論之，則有遠乎拳術之宗旨；惟分為三節而論，可謂得其截法。

三節，上、中、下，或根、中、梢也。

以一身言之：頭為上節，胸為中節，腿為下節。

以頭面言之：額為上節，鼻為中節，口為下節。

以中身言之：胸為上節，腹為中節，丹田為下節。

以腿言之：胯為根節，膝為中節，足為梢節。

以臂言之：膊為根節，肘為中節，手為梢節。

以手言之：腕為根節，掌為中節，指為梢節。

觀於此，而足不必論矣！然則自頂至足，莫不各有三節也。要之，即莫非三節之所，即莫非著意之處。蓋上節不明，無依無宗；中節不明，滿腔是空；下節不明，顛覆必生。由此觀之，身三節部，豈可乎也！

至於氣之發動，要從梢節起，中節隨，根節催之而已。此固分而言之，若合而言之，則上自頭頂，下至足底，四肢百骸，總為一節，夫何為三節之有哉！又何三節中之各有三節云乎哉！

第四要　四梢

試於論身之外，而進論四梢。夫四梢者，身之餘緒也。言身者初不及此，言氣者亦所罕聞。然捶以由內而發外，氣本諸身而發梢。氣之為用，不本諸身，則虛而不實；不行於梢，則實而仍虛。梢亦可弗講乎？若手、指、

足，特論身之梢耳！而未及梢之梢也！

四梢惟何？髮其一也。夫髮之所繫，不列於五行，無關於四體，是無足論矣！然髮為血之梢，血為氣之海。縱不本諸髮，而論氣，要不可離乎血以生氣；不離乎血，即不得不兼乎髮。髮欲衝冠，血梢足矣！

抑舌為肉之梢，而肉為氣之囊。氣不能行諸肉之梢，即氣無以充其氣之量。故必舌欲催齒，而肉梢足矣！

至於骨梢者，齒也。筋梢者，指甲也。氣生於骨而聯於筋，不及乎齒，即不及乎骨之梢；不及乎指甲，即不及乎筋之梢。而欲足爾者，要非齒欲斷筋、甲欲透骨不能也！果能如此，則四梢足矣！

四梢足，而氣自足矣！豈復有虛而不實、實而仍虛之弊乎！

第五要　五臟

夫捶以言勢，勢以言氣。人得五臟以成形，即由五臟而生氣。五臟實為性命之源，生氣之本，而名為心、肝、脾、肺、腎也。心屬火，而有炎上之象；肝屬木，而有曲直之形；脾屬土，而有敦厚之勢；肺屬金，而有從革之能；腎屬水，而有潤下之功。此乃五臟之義，而猶準之於氣，皆有所配合焉。凡世之講拳術者，要不能離乎斯也。

其在於內，胸廓為肺經之位，而肺為五臟之華蓋，故肺經動，而諸臟不能不動也。兩乳之中為心，而肺抱護之；肺之下、膈之上，心經之位也。心為君，心火動，而相火無不奉命焉。而兩乳之下，右為肝，左為脾，背之十

四骨節為腎。至於腰，為兩腎之本位，而腎為先天之第一，又為諸臟之根源。故腎氣足，則金、木、水、火、土無不各現生機焉！此論五臟之部位也。

然五臟之存乎內者，各有定位；而見於身者，亦有專屬。但地位甚多，難以盡述。大約身之所繫，中者屬心，窩者屬肺，骨之露處屬腎，筋之聯處屬肝，肉之厚處屬脾。想其意：心如猛，肝如箭，脾之力大甚無窮，肺經之位最靈變，腎氣之動快如風。是在當局者自為體驗，而非筆墨所能盡罄者也！

第六要　三合

五臟既明，再論三合。夫所謂三合者，心與意合，氣與力合，筋與骨合，內三合也；手與足合，肘與膝合，肩與胯合，外三合也。

若以左手與右足相合，左肘與右膝相合，左肩與右胯相合，右三與左亦然。以頭與手合，手與身合，身與步合，孰非外合！心與目合，肝與筋合，脾與肉合，肺與身合，腎與骨合，孰非內合！然此特從變化而言之也。

總之，一動而無不動，一合而無不合，五臟百骸，悉在其中矣！

第七要　六進

既知三合，猶有六進。夫「六進」者何也？頭為六陽之首，而為周身之主，五官百骸，莫不體此為向背，頭不可不進也！

手為先鋒，根基在膊，膊不進，則手卻不前矣！是膊亦不可不進也！氣聚於腕，機關在腰，腰不進，則氣餒而不實矣！此所以腰貴於進者也！意貫周身，運動在步，步不進則意索然而無能為矣！此所以必取其進也，以及上左必進右，上右必進左，共為六進。

此六進者，孰非著力之地歟！要之，未及其進，合周身毫無關動之意；一言其進，統全體全無抽扯之形。六進之道，如是而已！

第八要　身法

夫發手擊敵，全賴身法之助。身法維何？縱、橫、高、低、進、退、反、側而已！

縱則放其勢，一往而不返。

橫則理其力，開拓而莫阻。

高則揚其身，而身有增長之意。

低則抑其身，而身有攢促之形。

當進則進，殫其力而勇往直前。

當退則退，速其氣而回轉扶勢。

至於反身顧後，後即前也。側顧左右，左右何敢當我哉！

而要非拘拘焉而為之也。察夫人之強弱，運乎己之機關。有忽縱而忽橫，縱橫因勢而變遷，不可一概而推。有忽高而忽低，高低隨時以轉移，豈可執一而論。時而宜進，不可退，退以餒其氣；時而宜退，即以退，退以鼓其進。是進固進也，即退亦實以助其進。若反身顧後，而後

不覺其為後；側顧左右，而左右不覺其為左右。

總之，觀在眼，變化在心，而握其要者，則本諸身。身而前，則四體不命而行矣！身而怯，則百骸莫不冥然而處矣！身法，顧可置而不論乎！

第九要　步法

今夫四肢百骸，主於動，而實運以步。步者，乃一身之根基，運動之樞紐也！以故應戰、對戰，本諸身，而所以為身之砥柱者，莫非步！隨機應變，在於手；而所以為手之轉移者，又在於步。進退反側，非步何以作鼓動之機？抑揚伸縮，非步何以示變化之妙？即謂「觀察在眼、變化在心」，而轉彎抹角，千變萬化，不至窮迫者何？莫非步之司命！而要非勉強可致之也！

動作出於無心，鼓舞出於不覺。身欲動，而步以為之周旋；手將動，而步亦早為之催迫。不期然而已然，莫之驅而若驅。所謂「上欲動而下自隨之」，其斯之謂歟！

且步分前後。有定位者，步也；無定位者，亦步也！如前步進，而後步亦隨之，前後自有定位也；若前步作後步，後步作前步，更以前步作後步之前步，後步作前步之後步，前後亦自有定位矣。

總之，捶以論勢，而握要者，步也！活與不活，在於步；靈與不靈，亦在於步。步之為用，大矣哉！

第十要　剛柔

夫拳術之為用，氣與勢而已矣！然而氣有強弱，勢分

剛柔。氣強者，取乎勢之剛；氣弱者，取乎勢之柔。剛者以千鈞之力而扼百鈞，柔者以百鈞之力而破千鈞；尚力尚巧，剛柔之所以分也！

然剛柔既分，而發用亦自有別。四肢發動，氣行諸外而內持靜重，剛勢也；氣屯於內而外現輕和，柔勢也。用剛不可無柔，無柔則環繞不速；用柔不可無剛，無剛則催逼不捷；剛柔相濟，則粘、游、連、隨、騰、閃、折、空，掤、捋、擠、捺，無不得其自然矣！剛柔不可偏用，用武豈可忽耶！

註：此「十大要論」經部分學者考證係脫胎於趙堡太極傳抄之「形意九要論」，由於本書僅是彙集拳論，不參與考證之論辯，有心之讀者自相對照研究可也。

陳鑫太極拳論

陳鑫

陳鑫（1849—1929），字品三，陳仲甡三子，陳氏第十六世，陳氏世傳拳術第八代傳人，清末歲貢生，近代中國武術史上著名的拳術理論家；祖父陳有恆，祖叔陳有本，俱以家傳拳術著名。

陳鑫

自幼隨父習武，天資聰慧過人，深諳太極拳術之精奧。後遵父命習文，文武兼備。為闡發陳

氏世傳之拳法拳理，發憤著書立說，其主要著作有：《陳氏家乘》五卷，《安愚軒詩文集》若干卷，《陳氏太極拳圖說》（原名《陳氏太極拳圖畫講義》，出版時改為是名）四卷，《太極拳引蒙入路》一卷及《三三六拳譜》等。

其中以《陳氏太極拳圖說》為其代表作品。該書從1908年動筆，其時，陳公已年近花甲，到1919年完成，歷時十二個春秋，書稿成時，已近古稀；十二年中，他對該書傾注了全部精力，不避寒暑，嘔心瀝血，多次修改，親手抄錄而不懈，其抄本有四，每稿洋洋二三十萬言，其毅力實非常人之所及。

該書圖文並茂，理精法密，顯微闡幽，細膩明透。書中逐勢詳述理法，以易理說拳理，同時結合經絡學說，闡明陳式太極「纏絲勁」的核心作用。其書理法體用兼備，實為太極拳經典之作。

太極拳經譜

太極兩儀，天地陰陽。闔闢動靜，柔之與剛。
屈伸往來，進退存亡。一開一合，有變有常。
虛實兼到，忽見忽藏。健順參半，引進精詳。
或收或放，忽弛忽張。錯綜變化，欲抑先揚。
必先有事，勿助勿忘。真積力久，質而彌光。
盈虛有象，出入無方。神以知來，智以藏往。
賓主分明，中道皇皇。經權互用，補短截長。
神龍變化，疇測汪洋。沿路纏綿，靜運無慌。
肌膚骨節，處處開張。不先不後，迎送相當。

前後左右，上下四旁。轉接靈敏，緩急相將。

高擎低取，如願相償。不滯於跡，不涉於虛。

至誠（即太極之理氣）運動，擒縱由余。天機活潑，浩氣流行。

佯輸詐敗，制勝權衡。順來逆往，令彼莫測。

因時制宜，中藏妙訣。上行下打，斷不可偏。

聲東擊西，左右威宣。寒往暑來，誰識其端？

千古一日，至理循環。上下相隨，不可空談。

循序漸進，仔細研參。人能受苦，終躋渾然。

至疾至迅，纏繞回旋。離形得似，何非月圓。

精練已極，極小亦圈。日中則昃，月滿則虧。

敵如詐誘，不可緊追。若逾界限，勢難轉回。

況一失勢，雖悔何追？我守我疆，不卑不亢。

九折羊腸，不可稍讓。如讓他人，人立我跌。

急與爭鋒，能上莫下。多占一分，我據形勢。

一夫當關，萬人失勇。沾連黏隨，會神聚精。

運我虛靈，彌加整重。細膩熨帖，中權後勁。

虛籠詐誘，只為一轉。來脈得勢，轉關何難？

實中有虛，人己相參。虛中有實，孰測機關？

不遮不架，不頂不延（遲也）。不軟不硬，不脫不沾。

突如其來，人莫知其所以然（只覺如風摧倒）；

跌翻絕妙，靈境難以言傳！試一形容：手中有權；

宜輕則輕，斟酌無偏；宜重則重，如虎下山。

引視彼來，進由我去；來宜聽真，去貴神速。

一窺其勢，一覘其隙；有隙可乘，不敢不入。

失此機會，恐難再得！一點靈境，為君指出。

至於身法，原無一定；無定（難說無定）有定，在人自用。

橫豎顛倒，立坐臥挺。前俯後仰，奇正相生。

迴旋倚側，攢躍皆中（皆有中氣放收，宰乎其中）。千變萬化，難繪其形。

氣不離理，一言可罄。開合虛實，即為拳經。

用力日久，豁然貫通。日新不已，自臻神聖。

渾然無跡，妙手空空。若有鬼神，助我虛靈。

豈知我心，只守一敬。

太極拳權譜

中氣（即太和之氣，不偏不倚，無過無不及）貫足，精神百倍。臨陣交戰，切忌先進。

如不得已，淺嘗帶引。靜以待動，豎我壁壘。

堂堂之陣，整整之旗。有備無患，讓彼偷營。

一引一進，奇正相生。佯輸詐敗，反敗為功。

一引即進，轉（轉者，從引而忽轉之）進如風。進至七分，疾速停頓。

兵行詭計，嚴防後侵（前後皆是敵人）。前後左右，俱要留心。

進步莫遲，不直不遂。足隨手運，圓轉如神。

忽上（手足向上）忽下（手足向下），或順（用順纏法，其精順）或逆（用倒轉法，其精逆）。日光普照，不落邊際（以上是敵侵我）。

我進擊人，令其不防。彼若能防，必非妙方（四句是我侵人）。

大將臨敵，無處不慎。任他圍繞，一齊並進。

斬將拿旗，霸王之真。太極至理，一言難盡。

陰陽變化，存乎其人。稍涉虛偽（學思並用，須下實在功夫），妙理難尋（拳法有經有權，生機無窮，變化由我，不待思索）。

太極拳體

太極拳之道，「開合」二字盡之。

一陰一陽之謂拳，其妙處全在互為其根。

太極拳用（四言十六句）

拳之運動，惟柔與剛。

彼以剛來，我以柔往；

彼以柔來，全在稱量（以我手撐住人之手，如秤稱物；以我之心度人之心，量其上下遲速，或半路變換機勢）。

剛中寓柔，與人不忤；

柔中寓剛，人所難防。

運用在心，不矜不張。

中有所主，無任猖狂。

隨機應變，終不驚慌！

太極拳纏絲法詩

一

動則生陽靜生陰，一動一靜互為根。

果然（能）識得環中趣，輾轉隨意見天真。

二

陰陽無始又（亦）無終，來往屈伸寓化工。

此中消息真參透，圓轉隨意運鴻蒙（太極只在一環中）。

三

一陣清來一陣迷，連環闖關賴撕提。

理經三味方才亮，靈境一片是玻（琉）璃。

四

理境原無盡，端由結蟻誠。

三年不窺圓，壹志並神凝。

自當從良師，又宜訪高明。

處處循規矩，一線啟靈明。

一層深一層，層層意無窮。

一開連一合，開合遞相承。

有時引入勝，工欲罷不能。

時習加勤勉，日上自蒸蒸。

一旦無障礙，恍然悟太空。

打穴歌

身似弓身勁似弦，穴如的兮手如箭。

按時發兮須忖正，千萬莫要與穴偏。

殺手歌

上打咽喉下打陰，中間兩肋並當心。

下部兩臁合兩膝，腦後一掌要真魂。

總論拳手內勁剛柔歌（七言十句）

純陰無陽是軟手，純陽無陰是硬手；

一陰九陽根頭棍，二陰八陽是散手；

三陰七陽猶覺硬，四陰六陽顯好手；

惟有五陰並五陽，陰陽無偏稱妙手。

妙手一著一太極，空空跡化歸烏有。

每一勢拳，往往數千言不能罄其妙，一經現身說法，甚覺容易。所難者功夫，所尤難者，長久功夫！諺有曰：「拳打萬遍，神理自現。」信然！

太極剛柔四言俚句

太極陰陽，有柔有剛；

剛中寓柔，柔中寓剛；

剛柔相濟，運化無方。

太極用功
——七言俚語

初收轉圈自然好，未若此圈十分巧（圈是周身轉，不但手足，而手足在外易見，故以手轉言之）。

前所轉圈猶嫌大，此圈轉來愈覺小。

越小小到沒圈時，方歸太極真神妙！

人言此藝別有訣，往往不肯對人表。

吾謂此藝無甚奇，自幼難以打到老。

打到老年自然悟，豁然一貫神理妙！

回頭試想懶惰時，不是先知未說到。

說到未入我心中，我心反覺多煩惱。

天天說來天天忘，有心不用何時曉？

有能一日用力尋，陰陽消長自有真。

每日細玩太極圖，一開一闔在吾身。

循序漸進工夫長，日久自能聞真香。

只要功久能無間，太極隨處見圓光。

此是拳中真正訣，君試平心細思量。

人人各具一太極，但看用功不用功。

只要日久能無懈，妙理循環自然通。

詠太極拳

——五言俚語

太極理循環，相傳不計年。

此中有精義，動靜皆無愆。

收來名為引，放出箭離弦（此二句，上句言引進落空，下句言乘機擊打）。

虎豹深山踞，蛟龍飛潭淵（上句言靜，下句言動）。

開合原無定（活潑潑地），屈伸勢相連（卻有一定）。

太極分陰陽，神龍變無方。

天地為父母，摩蕩柔與剛。

生生原不已，奇正不尋常。

乾坤如橐籥（ㄊㄨˊㄛˊ ㄩㄝˋ），太極一大囊。

盈虛消息故，皆在此中藏。

至終復自始，一氣運弛張。

有形歸無跡，物我兩相忘（與道為一）。

太極拳中路，功夫最為先。

循序無躐等，人盡自合天。

空談皆漲墨，實運是真詮。

鳶飛上戾天，魚躍下入淵。

上下皆真趣，主宰貴精研。

若問其中意，道理妙而玄。

往來如晝夜，日月耀光圓。

會得真妙訣，此即太極拳。

凡事都如此，不但在肘間。

返真歸樸後，就是活神仙。

隨在皆得我，太璞自神全（仍歸太極）。

太極拳經論

自古混囤之後，一畫初開，一陰陽而已。天地此陰陽，萬物亦此陰陽，惟聖人能葆此陰陽。以理御氣，以氣行理，施之於人倫日用之間，以至仰不愧天，俯不怍人，而為天地之至人。

耍手亦是以理為主，以氣行之，其用功與聖賢同。但

聖賢所行者全體，此不過全體中之一端耳！烏足貴！

雖然，由一端以恒其功，亦未始不可即一端以窺其全體。所以，平素要得以敬為主，臨場更得恭敬；平素要先養氣，臨場更要順氣而行。勿使有惰氣參，勿使有逆氣橫。至於用力之久，而一旦機趣橫生，妙理悉現，萬殊一本，豁然貫通焉！不亦快哉！

今之學者，未用功而先期效，稍用力而即期成。其如孔子所謂「先難後獲」何？問：工夫何以用？必如孟子所謂「必有事焉，而勿正，心勿忘，勿助長也」而後可。理不明，延名師；路不清，訪良友；理明路清而猶未能，再加終日乾乾之功，進而不止，日久自到。

問：得幾時？小成則三年，大成則九年。至九年之候，可以觀矣！抑至九年之後，自然欲罷不能，蒸蒸日上，終身無住足之地矣！

神手復起，不易吾言矣！躁心者其勉諸。

太極拳權論

天地一大運動也。星辰日月，垂象於天；雷雨風雲，施澤於地；以及春夏秋冬，遞運不已，一晝一夜，循環無窮者，此天地之大運動也。

聖人一大運動也，區劃井田，以養民生；興立學校，以全民性；以及水旱盜賊，治理有方；鰥寡孤獨，補助有法；此聖人之大運動也。

至於人之一身，獨無運動乎？秉天地元氣以生，萬物皆備於我，得聖人教化以立，人人各保其天，因而以陰陽

五行得於有生之初者，為一身運動之本。於是苦心志、勞筋骨，使動靜相生，闔闢互見，以至進退存亡，極窮其變，此吾身自有之運動也。

向使海內同胞，人人簡練揣摩，不惰躬修，萬象森列，顯呈法象。又能平心靜氣，涵養功夫，令太極本體心領神會，豁然貫通，將見理明法備，受益無窮。在我則精神強健，可久天年。在國則盜寇蕩除，可守疆域。內外實用，兩不蹈空。熙熙皞皞，永慶升平，豈不快哉。運動之為用，大矣哉！

雖然猶有進，蓋有形之運動，未若無形運動之為愈。而無形之運動，尤不若不運動，自運動者之為神，運動至此，亦神乎運動矣。則其運動之功，既與聖人同體，又與天地合德，渾渾穆穆，全泯跡象。亦以吾身還吾心之太極焉已耳，亦即以吾心之太極，還太極之太極焉已耳，豈復別有作用哉？妙矣哉！太極之為太極也；神矣哉！太極之為太極也。

愚妄以臆見，聊書數語，以冠其端，殊令方家之一笑云。

太極拳推原解

斯人父天母地，莫非太極陰陽之氣（言氣，而理在其中）醞釀而生，天地固此理（言理，而氣在其中），三教歸一亦此理，即宇宙（太極是體，陰陽是體中之氣，四方上下曰「宇」，古往今來曰「宙」）之萬事萬物，又何莫非此理。況拳之一藝，焉能外此理而另有一理？此拳之所

以以「太極」名也。

拳者，權也；所以權物而知其輕重者也！然其理實根乎太極，而其用不遺乎兩拳。且人之一身，渾身上下都是太極，即渾身上下都是拳，不得以一拳目拳也。其樞紐在一心。

> 心主乎敬，又主乎靜。
> 能敬而靜，自保虛靈。
> 天君有宰，百骸聽令。
> 動則生陽，靜則生陰。
> 一動一靜，互為其根。
> 清氣上升，濁氣下降。
> 百會中極，一體管鍵。
> 初學用功，先求伏應。
> 來脈轉關，一氣相生。
> 手眼為活，不可妄動。
> 其為氣也，至大至剛。
> 直養無害，充塞天地。
> 配義與道，端由集義。
> 渾灝流行，自然一氣。
> 輕如楊花，堅如金石。
> 虎威比猛，鷹揚比疾。
> 行同乎水流，止侔乎山立。
> 進為人所不及知，退亦人所莫名速。
> 理精法密，條理縷析。
> 放之則彌六合，卷之則退藏於密。

其大無外，其小無內。
中和元氣，隨意所之。
意之所向，全神貫注。
變化猶龍，人莫能測。
運用在心，此是真訣。
不偏不倚，無過不及。
內以修身，外以制敵。
臨時制宜，只因素裕。
不即不離，不沾不脫。
接骨鬥筍，細心揣摩。
真積力久，升堂入室。

太極拳著解

人之一身，心為主而宰乎肉。心者，謂之道心，即理心也。然理中能運動者，謂之氣。其氣，即陰陽五行也。然氣非理無以宰，而理非氣無以行，故理與氣不相離而相附，此太極根無極者，然也。

天之生人，即以此理、此氣生於心。待其稍有知識，而理、氣在人心者，渾然無跡象。然心之中或由內發，或由外感，而意思生也。

當其未生，渾渾沌沌，一無所有。及其將生，其意微乎其微，而陰陽之理，存乎其中。順其自然之機，即心構形，仍在人心之中，即中庸所謂未發也。及其將發，而心中所構之形，呈之於外。或上或下，或左或右，或前或後，或偏或正，全體身法，無不俱備。當其未發，構形之

時，看其意像什麼形，即以什麼命名。亦隨意拾取，初無成心。是時即形命名之謂「著」。而每著之中，五官百骸順其自然之勢，而陰陽五行之氣運乎其中，所謂「動則生陽，靜則生陰；一動一靜，互為其根」。是所謂「陽中有陰，陰中有陽」。此即太極拳之本。

　　然如以每著之中，必指其何者為陽？何者為陰？何者為陽中之陰？何者為陰中之陽？此言太滯，言之不勝其言；即能言，亦不無遺漏。是在學者細心揣摩，日久自悟。

　　前賢云：「能與人規矩，不能使人巧。」舉一反三，在學之者，不可執泥，亦不可偏狃。

太極拳用說

　　五行生剋，無處不有，無時不然。如兩人交手，敵以柔來者，屬陰，陰當以陽剋之；屬水，水當以火剋之，此當然之理。勢也，人所易知者也！獨至於拳，則不然。運用純是經中寓權，權不離經。

　　何言乎爾？彼以柔來者，是先以柔精（勁）聽（忖也）。我如何答應，而後乘機擊我。我以剛應，是我正中其謀，愚莫甚也！

　　問：該如何應答？彼以柔法聽我（以胳膊聽我，非以耳聽也），我以柔法聽彼。拳各有界，彼引我進，我只可至吾界邊；不可再進，再進則失勢。如曰：「不入虎穴，焉得虎子？」是以天生大勇者論之，非為常人說法也！即為大勇，亦為涉險。

　　問：該如何處置？如彼引吾前進，未出吾界即變為

剛，是彼懼我而變柔為剛，是不如我者也！我當以柔克
之。半途之中，生此變態，我仍是以柔道之引進落空者擊
之。

如彼引我已至吾界，是時正宜窺彼之機勢，視彼之形
色，度彼之魄力。如有機可乘，吾即以柔者，忽變而為
剛，擊之。此之謂以剛克柔、以火剋水。

如彼中途未變其柔，交界之際，強為支架，亦宜擊
之。

如彼引我至界，無隙可乘，彼之柔精（勁）如故，是
勁敵也，對手也！不可與之相持，吾當退守看吾門戶。先
時，我以柔進聽之者，至此吾仍柔道聽之，漸漸而退，仍
以柔道引之使進。彼若不進，是智者也！彼若因吾引而遽
進，誤以我怯，冒冒然或以柔來，或中途忽以柔變為剛
來。我但稍底其手，徐徐引之使進，且令其不得不進，至
不得勢之時，彼之力盡矣，彼之智窮矣，彼之生機更迫促
矣！是時，我之柔者忽變而為剛，並不費多力，一轉即克
之矣！是時，彼豈不知孤軍深入難以取勝，然當是時悔之
不及。進不敢進，進亦敗；退不敢退，退亦敗；即不進不
退，亦至於敗。

蓋如士卒疲弊，輜重皆空，惟束手受縛，降服而已
矣，何能為哉！擊人之妙，全在於此！此之謂以柔克剛、
以水剋火，仍是五行生剋之道也。

天一生水，水外陰而內陽，外柔而內剛，在人屬腎。
其以柔進如水之波流旋繞，不先尚其力，用其智也。

地二生火，火外陽而內陰，外剛而內柔，在人屬心。

水火有形而無質。

天三生木，地四生金，則有形有質矣！天五生土。水火勢均者不相下，言以火勝水者，以火之多於水者言之耳。彼以柔進，忽變而為剛者，是水之所生之木也。木陽質也，即水中之陽性，因滋以成質者也。水與木本自一串，故柔變剛最易，以其形與質皆屬陽也。

上言以火剋水，蓋以火能生土，土能生金。火外明而內暗，陰性也。金，陰所成之質也。木，在人屬肝。金，在人屬肺。天下能剋木者惟金，金與火皆陰類也。所言以剛克柔者，是以火剋水、以金剋木也，是以其外者言之，火性激烈，金質堅硬。心火一起，脾氣動也，怒氣發洩於外，有聲可聽，金為之也。脾氣動，則我之肝與腎，無不與之俱動，雖曰以剛克柔，其原實是以柔克剛。蓋彼先柔而後剛，我是柔中寓剛，內文明而外柔順，故克之。

若彼先以剛來，則制之又覺易。易，何言之？如人來擊我，其勢甚猛。我則不與之硬頂，將肱與身、與步，一順身卸下，步、手落彼之旁（傍）面，讓過彼之風頭，彼之銳氣直往前衝，不顧左右；且彼向前之氣力，陡然轉之左右，甚不容易。我則從旁擊之，以我之順力，擊彼之橫而無力。易乎不易？吾故曰：克剛易，克柔難！

界　限

何謂「界限」？凡分茅胙土、設官分職，以及靜動語默，莫不各有界限。一踰分，一失言，即過界。過界，即與人有干涉矣！

　　凡事如此，況拳乎？如人之行步，盡足可開二尺五寸，此勉強為之，非天然也！天然者，隨便步行，約不過尺一二寸。上體之手，與下體之足趾齊，此即是界限。大約胳膊只展四五分，內勁只用一半，足步只開尺餘。如此則一身之上下左右，循環周轉，無不如意。

　　蓋動不越界，如將士在本界內，山川地理、人情風俗，一一了亮於心。故進攻退守，綽有餘地。一入他人界裏，處處更得小心防護，稍有不密，即萌失敗之機。此君子所以思不出其位也！

　　打拳原為保身之計。故打拳之時，如對敵人，長進愈快。然又恐啟人爭鬥之心，故前半套多言規矩，不言其用；至後半套方始痛快言之，以示其用之之法。然第可知之，不可輕試。如不獲已，為保性命計，用之可也！

　　大約此拳是個人自耍之勢，徒手空運，非有敵人在其前後左右也。自己下功夫，遍數愈多愈好！根本固而枝葉榮，況衛生保命之道，莫善於此。

　　學者但「先難」可也，至於「後獲」，則當置之度外。不可以毫髮望效之念，中分吾專心致志之功。金針已渡，學者勉旃！

爭走要訣

　　兩人交手，各懷爭勝之心。彼此擠到十分九厘地位，只餘一厘，分勝負全在此一厘地位。彼先佔據，我即失敗；我先佔據，彼亦失敗。蓋得勢不得勢全繫於此，此兩人俱到山窮水盡也。

當此際者，該如之何？

曰：必先據上游。

問：如何據上游？

頂精（勁）領住中氣，手略提高，居於敵手之上。身略前侵逼，迫彼不得勢。力貴速發，機貴神速；一遲即失敗，一迅疾即得勢。勢得則手一前送，破竹不難矣！

如兩人對弈，棋到局殘，勝負在此一步；又如逐鹿，惟高才捷足者先得之；又如兩國興兵，先奪其輜重糧草。此皆據上游鹽腦之法也。

故平素打拳全在一起、一轉，所謂「得勢爭來脈，出奇在轉關」。本勢手將起之時，必先使手如何承住上勢，不令割斷神氣血脈。既承接之後，必思手如何得機、得勢？來脈真，機勢得，轉關自然靈動。

能如此，他日與人交手，自能身先立於不敗之地，指揮如意。來脈轉關，顧可忽乎哉！

太極拳纏絲精論

太極拳，纏絲法也。進纏，退纏，左右纏，上下纏，裏外纏，大小纏，順逆纏。而要莫非即引即纏，即進即纏。不能各是各著，若各是各著，非陰陽互為其根也！

世人不知，皆目為軟手，是一外面視之，皆跡象也。若以神韻論之，交手之際，剛柔並用，適得其中，非久於其道者，不能澈其底蘊。

兩肩軃下，兩肘沉下。秀若處女見人，肆若猛虎下山。手即權衡稱物，而知其輕重。

打拳之道，吾心中自有權衡，因他之進退緩急，而以吾素練之精神臨之，是無形之權衡也。以無形之權衡，權有形之跡象，宜輕宜重，而以兩手斟酌，適得其當，斯為妙手！

太極拳發蒙纏絲勁論

太極拳，纏法也。纏法如螺絲形運於肌膚之上，平時運動，恒用此勁，故與人交手，自然此勁行乎肌膚之上而不自知。非久於其道，不能也！

其法有進纏、退纏，左纏、右纏，上纏、下纏，裏纏、外纏，順纏、逆纏，大纏、小纏。而要莫非以中氣行乎其間，即引即進，皆陰陽互為其根之理也！

或以為軟手，手軟何能接物應事？若但以跡象視之，似乎不失於硬，故以為軟手。

其周身規矩：頂勁上領，襠勁下去；兩肩鬆下，兩肘沉下；兩手合住，胸向前合；目勿旁視，以手在前者為的；頂不可倒塌，胸中沉心靜氣；兩膝合住勁，腰勁下去；兩足常用鉤勁，須前後合住勁。外面之形，秀若處女，不可帶張狂氣；一片幽閒之神，盡是大雅風規。

至於手中，其權衡皆本於心，物來順應，自然合進退、緩急、輕重之宜。此太極之陰陽相停，無少偏倚，而為開闔之妙用也。其為道，豈淺鮮哉！

摜手十六目

較：是較量高低。

接：是兩人以手相接也。

沾：是手與手相沾，如「沾衣欲濕杏花雨」之「沾」。

黏：如膠漆之黏，是人既沾我手，不能離去。

因：是因人來之。

依：是我靠住人身。

連：是手與手相接連。

隨：是隨人之勢，以為進退。

引：是誘之使來，牽引使近於我。

進：是令人前進，不使逃去。

落：如落成之「落」，簷水下滴於地；又如葉落於地。

空：宜讀去聲。人來欲襲我身，而落空虛之地。

得：是我得機、得勢。

打：是機勢可打，乘機打之。

疾：是速而又速，稍涉延遲，即不能打。機貴神速。

斷：是決斷。一涉游疑，便失機會，過此不能打矣！

擖手三十六病

抽：是進不得勢，知己將敗，欲抽回身。

拔：是拔去，拔回逃走。

遮：是以手遮人。

架：是以胳膊架起人之手。

擖打：如以物擖物而打之。

猛撞：突然撞去，貿然而來，恃勇力向前硬撞，不出於自然，而欲貿然取勝。

閃躲：以身躲過人手，欲以閃賺跌人也。

侵凌：欲入人之界裏而凌壓之也。

斬：如以刀斫物。

摟：以手摟人之身。

（揾）：將手（揾）下去。

搓：如兩手相搓之搓，以手肘搓敵人也。

欺壓：欺是哄人，壓是以我手強壓住人之手。

掛：是以手掌掛人，或以彎足掛人。

離：是去人之身，恐人擊我。

閃賺：是誆愚人而打之。

撥：是以我手硬撥人。

推：是以手推過一旁。

艱澀：是手不熟成。

生硬：仗氣打人，帶生以求勝。

排：是排過一邊。

擋：是不能引，以手硬擋。

挺：硬也。

霸：以力後霸也。如霸者以力服人。

騰：如以右手接人，而復以左手架住人之手，騰開右手以擊敵人。

拏：如背人之節以拏之。

直：是太直率，無纏綿曲折之意。

實：是質樸，太老實，則被人欺。

鈎：是以腳鈎取。

挑：從下往上挑之。

掤：以硬氣架起人之手，非以中氣接人之手。

抵：是硬以力氣抵抗人。

滾：恐已被傷，滾過一旁。又如圓物滾走。

根頭棍子：是我捺小頭，彼以大頭打我。

偷打：不明以打人，於人不防處偷打之。

心攤：藝不能打人，心如貪物探取，打人必定失敗。

以上三十六病，或有全犯之者，或有犯其四五，或有犯其一二者。有犯干處，皆非成手；手到成時，無論何病，一切不犯。益以太和元氣，本無戾故也。

然則搨手將如之何？亦曰：人以手來，我以手引使進，令其不得勢擊，是之謂「走」。走者，「引」之別名。何以既名「引」，又名「走」？引者，誘之使進；走者，人來我去，不與頂勢，是之謂「走」。然走之中，自帶引進之勁（功純者引之使進，不敢不進；進則我順人背，而擒縱在我）。此是拳中妙訣，非功久不能也！

學拳須知

一學太極拳，不可不敬。不敬則外慢師友，內慢身體。心不斂束，如何能學藝。

一學太極拳，不可狂。狂則生事，不但手不可狂，即言亦不可狂，外面形跡必帶儒雅風氣，不然狂於外，必失於中。

一學太極拳，不可滿。滿則招損。俗語云：天外還有天。能謙，則虛心受教，人誰不樂告之以善哉？積眾善以為善，善斯大矣。

一學太極拳，著著當細心揣摩。一著不揣摩，則此勢

機致情理終於茫昧，即承上起下處，尤當留心，此處不留心，則來脈不真，轉關亦不靈動。一著自為一著，不能自始至終一氣貫通矣。不能一氣貫通，則於太和元氣終難問津。

一學太極拳，先學讀書。書理明白，學拳自然容易。

一學太極拳，學陰陽開合而已。吾身中自有本然之陰陽開合，非教者所能增損也。復其本然，教者即止（教者教以規矩，即大中至正之理）。

一學太極拳，雖無大用處，然當今之世，列強爭雄，若無武藝何以保存？惟取是書演而習之，於陸軍步伐止齊之法，不無小補。我國苟人人演習，或遇交手，仗敵雖強盛，其奈我何？是亦保存國體之一道也，有心者勿以芻蕘之言棄之。

一學太極拳，不可藉以為盜竊搶奪之資。如藉以搶奪，是天奪之魄，鬼神弗佑，而況人乎！天下孰能容之？

一學太極拳，不可凌厲欺壓人。一凌厲欺壓，即犯眾怒，罪之魁也。

官骸十三目

頭

頭為六陽之首，周身之主，五官百骸，無不體此為向背。

頂勁領過則上懸，領不起則倒塌。

至於頭，耳能聽敵來之聲，眼能看敵發之色，頭能前

後左右觸之，且左右手又能上行助之。

眼

其精神在何處？曰：在眸子。心一動則眸子傳之，莫之或爽。

運行根於一心，而精神看於眼目，眼目為傳心之官，故眼不旁視，旁視則神散，志亦不專。

眼神尤為緊要，當隨主要之手運行，不可旁視，旁視則神散，志亦不專。

手眼為活，不可妄動。

眼神注於（主要）手中指，不斜視。

眼看住前手中指。中指，的也，故必視此，不可旁視令渙散無著。人之一身，運用全在一心，而傳神全在於目，故必凝神注視。

攬紮衣勢右手為主，左手是賓。右手發端，眼必視之，眼隨右手而行，至右手停止，眼必注於右手中指甲，五指肚要用力，此前後手運畢歸宿處，故必用力。此時運動手似停止而其運動之靈氣實不停止，一停止則其氣息矣，即於下一勢隔閡。

此即天地陰陽運轉不息，曾二氣在吾身獨可息乎哉！惟不息故氣越運越實，至運至十分滿足，則下勢即發起，此即陽極生陰，陰極生陽之意。

目能眼光四射。

目平視前，光兼四射。

眼神顧視左右，要快。

收視返聽，含光默默。

耳

耳聽身後兼左右。

耳聽身後，防敵暗算。

敵來之前，必先有風。急者其風大，緩者其風微，即無風亦必有先兆。敵在前，目能視之，其或在右、在左、在身後，是即先兆，惟憑耳聽心防。

耳聽左右背後，恐有不虞侵凌，人有以後來者，必先有聲音，可聞其聲音。有聲自與無聲不同，故心平氣靜，耳自聰靈。

鼻、口

呼吸順其自然。

調息綿綿。

心息相依。

打拳以鼻為中界。

口唇輕閉，舌尖輕抵上齶。

項

項豎直不可硬。

項要端正豎起，如中流砥柱，不前不後，不左不右，不致倒塌方得。

項要靈活，靈活，左右轉動自易。

手

以心運手，順勢轉圈。

手上領之時，腰與襠一起俱下，上體周轉，自覺靈活，下體亦不死煞。

手上領轉圈，手指之畫圈與胳膊之纏勁，是一股勁，不可視為兩段。

手虛虛籠住，勁運到指頭肚。

眼看中指甲，中指與鼻準相照。

中指以鼻準為的，用纏絲勁自肩纏到手，中氣行到中指頭方為運足。中指勁到，餘指勁也到，柔住勁，不可稍留硬氣。

以手運行止物，必得剛氣行乎其中。

手如紅爐出鐵，人不敢摸。

拳

去時撒手，著人成拳。

拳力如風又如雷。

一擊如雷之霹靂一聲，不及掩耳。

捶由後向前擊如山上之雷，迅不及防，其進比鳥飛還迅。

近身屈肘用肘力，去遠何能不展肱？

用周身全力用拿勁打，不露粗率，方合法度。勁由後腳跟越腿肚，順脊上行串至肩臂，轉過由胳膊背面運至手背，故拿住勁打有力。然雖勁由腳跟起，其用本在心；心

機一動，中氣即由丹田發出至手，周身全力皆聚於此。

至於擊人，則視人之遠近，遠則展開胳膊可以及人，近則胳膊不能展開，故用屈肘合捶打，極有含蓄，外面全不露形跡，被擊者即跌倒，方為上乘。蓋遠擊易，近擊難，故得多下功夫才能如是。

內勁由丹田下過襠後，再由長強逆行到百會，降下至肩，前進運至捶，周身精神俱聚於捶，方有力。左右足踏地穩重如山，莫能搖撼，方為有力。

在拳純是浩氣流轉於周身，勢不可遏。

腹

腰勁算下，尻骨微泛起，小腹自然合住勁。

胸腹寬宏廣大，向前合住，中氣貫注，上下全神。久用其功，到是境地，自然知其神情；即至其境，亦但可以意會，不可以言傳也。

調息綿綿，操固內守，注意玄關，功久則頃刻間水中火發，雪裏花開，兩腎如湯熱，膀胱似火燒，真氣自足。

腰

腰為上下體樞紐轉關處，不可軟，亦不可硬，折其中方得。

腰是上下體之關鍵，腰以上，氣往上行，腰以下，氣往下行，似上下兩奪之勢，其實一氣貫通，並行不悖。

腰勁貴下去，貴堅實。

腰勁磁下不可軟。

　　腰勁下去，腰是上下交關處，不下則上體氣浮，足不穩。

　　腰勁要下去，下去腰勁，兩膝撐開，襠合住，要圓要虛，自然下體又虛又靈又穩當，搖撼不動。

　　腰一扭轉，則上體自然扭轉，與下體相照，是腰為上下體之樞紐。

　　腰中要虛，一虛則上下皆靈。

　　腰勁下不去，不能氣歸丹田；氣歸不到丹田，則中極、會陰失之於輕浮，因而胸中橫氣填塞飽滿，即背後陶道、身柱、靈台左右，橫氣亦皆填塞充足，而前後脊滯澀矣。蓋不向前合，失之一仰；向前合，則襠勁輕浮，足底不穩，上體亦不空靈。

　　訣竅以兩腰之中，兩腎之間命門，為上下體之關鍵樞紐。

脊、背

　　脊骨是左右身之關鍵。

　　內外轉徐徐，中氣貫脊中。

　　若問此中真消息，須尋脊背骨節中。

　　背用中氣貫注。

　　背折舒開，頂勁、襠勁足。

襠與臀

　　腎囊兩旁為之襠，貴圓貴虛，不可夾住。

　　襠要圓，圓則穩。

兩大腿根要開襠，開不在大小，即一絲之微亦算得開。蓋心意一開，襠即開矣。不會開襠者，腿雖岔三尺寬，不開仍然不開。是在學者細心參之。

襠固不得不開，然會陰要虛，小肚要實。

襠撐圓，虛虛合住。（停勢時左右足）纏絲勁法，從足趾自內而外上行，斜纏至腿根，以及會陰。合不到會陰，則無襠勁，且不能撐圓，此纏絲勁不可離也。

下腰勁，尻微翻起，襠勁自然合住。

襠尤要虛，虛則回轉皆靈。

濁氣下降，合住襠勁。

下盤穩當，上盤亦靈動。

臀骨翻起，前襠合住，後臀自然翻起。

尻骨、環跳蹶起來，裏邊腿根撐開，襠自開；兩膝合住，襠自然圓。

中間襠開圓，要虛，不可岔如人字形。

兩屁股臀肉向上泛起來，不泛起則前面襠合不住，軟肋下為腰，腰勁算不下，則膝與足無力。屁股、環跳、裏邊骨向裏合，不合則兩大腿失之散。

頂勁領過則上懸，領不起則倒塌，此不會下腰勁、襠勁，以至身不自主。

襠勁、腰勁既皆下好，而屁股泛不起來，不惟前襠合不住，即上體亦皆合不住；上下扣合不住勁，則足底無力，而外物皆能摧倒我。

足

千變萬化由我運，下體兩足定根基。

掩手捶勢：左右足踏地穩重如山在地上，莫能搖撼，方為有力。

足穩則身不可搖。

前後左右用勁勻停，自然立的穩。

足之虛實因乎手，手虛足亦虛，手實足亦實。

實足腳底前後皆要用力平實踏住地，湧泉穴要虛。

上雖憑手，下猶憑足，足快尤顯手快之能。

腎藏志，以足從志，亦順著轉圈。

足隨手運，圓轉如神。

足大趾待手氣走足後，乃與手一起合住，此時方可踏實。

至於手足運動，不外一圈，絕無直來直去。

胸膈橫氣卸到腳底。

勁雖由腳跟起，其用本在心。

一點靈氣從心起，上入青天下入地，此氣行於手足中，不剛不柔自雍容。

雲手：二足更迭轉，機不停留，左足橫開一步，右足隨之亦橫開一步，然右足將至左足邊，復自上轉回五六寸，方才落地，如此方見運行無直步。每左足開步，右足隨之，皆如是。如右手順轉一圈，前半圈中氣由腋裏邊向外斜纏至指，後半圈自外回來，勁自外斜纏到腋下，左手亦然。至於足，如右足前半圈由腿根內向外部纏到指，回

來自外向裏纏至腿根；左足亦然。

足踏出，如前有深淵，說回即收回，至虛至靈。

足運行極其纏綿不直，又能隨手運行，不失螺絲纏勁。

足蹬愈重，則身起愈高。

不蹬則已，蹬之必令敵跌倒。

至於足，左來則左擺，右來則右擺；踢以禦前，蹬以禦後，舉足如迅雷不及掩耳。凡敵之侵我下體者，足之為功居多，足之為用大矣哉！

將踢之時，視其可踢則踢之，不可踢則不踢，不可妄用其踢也。及有隙可乘，踢貴神速，不貴遲緩；貴踢關緊穴俞，不貴踢寬髀厚肉不著痛癢處。此要訣也，踢著須知。

腳踢拳打下乘拳，妙手何處不渾然。

四肢百骸主於動，而實運之於步，步者乃一身之根基，運動之樞紐也。捶以論勢，而握要者，步也。活與不活在於步，靈與不靈亦在於步，步之為用，大矣哉。

骨 節

骨節鬆開。

肌膚骨節，處處開張。

周身一起合住勁，且周身骨節各處與各處自相呼應而合，如手與足是也。

說合，則周身一起扣合住方佳。至於周身骨節，如左右肘，左右肩，上下各處各自相合者，各自一切照臉合住。

手與足，肘與膝，肩與胯，上下，左右，前後，運轉停勢時，亦呼應對齊，開則俱開，合則俱合。

骨節要對，不對則無力。

骨節齊鳴。

太極拳名義說

拳以太極名，古人必有以深明乎太極之理，而後於全體之上下左右前後，以手足旋轉運動，發明太極之蘊，立其名以定為成憲，義至精也，法至嚴也。後之人事不師古，不流於狂妄，即涉於偏倚，而求一不剛不柔、至當卻好者，以與太極之理吻合，蓋亦戞戞乎其難矣！

然吾思古之神聖能發明太極之理者，莫如包羲氏、夏后氏，河圖洛書有明證也。惜乎！予學識淺，未能窺其蘊奧，且其書最精深，又不易闡發。於河圖洛書，未能道破一語，而特於羲經所著陰陽、錯綜六爻變化與神禹所傳之五行相生相剋者，竊取萬分之一焉。

然所取者，或以卦名，或以爻辭，或以水、火、木、金、土生剋之文，因其近似者，引之以為佐證，其氾濫膚淺，亦不過古人之糟粕已耳。雜亂無章，隨意採擇，於圖、書、生生大數之序，毫不相似，況其內之精華者乎!?

雖然，亦不必泥古人筆墨，原非為拳而設；其包括宏富，亦若為拳而設。隨意拾取，無不相宜；此亦足見太極之理，精妙活潑，而令萬事萬物各適其宜，用之者，無不各如其意以償之。事雖纖細，理無或遺。任天下紛紜繁頤，萬殊皆歸於一本，妙何如也！

後之人，苟能於古人之糟粕，即其委而求其源，未始無補於身心命名之學。雖曰拳為小道，而太極之大道存

焉，況其為用最廣，運動者宜留心焉。深玩細思，久之自有得也。拳之益人，豈淺鮮哉!?

陳子明太極拳論

陳子明

陳子明

（？—1951），陳氏十七世，陳氏太極拳第九代傳人；從小跟父、叔學習太極拳，功夫純厚，後從學於陳鑫，青年時已成名手。

曾在懷慶府（今沁陽市）成立國術團體，傳授太極拳，學者眾多。後經人推薦，又到上海、南京、西安等地教練拳術。其不負家學，教拳術不遺餘力，授拳之餘，捉筆為文，寫作出版了《陳氏世傳太極拳術》，將自己習武的心得，師承教誨，太極拳大要、架勢，詳加解識。其書說理精闢，不尚浮誇，理法均立論高遠，闡發精到，甫一出版，即深受武術界同仁歡迎。

當時的南京國術館館長張之江、教務處朱國福、河南國術館劉丕顯、滄州武術名家姜容樵等人均為此書作序，贊其「抱負絕學而不倦於教誨」，「不私其家傳之秘」，「立言不流於誇誕」，「使讀者一目了然」。此書對太極拳的推廣、傳播均起到了積極作用。

太極拳要義之一

身

拳之一藝，雖是小道，然未始不可即小以見大。故肄業之時，不可視為兒戲。即身體必以端正為本，身一端正，則作為無不端正矣！

大體正，則小體皆正。況此藝全是以心運手，以手領肘，以肘領肩，以肩領身。以全體論，則身領乎手；以運用論，則手領乎身。身雖有時倚斜，而倚斜之中，自寓中正，不可徒以表面觀之，而失其大中至正之法。能循規蹈矩，不妄生枝節，自然合拍。

心

心為一身之主。心一動，則官骸聽命。官骸不循規矩，非官骸之不檢，實檢官骸者之不檢焉。孟子曰：「出入無時，莫知其鄉者，惟心之謂歟。」又曰：「一人雖聽之，一心以為有鴻鵠將至。」可見人之有心，但視其操與不操耳。能操則心神內斂，故足容重，手容恭，頭容直，目容肅，種種官骸，皆在個中，心在故焉；不操則心恒馳外，故視不見，聽不聞，食亦不知其味，一切行為，皆出個外，心不在故焉。

打拳一道，口授俱多，著述甚少，故當耳提面命，尤得留心聽記。蓋文事武備，不留心者，往往視為兩橛，而不知實本於一源。其外面動靜之形跡，與裏面靜躁之神明，皆由其心寧靜與否。心苟寧靜，凡四體之開合擒縱，莫不有自然之機致，至當恰好，無可加損者。存乎其中，

苟細心體會，何難升堂入室。只要如行遠自邇，登高自卑，不躐等而進，不中道而止，以我之心思智力，窮行（練拳之理）之高遠精微，壹志凝神，精進不已，層累屈直，無不致極，即身所難到之境，皆可以心達之，無他有心而能用之也。

故凡學拳者，皆當操心。世人皆以拳為末藝，其學習時，往往嬉戲從事，或畏難懈惰，皆難學成。故未上場時，先須打掃其心，使其心清淨，一物無所著。然後上場，一心恭敬，如齋明盛服以承祭祀，不敢褻慢。平心靜氣，上體自然靈動，下體自然穩重。任天機之往來，運吾身之闔闢，儼然一太極，元氣周疏無間。學習一遍，平其氣息，必使四肢運動之跡，仍渾然歸於無形，方為學拳準的。

理

打拳多不講理，不講理但論血氣，無惑乎手之多失於硬也。所以練拳貴先講理，順其性之自然，行其勢之當然，合乎人心之同然，而深究其勢之所以然，勿使心有茫然。一開一合，始則勉然，一動一靜，久而自然，積久而始而惺然，繼而恍然，終而豁然，以至於盎然，粹然，而歸於渾然，其實我之於拳，用功並無拂然，一皆率其性之本然而然。

氣

打拳者，運動吾身，不滯不息，不乖不拂，不偏不倚，無過不及，是為中氣。拳家苟能順其天機之自然，抑揚頓挫，動合天然，圓轉自如，毫無窒礙，他日遇敵，自然綽有餘地。不然渾身一片硬氣，猝遇好手，只覺束手無策，進不能進，退不能退，一任他人發落而已，鈍何如

也。人亦何樂用硬氣，而不用中氣哉！

意

心之所發謂之意。人之打拳，其意初發，如作文寫字，下筆帶意之意。意於何見？於手見之。意發於心，手即喻之，而形諸五官百骸，極有斤兩，極有神韻。心正，則意之所發者皆正，而四肢之運行亦正；心邪，則意之所發者皆邪，而四肢之運行亦邪。此打拳之先，貴誠其意也。

曷言乎爾，如人心平氣和，則發於言者，皆和順可聽，此意之由和而發者也。如人意氣過盛，其發於言者，皆帶激烈之氣，此意之由怒而發者也。打拳觀其舉手活順，即知其意念活順。周中規，折中矩，實理貫注於其間，絕無冗雜，觀者亦覺清爽，皆意所發之乾淨為之也。著著俱有實理，著著俱有真意，非徒以硬手硬腳，全憑霸氣形之於外，毫無蘊藉之意藏之於中。此意之所以貴誠也，學拳者審之。

志

志者，心之所之也。意念一發，而志即隨其意之所往而亦往。人惟能專心者，乃能致志，致志先由立志。人不立志，則無所樹立，人不致志，則半途而廢。始雖有志，如無志也，有始無終故也，此打拳所以貴立志，尤貴致志。苟能致志，加以果毅功夫，則有志者竟成，他日不可限量，皆志為之也。此打拳之貴乎有志。

情

理之存於中者為性，發於外者為情。如樂有清濁高下之致，謂之聲情；舞有進退旋轉，謂之神情；人有交接往

來，謂之人情；物價之多寡不同，人心的好惡各異，謂之物情。會是太極拳之抑揚反覆，獨無情致乎？

拳無情致，如死（土冒）地泥塑木偶，全無景致，有何意趣？照自己說，有何可嘉，照外人說，苟能如作文之先伏後應，機致流通。其一段生龍活虎，變化捉摸不住氣象，在己即可興發人之志氣，在人又可令觀者拍案驚奇，眼中願觀，口中樂道，心中願學，甚矣！

此情之所發，打拳者不可不留心也；如文有聲情，鏗鏘可聽，頓宕可玩，藝至於此，大有可觀。

景

層巒疊嶂者，山之景；波流瀠回者，水之景；千紅萬紫者，花之景；春暖花開者，時之景；人之打拳亦如是也。其開合擒縱，屈伸往來，一片神行，曲折如畫，是之謂景；景之不離乎情，猶情之不離乎理，相運故也。

心無妙趣，打拳決打不出好景致。問何以打出好景致？始則遵守規矩，繼則化乎規矩，終則神乎規矩；在我打得天花亂墜，在人莫不喝彩稱奇；真如天朗氣晴，惠風和暢，陽春煙景，大塊文章，處處則柳豔花嬌，層層則山靈水秀，遊人則觸目興懷，詩家則振筆寫妙，雖三百里之嘉陵山水，不足盡也。嘻，拳能至此，其技過半矣，豈不美哉！

神

人之精神，雖有存乎官骸之中，充足則溢乎官骸之外。其外見而先見者，心手眼居多。凡事心手眼俱到，則有神，無神則形皆死煞，少生動之意，不足動人。神之在人，不止乎眼，而要於眼，則易考驗。故打拳時，眼不可

邪視，必隨左右手以往還。

如打懶紮衣，眼隨右手中指行，懶紮衣畢，眼即注於右手中指；打單鞭，眼隨左手運行，單鞭畢，眼即注於左手中指；打披身捶，眼看住後腳；打肘底看拳，眼注於肘下；打小擒拿，眼注於右拳與右掌；打摟膝拗步，眼注於右手中指；打初收，眼注於右手指肚；打抱頭推山，兩手並推者，眼看敵人胸；右手在前，左手稍後者，眼注右手中指；打跌岔，眼先看左手，待身起來，右手向上，眼看右手；打指襠，眼注右拳；打鋪地錦，看左手；打跨虎，眼看右手中指；打當頭炮，眼注於左拳。以上四肢，孰為直符，眼即注於直符之支。而全身精神皆聚於此，任在熱鬧場中，目無旁視，如此方覺有神。

亦有四支，直符在此，而神反注於彼者，是變格也，不可據以為常，要之！打拳則上下四旁眼都得照顧到，果能一志凝神，心手眼一齊俱到，自覺栩栩欲活，奕奕有神矣！學拳者當細驗之。

化

化也者，泯規矩之成跡而自合規矩，是妙乎規矩而神乎規矩者也。化有大化、造化、變化、消化、神化諸名，此以造詣境地言，專以神化為主，是妙萬物而言，莫明其妙，名之曰化，必熟而又熟，以至無形跡可擬。

如神龍變化，捉摸不住，隨意舉動，自成法度，莫可端倪；說有即有，說無即無，技至此，真神品矣！而大化、造化、消化、變化、太極體用，和盤托出，雖小道，至道存焉。所謂即小以見大者，蓋此拳豈易言哉！

著

拳乃武備中一端，其運用手足，或正或偏，或上或下，或左或右，或前或後，因其理而立法，因其法以呈形，名之曰勢，即俗名所謂著。

當下功夫之時，必思此勢，由何發起，中間如何運行，結尾如何收束；表是何形，裏是何勁，從心坎中細細揣摩；此勢之下，與下勢之上，其夾縫中，如何承上，如何啟下，必須血脈貫通，不令有一絲隔閡，判成兩橛，始而一勢，自成一勢，終而百勢，連成一勢。

如懶紮衣，右手從左腋前起端，手背朝上，手指朝下，先轉一小圈，從下斜而上行，過上星神庭前，越右耳外，徐徐運行，胳膊展到八九分，不可滿足，滿則應用時必致招損，手與肩平，此是順轉圈，用纏絲勁，由腋自內往外，斜纏到指，不可後擘（音百），擘則無力；不可太彎，彎亦無力；必得不偏不倚之勁方佳。左手是倒轉，用纏絲勁，由手外掌過手背，纏到肩後外腋止。兩手合住勁，右手如新月半彎形，勁似停，實不停，停則氣斷矣。待內勁行到十分，則下勢即接往，從此起矣。

右足也如是，畫半個圈，展開先落僕參穴，過湧泉，至大敦隱白止。其止也，實而虛。右腿用順纏勁，由大敦起，過腳面，至足外腓，從湧泉斜纏至內踝骨，一直由內而外，逆行斜纏大腿，纏至腰。左足趾向北，用倒纏勁，內外向裏纏，纏到大腿根，歸丹田中極。右手與右足一齊起一齊落。說合，上下官骸一齊合住，四肢更不待言。右手內勁，充於肌膚，頂勁提起，腰勁下去，襠勁開圓，又

要合住膝，合住襠，自然合住。

合也者，全體皆合，無令一處不合，此是一勢規矩，自為一著，其中繁頤，猶自言不盡意。

古人立法如是，用其深心，猶恐不能制勝，而況多數之著，其用心良非易矣。

大凡手動為陽，手靜為陰，手背為陽，手腕為陰；前則為陽，後則為陰，亦有陰中之陽，陽中之陰；某手當令，某手為陽，某手不當令，某手為陰；亦有一勢，先陽後陰，外陰內陽，一陰一陽。要必不偏不倚，無過不及，此學之者不可不留心也。

一勢之微，千言萬語，筆之數行，難盡其妙。當場一比，心即了然。於此，見拳之貴乎口傳也。一落紙筆，皆成糟粕，棄糟粕，而取精華，則可與共學，可與適道矣！

學

以上所言，皆言拳也。不學無以知，不學無以能。惟於拳之不知者，學以求其知，拳之不能者，學以求其能。果能敏而好學，再能學而時習之，則向之不知不能者，今則無不知，無不能矣。

斯拳不外陰陽開合之理，抑揚頓挫之勢，苟能百倍其功，雖愚必明，雖柔必強。孔子曰：「我學不厭。」人之於拳，亦惟學而不厭而已矣！

思

思者，思其所學也。學而不思則罔，故必用其心力於所學之中，講習研究，凡拳中之層累曲折，自起落以至於精微奧妙，不使有一毫疑惑者，則思之為功居多。故先由

淺入深，由近及遠，思其當然，並思其所以然；不能明晰，或問之於師，或訪之於友，則所思者不患其不能明，此是格物功夫。曾子作《大學》乃曰：「致知在格物。」思固不廢乎學，學亦不能廢乎思也，此學思不可以偏廢。淺言之，凡學拳者，當用心學之，不可忽略。

恒

天地之道，惟有一恒字可以成事。恒，久也。雖一藝之微，苟能久於其道！未有苗而不秀，秀而不實者也。孔子曰：「人而無恒，不可以作巫醫！」此學之貴乎有恆也。志為作事之始，恒為作事有常，二字乃學拳要訣。

吾師又作五言詩，勖學者守恆、貴誠。其詩云：「理鏡原無盡，學拳意貴誠。三年不窺園，一志並神凝。始則從良師，繼則訪高朋。誘掖合獎勸，一線啟靈明。一層深一層，層層竟無窮。一開連一合，開合遞相承。有時引入勝，才欲罷不能。時習勤黽勉，日進自蒸蒸。一旦真積久，豁然皆貫通。」

夬

夬，決也。心貴決斷，人惟猶疑不決，多敗乃事。學思、恒二字雖好，苟不決斷，則所學無論何事，皆辦不成。惟拿定主意，一直長往，心不回惑，夬而後所學所思，加以恒久工夫，則凡事皆可有成，何況拳之一藝乎。此學拳猶貴於「夬」也。

太極拳要義之二

先嚴諱復元，字旭初。初學於耕雲公，功成後，復從

仲甡公習新架。故發手能柔如棉，堅如鋼，往來口外數十年未遇敵手。子明少小侍側習聞拳理，茲就記憶所及者，筆述一二，以成本篇。固陋如余，未能道其萬一也。

開合與陰陽

動為陽，靜為陰，一動一靜，即為開合。陰變陽為開，陽變陰為合，此就太極拳之全體而言也。以運化而言，左手領左半身向左方連化者，開為太陽，合為太陰；右手隨之而開者為少陽，合為少陰。右方亦然。剛柔即包於其中，故太極生兩儀，兩儀生四象。兩儀者，陰陽也，亦即開合也；四象者，太陽、太陰、少陽、少陰是也。陰陽合開，互相化生，得其極致，則渾元一氣循環無端，變動莫測。是以不明陰陽開合者，即不明剛柔動靜之互相為用，偏剛偏柔，不能相濟，則去太極拳之根本遠矣。

又吾師品三先生謂：練拳之道，開合二字盡之，一陰一陽之謂拳，其妙處在互為其根而已。

又作七言詩二首。其一云：「動則生陽靜生陰，一動一靜互為根，果能悟得環中趣，一動一靜即天真。」其二云：「陰陽無始亦無終，往來屈伸寓化工。此中消息真參透，太極祇在一環中。」

運化轉關

運化為轉關之先機，關即人之周身穴節，故轉關亦曰轉節。凡初學之人，多尚拙力，而無靈勁，故以運化去其滯氣，使轉關達於虛靈。

蓋虛則有以聚，靈則有以應。虛者集，靈者感；集者靜，感者動。起落旋轉，開合變化，不能離乎運化轉關。所謂運化轉關者，即由柔筋活節而至接骨鬥榫，苟不知此，即不足與言動靜之虛靈者也。

虛　實

太極拳動靜瞬息之間，無不有虛實。故其練法中之前進、後退、左旋、右轉，以舉足為虛，落足為實；向左則左實，向右則右實；前進則後虛，後退則前虛。倘虛實不分，必犯抽腳拔腿之弊。精而求之，則一處自有一處虛實，練時如是，對待敵人時亦復如是。彼虛則我實，彼實則我虛，虛則實之，實則虛之，臨敵乘機，切無拘泥定法，斯為得其要諦。

變　化

變化者，有一手之變化，有一著之變化，有一勢之變化。然無論一手、一著、一勢，其變而能化，皆由簡單漸至於詳密。

以開合為一手之變化，以轉關為一著之變化，此即上傳下接之義。惟身法、步法、旋轉、緊湊、方向之變，皆屬一勢之變化也。由開展至於緊湊，切莫逾乎範圍，亂其循序，自能積手為著，著合為勢，勢聯成套。始練似覺有界，久練功夫嫻熟，自能豁然貫通，運轉自如，千變萬化，隨心所欲矣。

步　驟

先哲有言，物有本末，事有終始，知所先後，則近道矣。如無深淺之別，先後之序，即是失卻根本，無論教者本領若何高強，學者定不能藝超於眾。故練太極拳術之步驟有三層功夫。第一步學時宜慢，慢不宜癡呆；第二步習而後快，快不可錯亂；第三步快後復緩，是為柔，柔久剛自在其中，是為剛柔相濟。教者必由是而教，學者亦必由是而學，則庶乎無差忒矣。

練太極拳術者，固愈慢愈柔者為佳，不宜用力帶氣，又必須知至何時可以換勁，及慢至何時可以速柔，至何時可以剛。此於教授之責攸關，宜從事解釋其發端而至於究竟，繼則實施於法，俾易知用途之次序，為入門之階梯。如能預定進度，因人施發，使學者精神煥發，興趣環生，自必易得門徑，進步迅速。

腰襠之開合

練太極拳者，對於腰襠兩部之要點不可不知。一開一合，一動一靜，腰襠各有專注，且貴互用，故宜分析明白。

腰之要點曰：擰腰、活腰、塌腰。

襠之要點曰：鬆襠、合襠、扣襠。

擰腰時襠須扣，不扣則散；活腰時襠須鬆，不鬆則滯；塌腰時襠須合，不合則浮。凡塌腰、活襠者為蓄勁，活腰、鬆襠者為柔勁，惟出勁時，須扣襠擰腰。

茲以各勢各著說明之。如拳式中之掩手捶、披身捶、

青龍出水、肘底看拳、閃通背、青龍戲水、二起式、踢一腳、蹬一跟、小擒拿、抱頭推山、前招後招、野馬分鬃、玉女穿梭、擺腳跌岔、十字腳、指襠捶、黃龍攪水、擺腳、當頭炮等，均屬扣襠、擰腰；金剛搗碓、懶紮衣、單鞭、白鵝晾翅、摟膝拗步及收式合式等，均屬鬆襠、活腰。

凡姿勢成時，襠宜合，腰宜塌，其義主靜，即本著已停，下著未作，虛靈勁預蓄其中，動則必變、必發，故其功效無量。其時間及所趨方向，不可預定，遇左則左應，遇右則右應。上下、前後、剛柔、緩急、輕重，悉如之。

命名與取象

研究太極拳者，須分命名與取象為兩點。其所云太極、兩儀、四象者，乃拳法中形而上之命名也，然必知其取象原則，方能明乎實際。

太極拳之取象，即肢體練法是也。肢體之大要，不外手、眼、身、步、法；其運用之大要，則不外乎前進後退、上起下落、左旋右轉。故研究此等動作，須在科學上追求，始能徹底。如開步轉勢及前後互換之距離，當以直中線判其遠近；手足身法、上起下落之間隔，當以平中線分其高低；餘如拗步姿勢之旋轉，為斜線及弧線之牽引，收放伸屈為來復線之縱縮。故太極拳之圈的內包，尚有直線、平線、斜線、來復線、弧線等，與力學、數學之理有密切關係，雖其取象出於形而上之命名，而在科學方面，實有相當之價值。

太極拳要義之三

太極拳之圈

聞諸先嚴太極拳功夫，以沒圈為登峰造極。非一蹴可躋，必須循序漸進，由大圈收至小圈，小圈收至沒圈，復以內勁為其統馭，連貫變化，運用神妙。技至於斯，形式上無從捉摸之矣。

吾師品三先生之言曰：太極拳，纏法也，進纏、退纏，左纏、右纏，上纏、下纏，裏纏、外纏，大纏、小纏，順纏、逆纏；而要莫非以中氣行乎其間，既引既進，皆陰陽互為其根之理。世人不識，皆目為軟手。手軟豈能擊人，是但以外面視之，皆跡象也。若以神韻論之，自己用功，與外人交手，皆以中氣運行使之適得，其中非久於其道者，不能澈其底蘊。兩肩躺下，兩肘沉下，秀若處女，威若猛虎。手中權衡稱物，而知其輕重。打拳之道，吾心中自有權衡，以稱他人之上下、左右、進退、緩急，無不悉以神明之度量使之皆中其節，而令敵之從所從而來者，抑負所負而去，是無形之權衡也。以無形之權衡有形之跡象甚矣，其孰能欺之。若第以軟手視太極拳，不惟不知拳，且並不知太極之為太極。太極者，陰陽開合而已矣，必陰陽相停而後名為太極拳，夫豈偏陰無陽之謂哉。

太極拳之用

吾師品三先生之言曰：中氣貫足，精神百倍。臨時交

戰，切勿先進。如不獲已，淺嘗帶引。靜以待動，堅持壁
壘。堂堂之陣，整整之旗。有備無患，常守其真。一引一
進，奇正相生。佯輸詐敗，反守為攻。一引即進，轉（轉
者方引而忽轉之）進為風。進至七分，即速停頓。兵行詭
計，嚴防後侵。前後左右，俱要留心。進步莫遲，不直不
遂。足隨手運，圓轉如神。忽上（手足向上）忽下（手足
向下），或順（順者用順纏法）或逆（逆者用倒纏法）。
日光普照，不落邊際。我之進取，須令不防。人若能防，
必非妙方。大將臨敵，無處不慎。四面旋繞，一齊並進。
斬將搴旗，絕妙如神。太極至理，一言難盡。陰陽變化，
存乎其人。稍涉虛偽，妙理難尋。

練太極拳之要點

余綴父師之言，成太極拳要義三篇。又恐初學者不能
得其要領，不嫌繁複，謹舉其要點以為初步研究者參考。

性　質

太極拳之性質，吾師品三雖言剛中寓柔，柔中寓剛，
剛柔相濟，運化無方，此言成手時之功夫也。初學宜以自
然柔活為主，柔宜鬆活、宜領。柔而不鬆，活而不領，即
不自然，安能致堅剛於將來哉？

方　法

太極拳之方法，其最主要者為虛、實、開、合、起、
落、旋、轉八字，初學宜辨別清楚。

程　序

習太極拳之程序，須先慢後快，快後復緩，先柔後剛，然後剛柔始能相濟。

姿　勢

動作停止時之架式曰姿勢。太極拳姿勢之要點，不外乎手領，眼隨，身端，步穩，肩平，身合。尤須注意頂、襠兩部之動作，無使有失。否則必致上重下輕，周身歪斜，站立不穩之病百出矣。

動　作

太極拳之動靜，作勢純任自然運化，靈活循環無端，要知其虛實開合、起落旋轉俱從圓形中來。凡初步入門，以大圈為法，始則柔筋活節，進則接骨鬥榫。學者誠明乎此身作心，維朝斯夕斯，精而求之，進步自速。

呼　吸

呼吸調氣，足以發達肺部。若於早晨呼吸後練習拳術，或在練拳時有相當之呼吸，隨其動靜出納以調氣，則筋肉與肺部必同時發育，自無肺弱之患。

精　神

太極拳之精神，以虛靈為極致。初習者固不能達此境界，然能守所舉要點，鍥而不捨，久久自能水到渠成。

周身相隨

四肢百骸，協同動作，此之謂周身相隨。故太極拳一動無有不動，一靜無有不靜。

變著轉勢

太極拳之變著與轉勢，原屬兩解。

一、前著已停，下著未作，其中間之動作成一勢，曰變著。如懶紮衣下練之右合式，又如摟膝拗步下練之右收式，野馬分鬃、玉女穿梭前之兩個左收式，均為變著。

二、此著一停，要作下著，中間之一動作名曰轉勢。如單鞭以下之左轉，又如掩手捶以下之右轉等動作均屬轉勢，均須辨別明白。

身作心維

語曰：口誦心維，讀書且如此，況習武乎？故身而作、心而維，實最易使人進步之一法。太極拳之身作心維至要者，曰：身宜作其圓活，心宜維其虛靈。

無貪無妄

習太極拳最忌貪多，尤戒妄動。凡運用與姿勢均須求其正確，庶練成後不致犯病，而精進自易。若貪若妄者，成就終鮮。此弊初學十九難免，切宜注意。

第三卷
楊式太極拳傳譜匯集

楊露禪太極拳論

楊露禪

楊露禪

　　楊露禪（1799—1872），名福魁，又名福同，字露禪，「禪」亦作「蟬」，別號祿纏。河北省永年縣人。幼時家貧，約10歲到河南溫縣陳家溝陳德瑚家為僮，是時著名武師陳長興每晚至陳德瑚家前廳教授族中弟子，楊露禪殷勤伺候，窺習拳藝，功力大進。

　　由於其聰明善悟，遂逐漸引起陳之注意。陳命楊與諸徒決，其徒皆敗北。陳始驚楊為天才，喜其敏慧，遂盡授其秘術焉。而據《近今北方健者傳》記載，楊露禪亦曾從學於趙堡陳清萍，同時又曾訪武當而得秘諦，轉益多師，融而化之；藝成後，楊歸故鄉，傳授同里之人，從學者甚眾；當時稱楊拳為化拳，或曰綿拳，以其動作綿而能化，故名之；後楊至北平（昔北京）教拳，清代王公貝勒等從

其學者頗多，之後成為旗營武術教師，將其拳術傳於凌山、萬春、全佑，民間有「凌得其筋，萬得其骨，全得其皮」之說。光緒皇帝的老師翁同龢大學士在觀看其精妙的武藝後大加讚賞：「楊進退神速、虛實莫測、身似猿猴、手如運球，猶太極渾圓一體也。」並書贈對聯「手捧太極震寰宇，胸懷絕技壓群英」相祝賀。自此，他所創之楊式太極拳名滿天下，使太極拳從民間武術登上了華夏武術的大雅殿堂，成為國粹。

楊露禪性格剛強，無論何門何派，均喜與比試。經常身背一把小花槍和一小包裏，遍遊華北諸省。凡所至之地，聞有藝高者則必拜訪與之較量，即便有人自認不敵，亦必強與之較，但未嘗傷人。因武藝高超，所向無敵，故被世人稱為「楊無敵」。楊生有三子，長曰錡，早亡；次曰鈺，三曰鑒，皆能傳父業。楊之生平軼事甚多，茲摘錄數則於後。

楊在廣平時，嘗與人鬥於城上。其人不敵，直退至城牆邊緣，足立不穩，身隨勢後傾，將墜落，於此千鈞一髮之際，楊忽於二三丈外，陡躍而前，攀握其足，得不墜死。

楊善用槍杆，物之輕者，經杆一沾濡，可即起，無稍失。其救火輒以杆頭撥牆垣，使火勢不至蔓延，且能在馬上不用弓弦，僅以手指投箭，百無一失，亦絕技也。

一日天雨，楊坐堂上，見其女捧銅盆自外入。比及階，簾未揭也，而苔痕潯滑，女足適跛蹶。楊即一躍而出，一手揭簾，一手扶女臂，女既未仆，而盆中之水亦竟

涓滴未傾。其功力之神異，即小見大，於此可見一斑矣。

又一日，楊釣於河畔。有外家名拳師二人適於楊之背後過，因素震其名，獨不敢與之當面較，今見楊正垂釣，以為有機可乘，擬從楊後推其背，使顛覆溺水，以損其名。乃相約躡足左右，同時疾趨以為進襲。詎楊眼梢特長，已早審知有人暗算。於二人手猛力到時，遽以含胸拔背，高探馬一式之法，惟見其背一隆，首一叩，二人同時被擲河中。乃曰：今日便宜汝等，否則若在地上，將欲再加一手。二人聞言，倉皇泅水而逝。

太極拳精論

站住中定，往開裏打。

圈內打人，圈外推人。

註：傳說近代太極拳重要人物楊露禪收全佑為徒，傳授其太極拳藝。全佑藝成後，因楊露禪年事已高，又時值春節，於是就準備告老還鄉回永年故鄉。全佑與楊露禪師徒情深，尾隨不捨，一路跟隨驟車送行。楊老對徒步扶車送行的全佑先生說：「回去吧，別送了，回去好好練，站住中定，往開裏打。」全佑心中默默記下，但依舊戀戀不捨，隨驟車送了一程又一程。楊老又說，回去罷，不要送了，全佑則堅持再送一程。

後來驟車到了蘆溝橋，楊露禪便下車對他說：「我楊某人當天發誓，我的全部功夫都已教給你了，沒有一招留下，總之以後你要記住『圈內打人，圈外推人』便是。」也正是這兩句至理箴言，如醍醐灌頂，對全佑啓發頗大。

後全佑將之融會貫通於拳架和推手之中，才形成後來別具一格的吳式太極拳術。

此則故事是否真實，因年代久遠無法詳加考證。但故老相傳，未必空穴來風。仔細玩味這兩句拳論，可知其的確爲太極拳之真諦，相信達者必有心契。故收錄於此。

楊健侯太極拳論

楊健侯

楊健侯

楊健侯（1839—1917），名鑒，字健侯，號鏡湖，是太極拳一代宗師楊露禪之三子，爲楊式太極拳第二代宗師。楊健侯的拳術剛柔並濟，出神入化，刀、槍、劍、杆各種器械，無不精通。

楊健侯先生性格溫和，爲人和善，是以從遊者甚眾，一輕指點，多有成就。

健侯先生溫良恭讓，從不輕易與人較量比手，一旦交手。則彼多被其精妙之太極純功所折服。當時他派中有善用刀劍者，與健侯交手，健侯僅以拂塵應敵，甫一搭手，其人就處處處於背勢，多被擒拿，使人不能近其身。健侯先生又善用槍杆，任何勁力均可發於杆頭，他之槍杆遇人，無不連人帶杆同時跌出；亦善彈弓絕技，拿三四彈丸於手中，往往能同時擊中三四隻飛鳥，有彈無虛發之美

譽。

其父楊露禪逝世後，楊健侯繼續在京教拳為業，並將楊露禪「大架」修訂為「中架」，不猛不硬，順遂圓活，老幼強弱均可練習，所以其拳傳播甚廣。

健侯傳人有三子少侯、兆元、澄甫及許禹生等多人。他秉性溫和，寬厚仁慈，從不恃拳傲揚，有極高的武德。《永年太極拳志》說他「性情溫和，德高望重，堪稱一代宗師」，當實至名歸。

太極拳約言

輕則伶（靈），伶（靈）則動，動則變，變則化。

又曰：彼不動，我不動；彼微動，我先動；似鬆非鬆，將展未展，勁斷意不斷；此語非熟練心悟，不能領會也。

註：此「約言」出自《楊家太極拳各藝要義》之「楊鏡湖先生約言」，應為當年楊鏡湖先生授拳時經常強調的練拳要義，收錄於此，供學者參研。

太極長拳歌

太極長拳獨一家，無窮變化洵非誇。

妙處全憑能借力，當場著急莫輕拿。

又曰：

掌拳肘合腕，肩腰胯膝腳。

上下九節勁，節節腰中發。

約言：

順人能得勢，借力不須拿。

　　註：上二首歌訣及約言，出自施調梅所著之《太極拳譜內外功研幾錄》。原文歌訣後曰：上二首歌訣，爲予師田紹光（名兆麟，先從楊少侯學，後從楊健侯學，施調梅於民國十年春，時年三十六歲，從田兆麟先生學習五年）傳授，蓋得諸楊家所傳，係讚歎太極拳之精妙，非一般拳腳工夫可與之比倫也。長拳即十三勢，以其綿連不斷，變化無窮，故曰長拳，惟楊家後亦創造一種長拳，較太極略加三分之一，然仍不出十三勢之變化，其效用在增進學者養氣耐久功夫耳。

楊班侯太極拳論

論太極勁

　　諺語「力大如牛，力猛如虎」。何以牛虎受制於人？以其力呆而滯，不能靈活運用，故易受制。勁則不然，勁如彈簧、強弩，體積雖小，伸屈變化自如；重按即彈重，輕按則彈輕。此勁與力不同者也。

　　力大如牛車之大輪，運轉遲緩，上下不隨；勁如起重之槓桿，輕巧靈活，左右自如。力為有形，壯碩筋肉凸起；勁為無形，溫文儒雅，筋骨溫潤如處子。力乃直來直往，遲而澀；勁乃隨屈就伸，速而聚。力散而鈍，勁銳而捷。力為局部所發，勁為整體而生。力如崩山倒角，一發

難收（公尺勁即力之所為，一公尺前即發力衝撞，即至標的，人已變，而己不即變，故曰一發難收）；勁似雷雨閃電，隨發隨止（寸勁也，未觸敵身前，勁未發，故變化無窮，一發如扁鑽強弩，一簇即至）。此乃勁與力之互異也。

勁者輕靈而捷，不見其形，全身皆可隨意發出，「渾身是手、手非手」，即此意。手到勁到，未到之先無勁，既到之後，捷如閃電，一發便收（內家講究，勁不虛發，發則必中，何能如此？寸勁也，寸化寸發，觸身勁始鑽也）。其發也猶如大風過處，百草俱偃（敵已摧毀或發跌）；其收也，萬里碧空，神氣自若，毫不費力（旁觀者彷彿未見其動，挨者卻如招大鐵錘錐擊，此即如棉裏鐵棒、棉裏針）。此乃拳中發勁之內家上乘功夫。

太極拳之推手，為運勁之技巧。使之成熟，隨意發放，勁道千變萬化，名稱互相不同，手法招式，各有優異。如能懂勁，無異進入寶山，奇珍異寶，取之不盡，用之不竭，發掘愈深，得寶愈多；如不懂勁，學拳三十載，終是自欺欺人而已。

故太極拳之技巧，蘊藏無限學問。習拳者，與讀書人、修道人無異，無限深度也。希學者詳細品味，多加玩索，始不負前賢公開太極拳勁之期望也。

註：此「論太極勁」一文，署名為楊班侯所撰，至於是否確為班侯先生之論，因年代久遠，無法確考。但觀其對太極勁之論述則既透徹且詳盡，佛家曰：依理不依人，誠然！

此篇無論是否為班侯所寫，均有其存在之價值，姑且收錄，以俟有識者參研而有得。

楊少侯太極拳論

楊少侯

楊少侯

楊少侯（1862—1929），名兆熊，字夢祥，晚字少侯，河北人，楊健侯之子，楊澄甫之長兄，為楊氏太極拳第三代傳人，師承楊班侯，後人呼為「大先生」者。

少侯先生生於同治元年（1862年），七歲時即習太極拳術，性剛強，亦喜發人，擅用散手，有乃伯遺風，功屬上乘。其拳架小而剛，動作快而沉，處處求緊湊。因好出手即攻，學者多不能受，故從學甚少。其對於借勁、冷勁、截勁、凌空勁等勁道的研究非常深刻，富有深功，惜不願多傳，故知之者甚稀。

卒於民國十八年（1929年），有一子，名振聲。

打手五字訣

薄、順、短、脆、遠。

薄

「薄」是不用骨、筋、肉之拙力練功或打手應對，而要求「鬆」到皮膚上，用這種「薄」去練功和打手。

順

我順人背的意思。在練體時要求順遂，打手應對時，要用各種方法制人於背，以達到制勝。

短

練用架（快拳）手勢要短，即兩手不離胸前八寸到一尺。打手發勁必須既短又銳，避免鈍拙。所謂「穿透勁」即短銳之勁，故勁愈短銳，阻力愈小，殺傷力愈大。

脆

要發寸勁，不可拖泥帶水。勁要脆快，發勁時忌滯重遲拙。

遠

發放時勁尚遠不尚近。能放遠又能攻堅，才能做到隨心所欲，信手而應也。如何能放遠，在發手時與能否把勁全部撒放出去有關。

發勁時勁不可回，勁不可殘留在自己身上。另外，發放時自己的「意」與「神」也應配合放遠，否則不易達到放遠的效果。

十字訣

準、是、穩、脆、真、恰、巧、變、改、整。

準

目標要準，發手要準。勢、勁、氣的發放要有準。

是

所打擊對方的「勢」或「勁」，是對還是錯。

穩

自身要穩。勢要穩、勁要堅、氣要沉。

脆

不拖泥帶水，發勁要脆要快。

眞

判斷對方要「眞」，不可「假」，否則出錯。

恰

發打要恰當，要掌握時間和火候。

巧

功夫要實，方法要巧。

變

要多變，要善變，要應物自然。

改

不對要快改，調整技法，以求全勝。

整

無論勢打、勁打、氣打，都要完整一氣。

太極拳使用法秘訣

擎

有將重物用力徐徐舉起的意思，謂之擎。雙手上舉，如合太極，這時候，兩眼向上望著，兩手指尖斜著相對，兩肘向外開，往上托住，同時兩手拇、食、中三指向上翻三翻。

引

有引進的意思。如用魚味來吸引住貓，是使對方的來去、高低、左右、上下處處被動，完全失去主動。

鬆

鬆是全身放鬆，而且要鬆淨。將自己身上九節，節節放鬆，從有形有象，鬆成無形無象。

放

放是發勁。「收即是放，放即是收」，以收為放，以放為收；放不離收，收不離放；兩相結合，不是單行。所

謂「撒去滿身都是手」，是全身完整的放，不是一手一式
的放。

敷

是用兩手微貼在敵身，即所謂「輕如鴻毛」，才能聽
得對方動靜。這是在做「彼不動，己不動；彼微動，己先
動」的功夫。

就是一般練其他拳術的人們所說的那樣「拳打人不
知」的意思。太極拳在用法上也是如此，如用重手，已失
去敷字的意義了，切記！切記！因為重手反而使敵知我，
我不知人，定遭失敗而無疑。

蓋

有「蓋世無雙」的精神，使敵受極大的威脅，是以神
為主，顯非力服，更非力勝。但是能夠使敵在我身旁如鼠
見貓一樣，絲毫不得動彈，即拳經上所說「神如捕鼠之
貓」，是鼠被貓的神蓋住而待捕。

對

是指彼此互相對待的意思。如在敵我對待的時候，我
能在有意無意之中，接得彼勁，彼自跌出，取得不放而放
的妙用。

吞

是吸氣，不是吐氣。「能呼吸然後能靈活」，大有氣

吞山河之概，使敵時時刻刻在我控制掌握之中，不能逃脫，如鼠見貓似的。

太極拳之三要訣

盤架子

初學者宜勻，宜緩，宜正，宜展。

所謂勻者，畫圈子宜圓，兩圓須成切線，兩圓相交，須通過圓心，蓋求其整齊也。

所謂緩者，使所儲之內勁，漸漸達於手指梢，求其血氣舒暢也。

所謂正者，全身中正安舒，重心無傾斜之弊，求其姿勢中正優美也。

所謂展者，使筋肉骨節自然開展，求其合乎生理上之運動也。

推　手

架子盤熟，功夫稍進，則學推手（或曰搭手，又曰靠手）。推手者，敵我二人以一手或兩手靠搭，用沾、黏、連、隨四字功夫，畫陰陽兩圈。

其法有二：

甲畫圈，乙隨之而走，或乙畫圈，甲隨之而走。

甲乙兩人各畫半圓圈，合成一整圓圈。然無論一整圓圈或兩半圓圈，均於此圓圈上研究掤、捋、擠、按四字要訣。

應注意者，甲乙二人，各有一重心。甲乙兩人靠手時，又於靠手之交叉點，自成一重心，此第三重心點由甲乙兩人互相爭奪。得重心者勝，失重心者敗，此一定之理也。

發勁與化勁

推手練習純熟，然後練習發勁與化勁。初學者，可練手上發勁，所謂合掌或曰補手。功夫較深者，練習腰勁或足跟之發勁，所謂發於足根、行於手指是也。

發勁宜直，化勁宜圓，化之不盡而發之不遠。初學化勁，方向宜斜；上乘功夫，則向自身化之，所謂引進落空是也，或曰「以夫子之道反制夫子」，即借敵人之力以打敵人，借敵人之勁以還制敵人也。然發勁、化勁，必須沾、黏、連、隨、掤、捋、擠、按、採、挒、肘、靠，合而運用，否則不克生效也。

註：此篇「太極拳之三要訣」出自黃文叔所著《楊家太極拳各藝要義》一書之譚夢賢序言，譚夢賢爲楊少侯之弟子。

序言中言：「余對於太極拳，好學而未專研，茲承黃先生囑，不敢推諉，謹錄師語，以留紀念，並非臆造也。」由此看來，此篇爲楊少侯先生親傳之太極箴言所無疑也。

陳秀峰太極拳論

陳秀峰

又名陳敬亭，生卒年不詳，廣府西何營村人，楊班侯的弟子，同時亦為郝為眞之學生。1900年前後，當袁世凱聞知武式太極拳郝為眞之盛名後，請郝教其子侄太極拳術，郝為眞因鄙視袁世凱的為人而不願親往，於是薦學生陳秀峰前往天津授拳。

孫祿堂在《拳意述眞》中提到的太極拳家只有四位，除武禹襄、楊露禪、郝為眞外，就是陳秀峰，且書中有陳秀峰的拳論，由此可見陳秀峰的太極功夫應該是卓爾不凡的。

孫祿堂先生述陳秀峰論太極拳

陳秀峰先生言，太極八卦與六十四卦，即手足四幹四枝共六十四卦也。與程廷華先生言游身八卦並六十四卦，兩派之形式用法不同，其理則一也。

陳秀峰所用太極八卦或黏或走，或剛或柔，並散手之用，總是在不即不離內求玄妙，不丟不頂中討消息；以至引進落空，四兩撥千斤動作所發之神氣，如長江大海滔滔不絕也。

程廷華先生所用之游身八卦，或黏或走，或開或合，或離或即，或頂或丟，忽隱忽現，或忽然一離，相去一丈

餘遠，忽然而回，即在目前，或用全體之力，或用一手，或二指，或一指之一節，忽虛忽實，忽剛忽柔，無有定形，變化不測。

形意、八卦、太極三家，諸位先生所練之形式不同，其理皆合，其應用亦各有所當也。

太極拳說

夫拳以太極為名者，有所謂而然也。非若旁門之拳，立名以卦，而此拳獨以太極為名。獨佔鰲頭者也。

太極者，舉人一身而言也。然乾為首，坤為腹，人所共知。至於腰為太極，誰得而知。何以言之。兩腎為腰，腰像太極，太極生兩儀，即脊骨兩胯兩股大筋也。兩儀生四象，四象既四肢也。兩儀之筋，上通兩腋，下後之大筋，嵌於胳膊，下由兩胯後筋，嵌於兩腿。四象生八卦，八卦既四肢八節也。八八六十四卦。即手足指節五十六節，合四肢八節，即六十四卦也。

至於手指則分春夏秋冬。食指為春屬木。中指長為夏屬火，象夏之長。無名指與食指一般長為秋屬金，象春秋晝夜相停。小指短為冬屬水，象冬日之短。大拇指為四季屬土，運用於四時，與四肢皆相配合，所以能拿物也。

夫此拳名太極，以力由腰發，至於兩儀筋，由兩儀之筋，發於四肢，此為用心法。由四肢八節，發於手足指節，此為用手、用足法。是此拳皆以身法玩四肢，而旁門皆以四肢玩身法也。此拳言身法者，是命意源頭在腰隙，刻刻留心在腰間，云耳已矣。

楊澄甫太極拳論

楊澄甫

楊澄甫

　　楊澄甫（1883—1936），名兆清，光緒九年六月初八日（1883年7月11日）生於廣平府南關（今永年廣府南關）。與其祖父楊露禪、伯父楊班侯、父親楊健侯均為太極名家。

　　楊澄甫先生幼承家學，早悟太極之理。長而體形魁偉，專事太極拳，練就一身外柔內剛、「棉裏裹鐵」之純正太極拳功夫，年未弱冠即在北京走上職業教拳之路。並得其父楊健侯刻意栽培，常親自指點澄甫的弟子，如田兆麟、牛春明、李雅軒、張欽霖等。1917年，楊健侯去世，時楊澄甫已名聞京城，雖為一介布衣，卻有許多上層社會的人士拜於門下。因其前妻去世，1919年，回永年老家與續弦侯助清結婚，旋應邀南下上海，擔任第二次國術比賽裁判工作。1925年，弟子陳微明徵得其同意，公開出版《太極拳術》。該書圖文並茂，並發表了楊澄甫一套太極拳動作照片，這是太極拳史上第一套太極拳動作照片，對於世人認識太極拳和太極拳在社會上的普及產生了巨大的推動作用；書中還發表了古典拳論數篇和楊澄甫的《太極拳術十要》。

　　1928年，南京國民政府成立中央國術館，楊澄甫應館長張之江之邀赴中央國術館擔任太極拳教員。這個時期，楊澄甫眾弟子也相繼南下，太極拳隨之向南方傳播開來。1929年，楊澄甫又應浙江省省長兼浙江國術館館長張靜江之邀，轉赴杭州任浙江國術館教務長。在杭州，攝影家依其所演示的一個個「定式」，拍攝下一組太極拳動作照片。期間，褚桂亭也在浙江國術館任教，有意與楊澄甫之太極拳一試，後一較而欽服，遂拜於門下。

　　1930年，楊澄甫安家上海，住聖母院路（今瑞金二路）聖達里6號，後遷至巨籟達路（今巨鹿路）大德村20號。1931年1月，經弟子董英傑協助整理，著有《太極拳使用法》一書，由文光印務館印刷，屬內部發行，是為楊氏同門之憑證，杭州所拍照片被收錄在冊。1932年正月，楊澄甫夫人侯助清染病，多方求治無果，鄭曼青妙手回春，深得楊家感謝；而鄭曼青也久仰楊澄甫之拳藝，願列門牆，遂被楊澄甫收為弟子。1934年2月，上海大東書局公開出版楊澄甫著作《太極拳體用全書》，該書是以《太極拳使用法》為基礎，由鄭曼青校注。書中有許多當時國民政府要員的題詞，留下了鮮明的時代印記。年底，開設致柔拳社廣州分社的陳微明，受廣州軍政界委託，邀師南下授拳。楊澄甫攜傳鍾文來到廣州，考察後返滬，次年二下廣州，開始在此授藝。時廣東法學院院長曾如柏請陳濟棠在其總部為楊澄甫謀一咨議職務，使其能安心施教。又按傳統禮儀正式向楊澄甫拜師。未及一年，楊澄甫因水土不服，潮熱難當，竟患上疝氣，群醫束手，遂返上海治

療，住福照路（今延安中路）安東村5號。1936年3月3日（民國二十五年農曆二月初十）病逝，終年53歲。其靈柩由家人及傅鍾文、傅宗元、郭子榮等護送，先運至南京，與楊少侯靈柩一起，再運回河北永年閆門寨楊氏祖墓安葬。

太極拳要點

身　法

提起精神，虛靈頂勁，含胸拔背，鬆肩墜肘，氣沉丹田，手與肩平，胯與膝平，尻道上提，尾閭中正，內外相合。

練　法

不強用力，以心行氣，步如貓行，上下相隨，呼吸自然，一線串成，變換在腰，氣行四肢，分清虛實，圓轉如意。

指明法

用勁不對，不用力（勁）不對，綿而有剛對；
丟不對，頂不對，不丟不頂對；
沾不對，不沾不對，不即不離對；
浮不對，重不對，輕靈鬆沉對；
膽大不對，膽小不對，膽要壯而心要細對；
打人不對，不打人不對，將敵制心服對。

大小太極解

天地為一大太極，人身為一小太極。人身為太極之體，不可不練太極之拳。本有之靈而重修之，良有以也。

人身如機器，久不磨而生銹，生銹而氣血滯，多生流弊。故人欲鍛鍊身體者，必先練太極最相宜。

太極練法，以心行氣，不用濁力，純任自然，筋骨鮮折曲之苦，皮膚無磋磨之勞。

不用力何能有力？蓋太極練功，沉肩墜肘，氣沉丹田，氣能入丹田，為氣總開關，由此分運百骸，以氣周流全身，意到氣至。練到此地位，其力不可限量矣！

此不用濁力，純以神行，功效著矣！先師云：「極柔軟，然後極剛強。」蓋此意也！

註：此篇「大小太極解」出自楊澄甫所著之《太極拳使用法》，原文未署作者姓名，疑為由楊澄甫口述，其徒筆錄之作，具體如何，待有心之學者去研究考證。

太極拳術十要
——楊澄甫口述　陳微明筆錄

第一，虛靈頂勁

頂勁者，頭容正直，神貫於頂也。不可用力，用力則項強，氣血不能流通，須有虛靈自然之意。非有虛靈項勁，則精神不能提起也。

第二，含胸拔背

含胸者，胸略內涵，使氣沉於丹田也；胸忌挺出，挺出則氣擁胸際，上重下輕，腳跟易於浮起。

拔背者，氣貼於背也。能含胸則自能拔背，能拔背則能力由脊發，所向無敵也。

第三，鬆腰

腰為一身之主宰，能鬆腰然後兩足有力，下盤穩固。虛實變化皆由腰轉動，故曰：「命意源頭在腰隙。」有不得力必於腰腿求之也。

第四，分虛實

太極拳術以分虛實為第一義，如全身皆坐在右腿，則右腿為實，左腿為虛；全身皆坐在左腿，則左腿為實，右腿為虛。

虛實能分，而後轉動輕靈，毫不費力；如不能分，則邁步重滯，自立不穩，而易為人所牽動。

第五，沉肩墜肘

沉肩者，肩鬆開下垂也。若不能鬆垂，兩肩端起，則氣亦隨之而上，全身皆不得力矣。

墜肘者，肘往下鬆墜之意。肘若懸起，則肩不能沉，放人不遠，近於外家之斷勁矣。

第六，用意不用力

太極拳論云：此全是用意不用力。練太極拳全身鬆開，不使有分毫之拙勁以留滯於筋骨血脈之間以自縛束，然後能輕靈變化，圓轉自如。

或疑不用力何以能長力？蓋人身之有經絡，如地之有溝壑，溝壑不塞而本行，經絡不閉則氣通。如渾身僵勁滿經絡，氣血停滯，轉動不靈，牽一髮而全身動矣。

若不用力而用意，意之所至，氣即至焉，如是氣血流注，日日貫輸，周流全身，無時停滯。久久練習，則得真正內勁。即太極拳論中所云：「極柔軟，然後極堅剛」也。

太極拳功夫純熟之人，臂膊如棉裹鐵，分量極沉；練外家拳者，用力則顯有力，不用力時，則甚輕浮，可見其力乃外勁浮面之勁也。不用意而用力，最易引動，不足尚也。

第七，上下相隨

上下相隨者，即太極拳論中所云：「其根在腳，發於腿，主宰於腰，形於手指，由腳而腿而腰，總須完整一氣」也。

手動、腰動、足動，眼神亦隨之動，如是方可謂之上下相隨。有一不動，即散亂也。

第八，內外相合

太極拳所練在神，故云：「神為主帥，身為驅使。」精神能提得起，自然舉動輕靈。架子不外虛實開合。所謂

開者，不但手足開，心意亦與之俱開；所謂合者，不但手足合，心意亦與之俱合。能內外合為一氣，則渾然無間矣。

第九，相連不斷

外家拳術，其勁乃後天之拙勁，故有起有止，有續有斷，舊力已盡，新力未生，此時最易為人所乘。

太極拳用意不用力，自始至終，綿綿不斷，週而復始，循環無窮。原論所謂「如長江大河，滔滔不絕」，又曰「運勁如抽絲」，皆言其貫串一氣也。

第十，動中求靜

外家拳術，以跳擲為能，用盡氣力，故練習之後，無不喘氣者。

太極拳以靜禦動，雖動猶靜，故練架子愈慢愈好，使則呼吸深長，氣沉丹田，自無血脈賁張之弊。學者細心體會，庶可得其意焉。

田兆麟太極拳論

田兆麟

田兆麟（1891—1959），字紹先，太極拳名家。生於北京，兄妹四人，排行第二，幼年喪父，長兄走失，田兆麟便成家中唯一男丁，當時全家僅靠母親縫補艱辛度日。

田兆麟

八歲時，因不忍見母親過於勞累，主動退學私塾，於自家門前設攤販賣水果養家糊口。當時北京太極名門楊府離田兆麟家不遠，楊健侯老先生經常經過田兆麟家門前，天長日久，逐漸引起老先生的關注。

1904年，在田兆麟十三歲那年，一日，楊健侯問田兆麟是否喜歡學拳，田兆麟雖很喜歡拳術，但慮於一家生計，甚是猶豫。後經與其家人商議，從而進入楊府，與楊健侯的兩個兒子楊少侯、楊澄甫同宿共餐，並由楊建侯親自執教，三人日夜勤練太極。

1912年，提倡健身強國運動，並首次在南京創辦全國南北武術擂臺賽，田奉命代表楊家參賽，一舉成名。

1917年，田兆麟尊師命正式拜帖在楊少侯門下。楊少侯素有「千手觀音」之美譽，田兆麟手法多變而步法靈巧，頗有楊少侯之風格。

1921年，田兆麟隨楊少侯至杭州，此時田兆麟已盡得楊門絕技真傳，一身兼諳楊氏大、中、小拳架精粹，以及推手、大捋、散手、刀、劍、槍、棍，還有楊家秘傳之八段錦、閉身搬身捶、錯骨分筋、點穴諸技藝。由於田兆麟曾經得到健侯以及少侯、澄甫幾位明師親傳口授，功夫不同凡響，曾在杭州國術比賽擂臺一舉奪魁。

20世紀30年代初，田兆麟在上海南市珠寶公所設館授拳，工商界人士慕名而來者甚眾。後田兆麟又在外灘公園

（現稱黃浦公園）設立拳場，公開授拳，歷數十年之久。
當時上海地區知名的太極拳高手葉大密、陸恒昌等名家皆
是出自其拳場的弟子。

1956 年，田兆麟任全國第一屆武術大賽裁判。

1960 年，逝世。

田兆麟是較早把太極拳傳到南方的拳師，畢生為弘揚
太極拳事業而辛勤勞作。因文化關係，本人沒有著作傳
世，他早年的學生蔡翼中曾編著《太極拳圖解》，1933 年
由上海吳承記書局出版。書中對田兆麟所授 91 式楊派太極
拳式予以圖解，說明練法用法，文字淺顯，動作規範，拳
照清晰，便於讀者學習。其徒陳炎林編著的《太極拳刀劍
杆散手合編》（1949 年 1 月上海國光書局出版），介紹的
拳勢是按田兆麟的弟子石煥堂等人的拳照勾描出來的，拳
理部分則大半源於楊健侯贈予田兆麟的《太極拳譜解》，
書中對楊澄甫的「大架子」、楊健侯的「中架子」、楊少
侯的「小架子」都有具體說明，這兩本書基本上能代表田
兆麟先生的拳術藝業，為後人留下了寶貴的文字資料。

太極拳詳解

太極拳原理

太極拳主旨

以心行氣，以氣運身，自能從心所欲，毫無阻滯，等後

天之力化盡，先天之內勁自然增長，由習慣而成自然，則一切意想力，自能支配生理作用。故曰：「勢勢存心揆用意，得來全不費功夫。」又云：「默識揣摩，漸至從心所欲。」

以心行氣——意到氣亦到

務令沉著，久則內勁增長，但非格外運氣。

以氣運身——氣動身亦動。

氣要順遂，則身能便利從心。

心神宜內斂

不論在盤架子或推手時，心神必須專一，萬不可心神散亂，否則氣必散漫，益處毫無。因為太極拳的要點，全在一個「靜」字。故曰：「內固精神，外示安逸。」

行氣宜鼓蕩

此有不許硬壓丹田之意。氣之行走，或沉丹田，或貼脊背，均當徐徐行之。

氣以直養而無害。養先天之氣，養氣則順乎自然，故無有窮盡。非運後天之氣，運氣則流弊甚大，是有窮盡。

周身宜輕靈

初學練架子宜慢，方能時時皆有意識引導動作俱進，並且慢則呼吸深長，氣沉丹田，方不致有氣脈賁張之弊。

輕：一切動作，固宜以心意為主，如舉手，雖微微一動，便作一舉，如無意識續示，即不再進，方謂真輕。

靈：如手由低處舉高，處處作無數一舉想，而時時有隨意變化之妙，方謂真靈。

心為令，氣為旗，腰為纛

心為主帥，身為驅使。精神能提得起，自然舉動輕

靈。如手足開時，心意與之俱開，合時心意與之俱合，內外一起，渾然無間，則其動猶靜也（即能到虛靜境界）。

心為令，如主帥發令。

氣為旗，如表示其令之旗；又氣如車輪。

腰為纛，如大使旗，中正不偏；又腰如車軸。

氣為旗，腰為纛。腰為一身樞紐，腰動則先天之氣如車輪旋轉，氣遍全身而不少滯，因為無處不隨腰運動圓轉。

動作與呼吸

動作時當呼則呼，當吸則吸；呼時先天氣下沉，吸時先天氣上升。故曰：「能呼吸，然後能靈活。」

眼神注視

意之所至，眼神貫之，不然意東視西，有何效用？故曰：「仰之則彌高，俯之則彌深。」

太極拳姿勢

總體要求

太極拳姿勢總體上要做到：根於腳，發於腿，主宰於腰，形於手指。

動作由腳、而腿、而腰、而手，宜上下相隨，完整一氣。其貫穿一氣處，所謂：「運勁如抽絲，邁步如貓行。」進退自然得機得勢，但用意不用力，始終綿綿不斷，週而復始，循環無窮，如長江大河滔滔不絕，故太極拳也稱長拳。

若有一處不貫穿則斷，斷則當舊力已盡，新力未生之

際，最易為人所乘，故曰：「無使有凹凸處，無使有斷續處，無使有缺陷處。」有一不動，則必致散亂。故曰：「命意源頭在腰際。」

初學者宜先求開展，後求緊湊，使腰腿皆動，無微不至，然皆是意，所謂「內外相合，上下相連。」又謂：「一動無有不動，一靜無有不靜。」如是則於肢體任何部分，皆無偏重之虞。

個別要求

手　法

分虛實：出手能分陰陽虛實，則收發均可奏效，人既不易制己，而己反易使人落空。故曰：「人不知我，我獨知人。」又曰：「陰陽相濟，方為懂勁。」

含折疊：往復所變之虛實，外看雖似未動，其中已有折疊。

具圓形：手隨腰腿旋轉，須式式含有圓形，不離太極原則。

步　法

分虛實：即虛步、實步要分清。虛步，以能隨意起落為度；實步，即腿彎曲而不伸直。如全身都坐在右腿，則右腿為實，左腿為虛；反之亦然。如此才能轉換輕靈，毫不費力，否則邁步重滯，自立不穩。又須做川字步，即當兩腳前後立時，腳尖都宜向前。

有轉換：進退必須變換步法，故曰退仍是進。

軀　幹

含胸：胸略內涵，使氣沉丹田，否則氣擁胸際，上重

下輕，腳跟易浮。

拔背：使氣貼於背，有蓄勢待發之功。

坐腕：使內勁沉穩，不至浮飄。

伸指：使內勁發出舒暢，不至滯留。

中　樞

虛靈頂勁：頭容正直，神貫於頂，謂之領勁。須有虛靈自然之意，不可用力，又名「頂頭懸」，謂頭頂如懸空中。同時宜閉口，舌抵上齶，忌咬牙怒目。

尾閭中正：尾閭宜中正，否則脊柱受影響，精神也難於上達。

立　身

立身應穩如泰山。

中正：由於中樞姿勢的正確。

安舒：由於周身鬆淨。

圓滿：由於精神飽滿，內勁充足。

太極拳鬆淨

鬆淨是太極拳的一個重要原理。周身無處不鬆淨，即在用意而不用力。意之所至，氣即至焉；氣之所至，身即動焉。如此則氣血流注全身，毫無停滯，所謂：「意氣須換得靈，乃有圓活之趣。」並且欲沉著，必須鬆淨，故曰：「沉重不浮，靜如山岳，周流不息，動若山河。」

兩臂鬆

沉肩：使兩肩鬆開下垂，以為沉氣之助，否則兩肩端起，氣亦隨上，全身皆不得力。

垂肘：使兩肘有往下鬆垂之意，否則肩不能沉，近於外家之斷勁。手指也宜舒展，握拳須鬆，才符合全身悉任自然之旨。

又手掌表示前推時，手心微有凸意，為引申內勁之助，但勿用力。

腰　鬆

鬆腰則氣自能沉，能使兩足有力，下盤穩固。上下肢的虛實變化有不得力處，全靠腰部轉動合宜，以資補救，且感覺靈活，轉動便利。蹲身時注意垂臀，忌外突。

胯　鬆

補鬆腰的不足。有時腰雖鬆淨，轉動仍覺不太合宜，則非同時鬆胯，以資補救不可。

全身鬆

全身鬆才能沉著，因此才不致有分毫拙勁滯留以自縛，自能輕靈變化，圓轉自如。

太極拳應用

太極拳化勁

太極拳全尚外柔內堅之勁，具伸縮性，如鐵似棉，有時堅如鐵，有時柔似棉，其柔虛堅實之分，全視來勢而定。彼實則我虛，彼虛則我實，實者忽虛，虛者忽實，反覆無端，彼不知我，我能知彼，使人高深莫測，自然散亂，則我發勁，無不勝敵。

欲探其妙，須明瞭化勁之法，曰「黏」曰「走」。走

以化敵，黏以制敵，二者交相為用。

黏　勁

即「不丟」，不丟者，不離之謂。交手時，須黏住彼勁，即在沾黏連隨處應付之，不但兩手，須全身各處均能黏住彼勁。我之緩急，但隨彼之緩急而為緩急，自然黏連不斷，感覺彼勁，而收我順人背之效。所謂「動極則極應，動緩則緩隨」也。惟必須兩臂鬆淨，不使有絲毫拙力，方能巧合相隨。否則遇彼動，便無復活之望，且有力則喜自作主張，難以處處捨己從人。

初學者戒性急，久之用勁自有似鬆非鬆、將展未展之意，自能隨意應用，百無一失。

走　勁

即「不頂」。不頂者，不抵抗之謂。與彼黏手時，不論左右手，一覺有重意，與彼沾處即變為虛，鬆一處而偏沉之；稍覺雙重，即速偏沉。因彼之動作必有一方向，吾但隨其方向而去，不稍抵抗，使彼處處落空，毫不得力。所謂「左重則左虛，右重則右杳」也。

初學者非大勁不走，是尚有抵抗之意，若相持不下，則力大者勝。故曰：「偏沉則隨，雙重則滯。」技之精者，感覺異常靈敏，稍觸即知，有「一羽不能加，蠅蟲不能落」之妙。練不頂法，首在用腰，腰有不足時，方可濟之以胯或以步。

「沾勁」與「走勁」合而用之，則曰「化勁」。走主退，沾主進，進退相濟不離，方為「入門」。進言之，由沾而聽，由聽而懂，由懂而走，由走而化。用走勁能使彼

重心傾斜不穩，用沾勁能使彼不能由不穩復歸於穩。因不丟不頂，彼之重心穩定與否，皆由我主之，彼之弱點我皆能知之，總須以靜待動，隨彼之動而動，所謂「彼不動，己不動；彼微動，己先動」。若用純剛之勁，則逆而不順，不順則無由走，不走，則無由化。

太極拳發勁

引　勁

由化勁用逆來順受之法，先引進，然後從而制之。彼屈則我伸，彼伸則我屈，虛實應付，毫釐不爽，忽隱忽現，變化不測。以勁之動作俱作圓形，一環之中即含有無數走黏，隨機應變，純恃感覺，其要點則不外一「順」字。我順彼背，則彼雖有千斤之力，亦無所用，故有「四兩撥千斤」之句。能引，遂後能拿，能發，故有「引進落空合即出」之句。

拿　勁

引後能拿，則人身無主裁，氣難行走。拿人須拿活節，如腕、肘、肩等處。拿之樞紐，全在腰腿；拿之主使，全在意氣。欲能發人，必先知拿人，不能拿，即不能發，故拿較發重要。

能引、能拿，隨後能發。發之不佳，多由引之不合，或拿之不準，故引拿與發有莫大關係。而發的機勢、方向、時間，也頗重要。若機勢確當，方向不誤，時間適合，則發人猶如彈丸脫手，無往不利。其法掤、捋、擠、按、採、挒、肘、靠等，式式能發人。其用掌、拳、肘、

合腕、肩、腰、胯、膝、腳，處處能擊人。其勁開、合、提、沉、長、截、卷、鑽、冷、斷、寸、分，各勁咸能攻人。

總之，隨屈就伸，逆來順受，乘人之勢，借人之力，變化無窮。其理則一，得一，則萬事畢。

太極拳基本特點

1. 虛靈頂勁。
2. 眼神注視。
3. 含胸拔背。
4. 沉肩垂肘。
5. 坐腕伸直。
6. 身體中正。
7. 尾閭收住。
8. 鬆腰鬆胯。
9. 膝部如鬆非鬆。
10. 足掌貼地。
11. 分清虛實。
12. 上下相隨，周身一致。
13. 內外相合，呼吸自然。
14. 用意不用力。
15. 氣遍周身，分行上下（貼於脊背，沉於丹田）。
16. 意氣相連。
17. 式式勢順，不拗不背，周身舒適。
18. 式式均勻（不快不慢），綿綿不斷（外式如此，

意與內勁亦然）。

19. 姿勢無過不及，當求其中正。

20. 用法含而不露。

21. 動中求靜（心靜無思無慮），靜中求動（內氣運用）。

22. 輕則靈，靈則動，動則變。

張欽霖太極拳論

張欽霖

張欽霖

張欽霖（1896—1969），河北省邢臺縣大石頭莊村人，父母早亡，家境貧寒，因喜愛武術，十四歲即至楊健侯家中為傭工，清掃庭院。偶有餘閒，便從楊澄甫（健侯之子）學習太極拳法，間或與諸師兄弟相互較量，藉收切磋觀摩之效（師兄弟有田兆麟、楊兆鵬、武振海、董英傑、褚桂亭等），自是技藝大進。

1914年秋季，有湖南名拳師萬某，由兩湖北上遍訪名師問藝。有一天來到楊家門前，口口聲聲要與楊澄甫切磋較量，楊澄甫當時不明對方來意，未急切出手，眾弟子亦茫然無所適從。時張欽霖隨師在側，毅然出陣相持，蓋兩拳相接時，萬之手腕已為欽霖所挫，使楊家英名不墜。楊

澄甫見欽霖年少氣勇，機智沉著，且知愛師之誠，認為可造之才，於深夜喚之密室中，乃以祖傳之秘宗授予異族，故傳其拳路與眾門生不同，自是真傳不為人知。

後張欽霖又得理教友人之推介，得識金丹派左一峰先生，學習道家內功，練習吐納之術，因其能與太極拳貫通運用，自是拳術更精，左一峰賜以道號「無畏」。

民國十四年，張至山西營商，時家道已躋小康。

迨至民國十八年，中央舉辦國術會考，由全國各省、市均推選徒手及器械各一人，至南京參加比賽。張經友人勸說報名，輕取山西省徒手冠軍。在首都比試時，又獲全國徒手冠軍；鄭曼青即於此時，向張學得推手。另有胡耀貞者，原學形意拳，人稱「三省無敵」，年猶長於張，因與張比鄰而居，知張已得太極真傳，堅欲拜列門牆，請之再三，方得如願。又有河北王善之、李雲龍、山西劉志亮等人，先後求教師門，亦僅學得推手，未能盡其所傳。

張欽霖一生中先後共收七位弟子，即王善之、鄭曼青、胡耀貞、劉志亮、蘇起賡、王延年、李雲龍；其中胡耀貞、王延年、鄭曼青、李雲龍四位門生均有建樹。

張欽霖所傳太極拳與其師楊澄甫不同。他把左一峰所傳「金丹派」內功與太極拳融為一體，「俾學者可藉先天呼吸，能收延年益壽之奇效」，形成了自己獨特的風格。

新中國成立初期，周恩來、賀龍等領導都曾看過張欽霖的太極拳表演。1960年，張欽霖隨女兒、女婿回到寧晉縣郝莊村養老。張欽霖道德高尚，一生輕財重藝，視拳如珍寶，去世時身無餘財，家無長物，只留下了一套與世不

同的太極拳套路和習練方法。

哈氣便走歌

立身中正神內藏，鬆腰落胯撐圓襠。
形神內外彌六合，手中八卦似捧香。
太極之道寓萬象，陽中陰來陰中陽。
腳下五行妙變化，腰腿微錯敵已傷。
先賢之言金石良，留與後人細參詳。
依法修行莫懈怠，哈氣便走術中王。

陳微明太極拳論

陳微明

陳微明

　　陳微明（1881-1958），著名武術
家，又名慎先，湖北省蘄水縣（今浠
水）人，清光緒二十八年（1902年）壬
寅科舉人，曾任清史館纂修。1915年從
孫祿堂精習形意、八卦等拳藝；後從楊
澄甫專習楊式太極拳8年，並得到楊健
侯親自指點，深得楊式太極之精髓，明
楊式拳之勢、理、法、訣。

　　乙丑年（1925年），陳微明先生南下上海，於寧波同
鄉會內創辦致柔拳社，傳授太極、八卦、形意諸拳，主要

推廣楊式太極拳。滬上名人王一亭、聶雲台等均來就學。並集結多年習拳心得，於同年出版《太極拳講義》《太極拳問答》二書；此二書堪稱早年所出版之楊式太極拳諸書中，最具權威之著作，內並有澄甫先生早年拳架照片，可謂是彌足珍貴。太極拳能從北京南傳至上海、廣州等地，與陳微明積極推廣宣傳息息相關，陳先生應居首功。

陳微明先生性情豁達，胸懷坦蕩，無門戶之見，常邀吳鑒泉、楊健侯、楊澄甫、孫祿堂等到致柔拳社任教，人稱「好好先生」。1931年曾為國術團體籌組聯合委員會起草會章。1942 — 1943年親任致柔拳社社長。1948年由臺灣回大陸，介紹臺灣同胞學習太極拳情況，為兩岸武術交流作出了很大的努力。可以說陳微明先生是一位文武兼備的優秀武術家，為太極拳的推廣和發揚做出了傑出的貢獻。

太極合老說

老子曰：「常無欲以觀其妙，常有欲以其觀其徼。」

與之黏隨，觀其化之妙，忽然機發，是謂觀其徼。

老子曰：「有無相生，前後相隨。」

是謂左重則左虛，右重則右杳；進之則愈長，退者則愈促。

老子曰：「天地之間，其猶橐籥乎？」

虛而不屈，動而愈出，故太極無法，動即是法。

老子曰：「綿綿若存，用之不勤。」

綿綿若存者，內固精神；用之不勤者，外示安逸。

老子曰：「後其身而身先，外其身而身存。」

後其身而身先者，彼不動，己不動，彼微動，己先動也；外其身而身存者，由己則滯，從人則活也。

老子曰：「上善若水。居善地，心善淵，事善能，動善時；夫惟不爭，故無尤。」

居善地者，得機得勢；心善淵者，斂氣斂神；事善能者，隨轉隨接；動善時者，不後不先。太極之無敵惟不爭耳。

老子曰：「抱一，能無離乎？專氣致柔，能嬰兒乎？」

是謂極柔而至剛，萬法而歸一。

老子曰：「曲則全，枉則直。」

是謂曲中求直，蓄而後發。

老子曰：「將欲歙之，必固張之；將欲弱之，必固強之；將欲奪之，必固與之。是謂微明。」

太極黏連綿隨，不與之抗。彼張我歙，彼強我弱，彼奪我與，然後能張能強能奪。

老子曰：「反者道之動。」

故有上必有下，有前必有後，有左必有右。

老子曰：「天下之至柔，馳騁天下之至堅。無有入於無間。」又曰：「不爭而善勝，不召而自來。」

是謂引進落空，四兩撥千斤也。

第四卷
武式太極拳傳譜匯集

武禹襄太極拳論

武禹襄

武禹襄

武河清（1812—1880），字禹襄，號廉泉，清代直隸廣平府人，為武氏太極拳創始人。禹襄曾祖靜遠以武庠生授衛千總職；祖父大勇，弱冠遊武庠；父烈，邑庠生。長兄澄清，舉人，官河南舞陽縣知縣；次兄汝清，進士，官刑部四川司員外郎。伯仲三人幼受家教，均學文習武。

約 1850 年，同鄉楊露禪（1799—1872）自河南溫縣陳家溝學藝返鄉，禹襄兄弟愛其術而從學，得其大概。1852 年禹襄先生親赴河南，從溫縣趙堡鎮陳清平學習太極拳月餘，得其精妙，並從長兄武澄清處得王宗岳《太極拳譜》，讀後大悟。在鑽研太極拳不同拳架的基礎上，結合《太極拳譜》之精華，透過自身練拳之體會，融會貫通，功臻化境。並集畢生之體會，創出姿勢緊湊，動作舒緩，

身法端正，步法輕靈，內氣潛轉，以氣成式的太極練法。此太極拳式既不同於陳式老架和新架，也不同於楊氏大架和小架，無一虛招，自成一派，後人稱之為「武氏太極拳」。

武式太極拳，手不過眉，足不遠出；雙手各管半邊身子，互不逾越；講究內外三合；進退須有折疊，以內潛之氣支配外形；與人交手，注重接勁打勁。拳勢講究起、承、開、合，動作連貫順隨，要求「神宜內斂」，「先在心、後在身」，「以心行氣，以氣運身，意動身隨，意動氣隨，意到氣亦到」，最終達到意、氣、勢三者合一。武式太極拳因其拳架樸實無華，走架時腳後跟有很多撐腳的動作，一次撐腳就出現一朵梅花，所以一套拳架走完，地上會出現朵朵梅花，因此被世人譽為「幹枝老梅」。

武禹襄先生一生精研太極拳，誠篤務實，不尚空談，首創試驗之法，每招大力鄉勇以自驗其技，並將其心得反復筆錄修訂，故拳式中式式可用，無一空架，無一虛招。武氏一生雖然研究太極拳術最為精深，但終身均以教讀自任，故其拳傳人較少，僅傳其甥李亦畬、李承綸，而尤以李亦畬拳藝為最精。

楊露禪曾把其子楊班侯送到禹襄處念書，禹襄對班侯的評價是「讀書不甚聰敏，習拳則頗有穎悟」。所以名震北京的班侯之拳技，除了得其父之真傳外，也曾受教於禹襄先生。

武禹襄終生研究太極拳，及至到老，病臥床榻，猶為侍疾者講論拳術，孜孜不倦。

　　武氏論著較多，先後著有《十三式行功要解》《太極拳解》《太極拳論要解》《十三式說略》《四字秘訣》《打手撒放》《身法八要》等。武氏著作皆根據其本身體驗而寫成，微言大義，直指真詮，所以已故著名武術家顧留馨先生稱武氏著作為「簡練精要，無一浮詞」。

太極拳解

　　身雖動，心貴靜，氣須斂，神宜舒。心為令，氣為旗，神為主帥，身為驅使。刻刻留意，方有所得。先在心，後在身。在身，則不知手之舞之，足之蹈之，所謂一氣呵成、捨己從人，引進落空，四兩撥千斤也。

　　須知一動無有不動，一靜無有不靜，視動猶靜，視靜猶動，內固精神，外示安逸。須要從人，不要由己，從人則活，由己則滯。尚氣者無力，養氣者純剛。

　　彼不動，己不動；彼微動，己先動。以己依人，務要知己，乃能隨轉隨接；以己沾人，必須知人，乃能不後不先。

　　精神能提得起，則無遲重之虞；沾依能跟得靈，方見落空之妙。往復須分陰陽，進退須有轉合。機由己發，力從人借。發勁須上下相隨，乃能一往無敵；立身須中正不偏，方能八面支撐。靜如山岳，動若江河。邁步如臨淵，運勁如抽絲，蓄勁如張弓，發勁如放箭。

　　行氣如九曲珠，無微不到；運勁如百煉鋼，何堅不摧。形如搏兔之鵠，神如捕鼠之貓。曲中求直，蓄而後發。收即是放，連而不斷。

極柔軟，然後能極堅剛；能沾依，然後能靈活。氣以直養而無害，勁以曲蓄而有餘。漸至物來順應，是亦知止能得矣。

十三式行功要解

解曰：

以心行氣，務沉著，乃能收斂入骨。（所謂命意源頭在腰隙也。）

意氣須換得靈，乃有圓活之趣。（所謂變轉虛實須留意也。）

立身中正安舒，支撐八面，行氣如九曲珠，無微不到。（所謂氣遍身軀不稍滯也。）

發勁須沉著鬆靜，專主一方。（所謂靜中觸動，動猶靜也。）

往復須有摺疊，進退須有轉換。（所謂因敵變化示神奇也。）

曲中求直，蓄而後發。（所謂勢勢存心揆用意，刻刻留心在腰間也。）

精神能提得起，則無遲重之虞。（所謂腹內鬆靜氣騰然也。）

虛靈頂勁，氣沉丹田，不偏不倚。（所謂尾閭正中神貫頂，滿身輕利頂頭懸也。）

以氣運身，務順遂，乃能便利從心。（所謂屈伸開合聽自由也。）

心為令，氣為旗，神為主帥，身為驅使。（所謂意氣

君來骨肉臣也。）

十三勢行功心解

以心行氣，務令沉著，乃能收斂入骨。以氣運身，務令順遂，乃能便利從心。

精神能提得起，則無遲重之虞，所謂頭頂懸也。意氣須換得靈，乃有圓活之趣，所謂變轉虛實也。

發勁須沉著鬆靜，專注一方。立身須中正安舒，支撐八面。行氣如九曲珠，無往不利（氣遍身軀之謂）。運動如百煉鋼，無堅不摧。

形如搏兔之鵠，神如捕鼠之貓。靜如山岳，動如江河。蓄勁如開弓，發勁如放箭。曲中求直，蓄而後發。

力由脊發，步隨身換。收即是放，斷而復連。往復須有折迭，進退須有轉換。

極柔軟，然後極堅剛。能呼吸，然後能靈活。氣以直養而無害，勁以曲蓄而有餘。

心為令，氣為旗，腰為纛。先求開展，後求緊湊，乃可臻於縝密矣。

太極拳論要解

先在心，後在身，腹鬆，氣斂入骨，神舒體靜，刻刻在心。

切記一動無有不動，一靜無有不靜；視靜猶動，視動猶靜，動牽往來氣貼背，斂入脊骨，要靜。

內固精神，外示安逸；邁步如貓行，運勁如抽絲。

全身意在蓄神，不在氣，在氣則滯；有（尚）氣者無力，無（養）氣者純剛。

氣如車輪，腰如車軸。

又曰：

彼不動，己不動；彼微動，己先動。似鬆非鬆，將展未展，勁斷意不斷。

十三勢說略

每一動，惟手先著力，隨即鬆開，猶須貫串，不外起承轉合。始而意動，既而勁動，轉接處要一線串成。

氣宜鼓蕩，神宜內斂。無使有缺陷處，無使有凹凸處，無使有斷續處。其根在腳，發於腿，主宰於腰，形於手指。由腳而腿而腰，總須完整一氣，向前退後，乃得機得勢；有不得機勢處，身便散亂，必至偏倚，其病必於腰腿求之。上下前後左右皆然。

凡此皆是意，不是外面。有上即有下，有前即有後，有左即有右，如意要向上，即寓下意，若將物將掀起，而加以挫之之力，斯其根自斷，乃壞之速而無疑。

虛實宜分清楚，一處自有一處虛實，處處總此一虛實，周身節節貫串，勿令絲毫間斷。

身法八要

涵胸、拔背、裹襠、護肫、提頂、吊襠、鬆肩、沉肘。

四字密訣

敷 敷者，運氣於己身，敷布彼勁之上，使不得動也。

蓋 蓋者，以氣蓋彼來處也。

對 對者，以氣對彼來處，認定準頭而去也。

吞 吞者，以氣全吞，入於化也。

此四字無形無聲，非懂勁後，練到極精地位者，不能知全。是以氣言，能直養其氣而無害，始能施於四體。四體不言而喻矣。

打手撒放

掤（上平）、業（入聲）、噫（上聲）、咳（入聲）、呼（上聲）、吭、呵、哈

武澄清太極拳論

武澄清

武澄清（1800—1884），字霽宇，號秋瀛，進士出身，主講秀洺書院，成材甚多；曾任河南舞陽縣知縣，清正廉潔，政聲遠播，深得民心，去官之日，縣民為之立石頌德。武澄清為武式太極拳創始人武禹襄的哥哥，載有《太極拳論》《十三勢行功歌》等文章的手抄本，就是他

在舞陽任上時發現並收集的。他原習武氏家傳武藝，後亦習太極拳。他於舞陽縣北舞渡鹽店獲得山西王宗岳《太極拳譜》，將其贈與胞弟禹襄帶回永年研究，可以說，他所收集到的王宗岳拳譜為武禹襄先生日後創立武式太極拳是功不可沒的。

在太極拳研究上，武澄清亦頗有心得，先後著有《釋原論》《打手論》等文。其中《釋原論》是最早解釋王宗岳《太極拳論》之作，雖言簡意賅，但皆闡發精到，說理透徹；其文對太極拳研究的學術意義也非常之大，同時其論述也是研究早期太極拳理論思想非常珍貴的文字資料之一。

釋原論

動之則分，靜之則合。

分，謂陰陽分；合，謂陰陽合；太極之形，如此分合，皆謂己而言。

人不知我，我獨知人。

懂勁之謂也，揣摩日久自悉矣；引勁落空，四兩撥千斤；合即撥也，此字能悟，真有夙慧者也。

左重、右重、仰之、俯之、進之。

是謂人也。

左虛，右杳，彌高，彌深，愈長。

是謂己，亦謂人也。虛，杳，高，深，長，人覺如此；我引其落空也。

退之則愈促。

乃人退我進，促迫彼無容身之地，如懸崖勒馬，非懂勁不能走也。

偏沉則隨，雙重則滯。

是比活似車輪而言，乃己之謂也。

一邊沉則轉，兩邊重則滯，不使雙重，即不為人制矣，是言己之病也。

硬則如此，軟則隨。

隨則捨己從人，不致膠柱鼓瑟矣。

打手論

初學打手，先學搟、按、肘。此用搟，彼用肘；此用按，彼用搟；此用肘，彼用按。二人一樣，手不離手，互相沾連，來往循環，週而復始，謂之「老三著」。

以後高勢、低勢，漸漸增多，周身上下，打著何處，何處接應，身隨勁（己之勁）轉。論內勁，不論外形。此打手摩練之法，練得純熟時，能引勁（人之勁）落空合（撥也）即出，則藝業成矣。

然非懂勁（此「勁」字兼言人、己）不能。人之勁怎樣來，己之勁當怎樣引，此中巧妙，必須心悟，不能口傳。

心知才能身知，身知勝於心知。徒心知尚不能適用，待到得身知，方為懂勁。懂勁，洵不易易也。

註：搟，本音樓，牽也。又，龍珠切，拽也，挽使伸也，俗音呂。

八法打手歌

掤捋擠按須認真，採挒肘靠就屈伸；
進退顧盼與中定，沾連黏隨顯實分；
手腳相隨腰腿整，引進落空妙入神；
任他巨力向前打，牽動四兩撥千斤。

武汝清太極拳論

武汝清

武汝清（1804—1887），字酌堂，號蘭畹，道光庚子
（1840年）進士。官四川員外郎，為人廉正。時曾國藩署
刑部侍郎，謂某大臣曰：「武某清正，若輩不如也。」其
與兄及弟有「三武」之稱，其德行才學皆為時人所稱道。
八十四歲卒於故里。

汝清亦善太極拳術，並著有拳論傳世。另外，也是他
首薦鄉友楊露禪於京西小府張宅及旗營教拳，才使楊氏之
拳藝流傳於京城，進而聞名於世。其舉薦之義，對太極拳
的傳播發展，可謂是功不可沒。

太極拳論

夫拳名太極者，陰陽，虛實也。陰陽明，然後知進
退。進固是進，進中有退，退步仍是進，退中隱有進機。

此中轉關，在於身法。

虛領頂勁，則精神提得起；氣沉丹田，而裹襠護肫，則周轉便捷。

肘宜曲，曲而能伸，伸則支撐得勢；膝宜曲蓄，蓄而後發，則發勁有力。

至與人交手，手先著力，只聽人勁。務要由人，不要由己；務要知人，不要使人知己。知人由上下、前後、左右，自能引進落空，則人背我順。此中轉關，在於鬆肩，主宰於腰，立根在腳，但聽命於心。一動無有不動，一靜無有不靜，上下一氣，即所謂立如枰准，活似車輪，支撐八面，所向無敵。

人勁將來，未能發出，我既打去，謂之打悶勁；人勁已到，我早靜待，著身便隨打去，所謂打來勁；人勁已落空，將欲換勁，我隨打去，此謂打回勁。由此體驗，留心揣摩，自能從心所欲，階及神明焉。

太極拳工勁用法

肘宜曲，曲則能伸，則支撐得勢；膝宜曲蓄，蓄而後發，則發勁有力。

至與人交手，手先著力，只聽人勁。務要知人，不要使人知己。知人則上下、前後、左右自能引勁落空，則人背我順。此中轉關，在於鬆肩，主宰於腰，立根在腳，但聽命於心。

人勁將來，未能發出，我即打去，謂之打悶勁。

人勁已動，我早靜待，著身便即打去，所謂打來勁。

人勁已落空，將欲換勁，我隨打去，此謂之打回勁。由此體驗，留心揣摩，自能從心所欲，階及神明焉。

李亦畬秘傳太極拳論匯集

李亦畬

李亦畬

李亦畬（1832年9月—1892年11月），名經綸，字亦畬。河北永平人。咸豐元年（1851年）為歲貢生，候選訓導，同治舉人。亦畬先生是繼太極哲人武禹襄後，為太極拳理論與實踐的發展作出傑出貢獻的一代宗師。

李先生性敏慧，工小楷，得其書者，多珍而寶之。父名世馨，字詒齋，同治間軍興永年修城竣池，舉辦團練，世馨助之力為多。亦畬有弟三人，長弟承綸，字啟軒，光緒元年乙亥（1875年）舉人，勤著述，好考古；次弟曾綸，字省三；三弟兆綸。亦畬和啟軒皆從其母舅武禹襄習太極拳，以亦畬最有成就，啟軒次之。

1853年亦畬年二十二，始從剛由河南之行返裏的武禹襄母舅習拳，一經學習即興趣盎然，精心鑽研，以至竟放棄仕進，身體力行數十年而能神乎其技，功臻化境，成為武式太極拳承上啟下的一代宗師。

亦畬軀幹短小，目近視，而數十年純功，始於守中，中於行氣，歸於凝神致虛。以虛靈為體，以因循為用，比手時變臉變色，靜以待動，當之者輒騰空而出，應手而仆，六神無主，莫能自持。

亦畬對拳藝潛心默識，悉心體認，仿其母舅禹襄總結體會之法，日常心得隨時記錄，黏貼於牆壁，精益求精，反覆修訂，最後將其體會整理成文。所闡述之拳論皆從身體力行之經驗總結而來，所以無一浮詞，言簡意賅，直露真詮。亦畬為了便於學習，特將其中之「心靜、身靈、氣斂、勁整、神聚」各要點編為《五字訣》，同時還著有《撒放秘訣》《走架打手行工要言》等其他太極拳精論。

1881年，他將王宗岳、武禹襄拳論並參以己作，匯而輯之，手抄三本，一本自藏，一本交胞弟啟軒，一本交門人郝和，後人稱之為「老三本」。此譜為迄今為止發現最早的太極拳理論文獻集成，其文所闡之妙義微言一直以來都被太極拳界奉為圭旨，廣而傳之。

亦畬先生拳藝精湛，名震一方，拜門者眾。如清河、磁州、臨清、彰德與本境人士均從其學，其最有心得者，如葛福來、葛順成、姚洛朝、李洛同、魏慶祥，本境則以郝和、王明德尤為精巧。子寶廉、寶讓亦習是術。

太極拳小序

太極拳不知始自何人，其精微巧妙，王宗岳論詳且盡矣。後傳至河南陳家溝陳姓，神而明者，代不數人。

我郡南關楊某，愛而往學焉。專心致志，十年有餘，

備極精巧。旋里後，市諸同好，母舅武禹襄見而好之，常與比較，伊不肯輕易授人，僅能得其大概。

素聞豫省懷慶府趙堡鎮，有陳姓名清平者，精於是技。逾年，母舅因公赴豫省，過而訪焉；研究月餘，而精妙始得，神乎技矣。

予自咸豐癸丑，時年二十餘，始從母舅學習此技。口授指示，不遺餘力。奈予質最魯，廿餘年來，僅得皮毛，竊意其中更有精巧。茲僅以所得筆至於後，名曰五字訣，以識不忘所學云。

光緒辛巳中秋念六日亦畬氏謹識

十三勢架

懶紮衣、單鞭、提手上勢、白鵝亮翅、摟膝拗步、手揮琵琶勢、摟膝拗步、手揮琵琶勢、上步搬攔捶、如封似閉、抱虎推山、單鞭、肘底看捶、倒輦猴、白鵝亮翅、摟膝拗步、三甬背、單鞭、紜手、高探馬、左右起腳、轉身踢一腳、踐步打垂、翻身二起、披身、踢一腳、蹬一腳、上步搬攔捶、如封似閉、抱虎推山、斜單鞭、野馬分鬃、單鞭、玉女穿梭、單鞭、紜手、下勢、更雞獨立、倒輦猴、白鵝亮翅、摟膝拗步、三甬背、單鞭、紜手、高探馬、十字擺連、上步指襠垂、單鞭、上步七星、下步跨虎、轉腳擺連、彎弓射虎、雙抱捶、手揮琵琶勢。

十三刀

按刀、青龍出水、風捲殘花、白雲蓋頂、背刀、迎墳

鬼迷、振腳提刀、撥雲望日、避刀、霸王舉頂、朝天一炷
香、拖刀敗勢、手揮琵琶勢。

十三杆

掤一杆、青龍出水、童子拜觀音、餓虎撲食、攔路
虎、拗步、斜劈、風掃梅花、中軍出隊、宿鳥歸巢、拖杆
敗勢、靈貓補鼠、手揮琵琶勢。

四刀法

裹剪腕、外剪腕、挫腕、撩腕。

四槍法

平刺心窩，斜刺膀尖，下刺腳面，上刺鎖項。

以上刀法、槍法，務要身法不散，講究跟勁。

五字訣

一曰心靜

心不靜則不專，一舉手，前後左右全無定向，故要心
靜。

起初舉動未能由己，要悉心體認，隨人所動，隨屈就
伸，不丟不頂，勿自伸縮。

彼有力，我亦有力，我力在先；彼無力我亦無力，我
意仍在先；要刻刻留心，挨何處，心要用在何處，須向不

丟不頂中討消息。從此做去，一年半載，便能施於身。此全是用意，不是用勁，久之則人為我所制，我不為人制矣。

二曰身靈

身滯，則進退不能自如，故要身靈。舉手不可有呆像，彼之力方礙我皮毛，我之意已入彼骨裏。兩手支撐，一氣貫穿。左重則左虛，而右已去；右重則右虛，而左已去。氣如車輪，周身俱要相隨，有不相隨處，身便散亂，便不得力，其病於腰腿求之。

先以心使身，從人不從己。後身能從心，由己仍是從人。由己則滯，從人則活。能從人，手上便有分寸。秤彼勁之大小，分厘不錯。權彼來之長短，毫髮無差。前進後退，處處恰合。功彌久而技彌精矣。

三曰氣斂

氣勢散漫，便無含蓄，身易散亂。務使氣斂入脊骨，呼吸通靈，周身罔間。

吸為合、為蓄；呼為開、為發。蓋吸則自然提得起，亦拏得人起；呼則自然沉得下，亦放得人出。此是以意運氣，非以力使氣也。

四曰勁整

一身之勁，練成一家。分清虛實，發勁要有根源；勁起於腳跟，主於腰間，形於手指，發於脊背；又要提起全

副精神，於彼勁將出未發之際，我勁已接入彼勁，恰好不後不先，如皮燃火，如泉湧出；前進後退，無絲毫散亂，曲中求直，蓄而後發，方能隨手奏效；此謂「借力打人，四兩撥千斤」也。

五曰神聚

上四者俱備，總歸神聚。神聚則一氣鼓鑄，煉氣歸神，氣勢騰挪，精神貫注，開合有致，虛實清楚。左虛則右實，右虛則左實；虛非全然無力，氣勢要有騰挪；實非全然占煞，精神要貴貫注；緊要全在胸中腰間運化，不在外面。

力從人借，氣由脊發。胡能氣由脊發？氣向下沉，由兩肩收於脊骨，注於腰間，此氣之由上而下也，謂之合；由腰行於脊骨，布於兩膊，施於手指，此氣之由下而上也，謂之開。合便是收，開即是放。

能懂開合，便知陰陽。至此地位，功用一日，技精一日，漸至從心所欲，罔不如意矣。

走架打手行工要言

昔人云，能引進落空，能四兩撥千斤；不能引進落空，不能四兩撥千斤。語甚賅括，初學者未由領悟，予加數語以解之，俾有志斯技者，得所從入，庶日進有功矣。

欲要引進落空，四兩撥千斤，先要知己知彼；欲要知己知彼，先要捨己從人；欲要捨己從人，先要得機得勢；欲要得機得勢，先要周身一家；欲要周身一家，先要周身

無有缺陷；欲要周身無缺陷，先要神氣鼓蕩；欲要神氣鼓蕩，先要提起精神，神不外散；欲要神不外散，先要神氣收斂入骨；欲要神氣收斂入骨，先要兩股前節有力，兩肩鬆開，氣向下沉。

勁起於腳根，變換在腿，含蓄在胸，運動在兩肩，主宰在腰，上於兩膊相繫，下於兩腿相隨；勁由內換，收便是合，放即是開；靜則俱靜，靜是合，合中寓開；動則俱動，動是開，開中寓合；觸之則旋轉自如，無不得力，才能引進落空，四兩撥千斤。

平日走架，是知己工夫。一動勢，先問自己周身合上數項不合，少有不合，即速改換，走架所以要慢不要快。

打手是知人工夫。動靜固是知人，仍是問己，自己安排得好，人一挨我，我不動彼絲毫，趁勢而入，接定彼勁，彼自跌出；如自己有不得力處，便是雙重未化，要於陰陽開合中求之。所謂知己知彼，百戰百勝也。

胞弟啟軒嘗以球譬之，如置球於平坦，人莫可攀躋，強臨其上，向前用力——後跌，向後用力——前跌。譬喻甚明，細揣其理，非捨己從人、一身一家之明證乎？得此一譬，引進落空、四兩撥千斤之理，可盡人而明矣！

撒放密訣

擎、引、鬆、放

擎起彼身借彼力（中有靈字），引到身前劤始蓄（中有斂字），

鬆開我劤勿使屈（中有靜字），放時腰腳認端的（中

有整字）。

擎、引、鬆、放四字，有四不能：

腳手不隨者不能。

身法散漫者不能。

身不成一家者不能。

精神不團聚者不能。

欲臻此境，須避此病，不然終身由之，莫得其妙矣。

虛實圖解

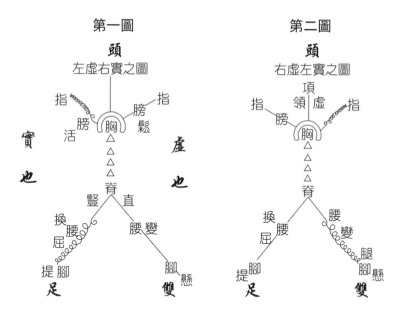

　　實非全然站煞，實中有虛；虛非全然無力，虛中有實。上圖舉一身而言，雖是虛實之大概，究之周身，無一處無虛實，又離不得此虛實；總要聯絡不斷，以意使氣，以氣運勁，非身子亂挪，手腳亂換也。

虛實，即是開合。走架打手，著著留心，刻刻留意，愈練愈精，功彌久，技彌巧尚矣。

身備五弓圖解

五弓者，上有兩膊，下有兩腿，中有腰脊，總稱五弓。五弓者，總歸一弓。一弓張，四弓張；一弓合，四弓合；五弓為一弓，才好實用。

大弓張，四弓張；大弓合，四弓合。總須節節貫穿，一氣呵成，方能人為箭，我為弓。

附：此圖為後人所繪，不一定正確，是否為原圖亦值得商榷，僅供參考。

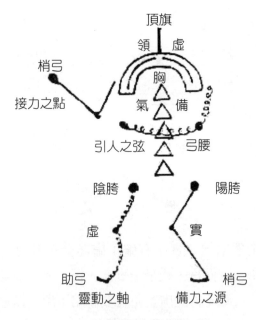

太極拳五弓圖釋

武式打手法

兩人對立，作雙搭手（即左手咬腕，右手扶肘；或右手咬腕，左手扶肘），搭手之足（左手搭手則左足；右手搭手即右足）在前，一進一退（進者先進前足，退者先退後足），至末步（即第三步），退者收前足成虛步，進者跟後足成跟步。

換手時，搭腕之手不動，扶肘之手由上而換。如此進退搭換，循環不已。練發勁時，一般皆在應退步而不退時作準備。

練熟後，前進、後退，都可化發。進用按擠，退用掤捋。

一字定軍訣

湧（下），源淵不斷，力源久遠。

壯（中），氣海堅實，丹田充沛。

飄（上），著力輕靈，用力圓活。

解曰：底氣足、中氣運、上氣靈，三氣合一，方能著手奏效也。

太極拳體用歌

妙哉太極拳，運行法自然。看著太極圖，綿綿如玉環。

渾身如一氣，上下無斜偏。邁步如貓行，運氣把絲盤。

一動無不動，一靜俱寂然。上要頂頭懸，下氣沉丹田。

鬆肩與沉肘，拔背把胸含。尾閭要正中，體鬆氣騰然。

用意不用力，持腰把身翻。根在腳上升，腿腰認端的。
勁由脊中發，膀臂到指尖。伸筋與拔骨，坐腕展指端。
手指覺微脹，氣到體自顯。此全是心意，莫當拙力言。
虛實分清楚，剛柔隨變遷。陰陽要相濟，往返須轉變。
氣隨勢鼓蕩，神要內中斂。動從靜中升，雖動靜猶然。
神領氣隨到，腰動掌腕連。步隨勢變化，手眼照當前。
快慢隨人動，單沉勢勿延。不丟與不頂，勢勢要領先。
引進落空後，發勁似湧泉。四兩撥千斤，勝他金剛漢。

十三式歌

十三總式訣，自古少人學。有緣深造化，破格為君說。
掤臂要圓活，出手問知覺。敵空我使擠，敵實沉肘撥。
由外斜掤上，後仰站不著。捋按掤臂後，鬆肩轉腰肋。
捋著隨化走，誘敵入空穴。擠多偏莫用，下沉敵驚愕。
轉動向前打，遠側地平坡。按中要帶合，先下後回折。
上轉再前按，丈外把敵挫。採必用實力，過輕無效果。
從上先沉下，平採身旁過。挒打平旋轉，快刀斬額脖。
迫近來打我，挒手為先著。肘在近處使，屈臂指胸肋。
敵若按我肘，開花無處躲。靠先找三角，插襠眼下斜。
腰身一起轉，送他見閻羅。進步搶中宮，逼勢人難容。
相近上半步，免被敵人乘。退步先後擦，尋隙無蹤影。
顧在三前使，盼在七星用。中土不離位，涵胸把腰鬆。
細體十三式，式式妙無空。

八字訣

掤臂斜出月上弦，前臂微拱後掌圓。
對方斤兩有多少，掤臂觸之似秤盤。
敵勁出頭我封採，對方凹陷我擠先。
上下渾身一團氣，猶如長蛇摸地盤。
将手好似鹿回頭，掌高手低勢自由。
神意全在掌中現，腰腿一致順水舟。
沾黏不離中土位，将中帶引是要由。
有将無擠空自将，無将有擠枉出頭。
擠手打出賽拱橋，斜中帶摸意氣豪。
逢按打擠先将化，引進落空單臂找。
拱橋閉著敵膀臂，先沉後前勢無繞。
擠又從将先引進，将後無擠是空著。
打按好似虎撲羊，腰腿手臂各相當。
先沉後帶再按出，定將敵人擲當陽。
按掤将化須注意，肘不過膝略無妨。
對方撤步來採我，進步肘靠將敵傷。
採似猿猴摘仙桃，沉後斜帶引敵討。
退步採腕要老辣，不傾不脆枉徒勞。
無論掤按與拳掌，採用遇之似冰消。
用採切防敵肘靠，守著中宮任意拋。
挒打橫勁出驚彈，避開中門走螺旋。
單手平掃敵頸頂，手似快馬摧磨轉。
挒手還須挒手破，彼以禮來我禮還。

肩隨腰轉龍轉身，切忌遲呆不天然。
肘打好似牛低頭，開花連環任自由。
此是近取一辣手，遠距用之氣人羞。
對方封採隨勢用，肘指肋脅一命休。
用肘最怕琵琶式，遇之轉身找咽喉。
進步打靠賽游龍，靠腿直入敵襠中。
由下斜上急轉身，肩打敵胸不容情。

切忌一腿不頂（釘）住，致使對方有餘容。靠打多由採手變，敵閃我採招法成。

神氣運行歌

氣如長江水，滔滔向東流。來自湧泉穴，路經脊背過。
來到泥丸官，回到印堂闕。心意將氣領，從不稍離別。
譬如右拳舉，意氣到臂腋。隨勁意氣到，覺之到肘窩。
順勢一反拳，氣到內關穴。右拳前按出，掌心微突越。
氣經掌陰面，直到五指尖。單雙皆一樣，手足無二般。
只能舉一隅，應以三隅反。照此練下去，周身一線穿。
心意導氣力，肢體動周全。一動無不動，一靜俱寂然。
一快無不快，一慢皆遲緩。呼合發放出，吸開歸丹田。
行如九曲珠，處處運周全。切忌行太速，由脊跳指尖。
未經步步點，未經各各關。定要按步走，內外合天然。
心意力調合，久練自過關。一年復一年，金剛鐵羅漢。

意氣為君，骨肉為臣，腰腿為主帥，手掌為先鋒，眼神、皮膚為偵探。君令臣使，將令君使，偵察速報與軍將，軍將命令與臣軍。主從相依，上下相隨，渾身一氣。

亂環歌

圓裏乾坤大，沾黏日月長。

陰陽百變化，剛柔任消長。

沾黏亦是圓，亂環無丟抗。

腳隨手進步，腰腿全主張。

上下相隨和，運化在兩掌。

前後與左右，隨機任端詳。

出掌摸前胸，亂環勢難擋。

動搖敵根本，一發氣遠揚。

敵若用挑手，採按不離行。

敵若手按下，隨下再升堂。

我上莫忘採，敵旁封閉忙。

左右無參差，出手顯高強。

太極真玄妙，亂環術中王。

太極散手贊

祖師傳我真妙法，剛柔虛實隨機變。

個中有語細參求，表裏精粗問根由。

彼欲來勢我引進，彼欲出時我逐中。

虛中無實不為虛，實中無虛枉出頭。

虛實隨機變，妙在圓中求。

擠時可捋化，迫近出捯手。

採按互變化，攻手有來由。

周身如一氣，渾如太極球。

處處有引進，滿身都是手。
攻守不分明，虛實無憑證。
恍如中元月，光霞照九州。
練到虛無處，無攻亦無守。

李啓軒太極拳論

李啓軒

李啓軒

李啓軒（1835—1899），名承綸，字啓軒。出身書香門第，廣府西大街舉人李世馨之次子，光緒乙亥年（1875年）恩科舉人，己丑科（1889年）大挑二等，候選訓導。

啓軒勤於著述，喜愛考據之學，淡泊名利，無意仕途。與兄亦畬同學太極拳於母舅武禹襄，終生研習，遂臻神明之境。與楊班侯為多年好友，同學於其母舅處，私下常相比試交流，共同研究揣摩，曾將「王宗岳拳論」及武禹襄等人秘傳之拳論抄贈班侯以供其研究學習。

其拳論流傳下來的有《數字訣解》《各勢白話歌》，並得兄手抄之太極拳譜一冊，史稱「啓軒本」。

因李家世代誦讀為業，不以教拳為生，傳其藝者，僅清河葛順成與南宮馬靜波，而尤以清河葛順成得其精妙，

拳藝最精。有三子寶琛、寶箴、寶恒，俱為庠生，皆精太極拳。

敷字訣解

敷，所謂一言以蔽之也。人有不習此技，而獲聞此訣者，無心而白於余，始而不解，及詳味之，乃知敷者，包獲周匝，人不知我，我獨知人，氣雖尚在自己骨裏，而意恰在彼皮裏膜外之間，所謂氣未到，而意已吞也。妙絕！妙絕！

各勢白話歌

提頂吊襠心中懸，鬆肩沉肘氣丹田。

裹襠護肫須下勢，涵胸拔背落自然。

初勢左右懶紮衣，雙手推出拉單鞭。

提手上勢望空看，白鵝亮翅飛上天。

摟膝拗步往前打，手揮琵琶躲榜邊。

摟膝拗步重下勢，手揮琵琶又一番。

上步先打迎面掌，搬攔捶兒打胸前。

如封似閉往前按，抽身抱虎去推山。

回身拉成單鞭勢，肘底看捶打腰間。

倒攆猴兒重四勢，白鶴亮翅到雲端。

摟膝拗步須下勢，收身琵琶在胸前。

按勢翻身三甬背，扭頸回頭拉單鞭。

紜手三下高探馬，左右起腳誰敢攔。

轉身一腳栽捶打，翻身二起踢破天。

披身退步伏虎勢，踢腳轉身緊相連。

蹬腳上步搬攔打，如封似閉手向前。
抱虎推山重下勢，回頭再拉斜單鞭。
野馬分鬃往前進，懶紮衣服果然鮮。
回身又把單鞭拉，玉女穿梭四角全。
更拉單鞭真巧妙，紜手下勢探清泉。
更雞獨立分左右，倒攆猴兒又一番。
白鵝亮翅把身長，摟膝前手在下邊。
按勢青龍重出水，轉身復又拉單鞭。
紜手高探對心掌，十字擺蓮往後翻。
指襠捶兒向下打，懶紮衣服緊相連。
再拉單鞭重下勢，上步就排七星拳。
收身退步拉跨虎，轉腳去打雙擺蓮。
海底撈月須下勢，彎弓射虎項朝前。
懷抱雙捶誰敢進，走遍天下無人攔。
歌兮歌兮六十句，不遇知己莫輕傳。

郝爲眞太極拳論匯集

郝爲眞

郝為真（1849—1920），名和，字為真，河北永年人。他體貌魁偉，敦厚剛毅，嗜好武術。先習外家拳，觀看李亦畬打手後，深為嘆服，遂改從李亦畬學習太極拳。他勤學苦練，六年如一日，李亦畬觀其誠篤，遂悉心授其秘

郝爲眞

諦，自此，郝爲眞功力日進；能置椅尋丈外，無所倚傍，投人安坐其上，略不傾跌，屢試不一爽。

又能手引壯士，使搖晃不能自主，而仍黏隨不脫；愛觀劇，嘗見鄰童被擠號泣，亟排眾人，抱至身前，環兩臂翼蔽之，眾湧激若潮，屹立不稍動。

相傳永年有羅建勳者，矯健多力，能超距登屋，踵門請角，爲眞再三卻謝而後許焉。勳作勢疾進，爲眞靜以待之，逮其近身，振手觸之，勳身擲起數尺而墮，乃大服而去。凡爲眞勝人多類是，不使負者受創傷。

爲眞本業米號，大車運米來，輒左右手各平舉袋米重百斤卸之以練力，故其力倍於常人，自得亦奮指授蓄發提放之術，以虛靈爲體，以因循爲用，是以善勝而能服人之心。

民國初年，郝爲眞去北京訪親友楊健侯等，臥病逆旅，舉目無親之際，孫祿堂爲其延醫治療，郝爲眞感其誠，遂收其爲徒，授以其武式太極拳之秘諦。

郝爲眞有四子，惟郝文桂（字月如，1877—1935）得其拳藝。當時，武、李兩家爲書香門第，不以傳拳爲業，很少有傳人。郝月如則開始以教拳爲業，武式太極拳方得以通過郝家父子向外廣泛傳播。如今，郝爲眞所傳太極拳經過發展創造已自成一體，人們稱其爲「郝式太極拳」。

走架境界

自初發悟，至於有成，走架之境凡三變。

初若身立水中，隨水波之推蕩。

歌訣：

如站水中至項深，身體中正氣下沉。

四肢動作有阻力，姿勢變換要慢勻。

稍進，則如善游者與水相忘，故走架有足不履地，任意浮沉之概。

歌訣：

如在水中身懸空，長江大河浮游中。

腰如車軸精神湧，滔滔不斷泅水行。

又進，則步愈輕靈，若自忘其身，直如行於水面，飄然為凌雲之遊也。

歌訣：

身體如在水上行，如臨深淵履薄冰。

全身精神須貫注，稍微不慎墜水中。

又曰：方走架，必精神專一，若有敵當前也。及遇敵，又當行所無事，如未嘗有人也。

拳經云：「神氣四肢，總要完整，一有不整，身必散亂，必至偏倚，而不能有靈活之妙用」，即此意也。

又云：知己功夫，在練十三式。或欲知人，須有伴侶。二人每日打四手（即掤、捋、擠、按也），工久即可知人之虛實、輕重，隨時而能用矣。

倘若無人與自己打手，與一不動之物，當為人，用兩手或身體與此物相較，視定物之中心，或沾、或走、或靠，手足總要相合，或如沾住他的意思，或如似挨未挨他的意思，身子內外總要虛空靈活，工久身體亦可以能靈活矣。

　　或是自己與一個能活動之物，物之動去，我可以隨著物之來去，以兩手接隨之，身體屈伸往來，上下相隨，內外一氣，如同與人相較一般。仍是求不即不離，不丟不頂之意也。如此，心思會悟，身體力行，功久引進落空之法，亦可以隨心所欲而用之也。此是自己用工，無有伴侶之法則也。

太極拳二十字訣

　　披、閃、擔、搓、斂、沾、隨、拘、拿、扳、軟、掤、摟、摧、掩、撮、墜、續、擠、攤。

　　披：分也。閃：避也。擔：負也。搓：磨也。斂：收也。

　　沾：纏繞不脫也。隨：從也。拘：執取也。拿：牽引也。扳：牽制也。

　　軟：柔也。掤：架也、托也，使其不得進也。摟：握持也。摧：挫也。掩：蓋也。

　　撮：採取也。墜：落也。續：連也。擠：排也。攤：開也。

太極拳十三要義

虛領頂勁

　　虛領，非實領也；以意達到，並非著實用力也。

　　頂勁者，神貫於頂也。用力則頂必硬，血氣不能流通。以意達到於頂，頭額正直，則精神自能提起，而血氣

亦流暢矣。

涵胸拔背

涵胸者，胸要內含，便氣往下沉也。胸忌挺出，挺出則氣往上提，腳跟易浮，且易被攻擊之。

拔背者，氣貼於背，使脊骨如張弓也。能涵胸，則能拔背，則能力由脊發也。

鬆腰、胯動、膝活

太極拳之動作，主宰於腰，凡上下、前後、左右、虛實變化皆由腰轉動。能鬆腰，然後轉動靈活，所謂腰似車軸也。

鬆腰，重心則下沉，下盤乃穩固也。胯不動則腰不靈，膝不活則足不輕。言衛生，則氣血淤滯；言禦敵，則身足轉動遲鈍。

氣沉丹田

丹田，小腹也，道家名為丹田。其位置在人體中部，若涵胸鬆腰，使橫膈膜下壓，則氣蓄於此，則重心得中，精力團結，為時既久，金丹既蓄於此，道家所謂之丹田也。且橫膈膜下壓，則肺部往下伸張，呼吸和順，氣血自然流暢於全體，大有裨益也。

尾閭中正上提

尾閭者，脊尾骨也。涵胸拔背，使橫膈膜下壓，自然

氣蓄丹田，然必尾閭中正上提，而後蓄氣乃結實也。

又將全身重量由左腿移壓右腿，或由右腿移壓左腿；往前挪後時，必須尾閭中正上提，庶重量容易轉移，滿身輕利頂頭懸也。

沉肩墜肘

沉肩者，肩鬆開下沉也；墜肘者，肘往下垂也。筋若懸直，則肩不能沉，兩肩提起，則氣亦隨上；全身皆輕浮，而發出力，僅為兩臂之力，非內勁也。

腿忌雙重

太極拳處處皆分陰陽，即處處皆分虛實。如體重寄於右腿，則右腿實，而左腿虛；體重寄於左腿，則左腿實，而右腿虛。虛實分清，而後轉動輕靈，變化容易，腿若雙重，則虛實不分，邁步重滯，倘被人牽動一腿，全身傾倒矣。

兩足落輕

兩足落重，則全身被震動，血脈賁張；且腦部受震動之刺激，腦神經不能靜，精神遂因而散亂。故曰落足如落葉，其輕也。

用意不用力

人身有一部分用力，其用力之部分，則肌肉緊張，蓋氣血凝聚於其間也。氣血凝聚其間，則此間氣血不流通矣。

用意不用力者，全身鬆開，不用拙力，意到則氣行，氣行則血活。氣血流暢，遂能輕靈變化，圓轉自如。又不用力，則氣不外浮，血往內運，久習之，收斂入骨。骨髓充實，自得真正內勁。

上下相隨

足動、腰動、手動、眼神亦隨之動，謂之上下相隨，總須完整一氣。

內外相合

太極拳之主旨，在於以神運體，以體養神，神在內，體在外，必內外相合，始能內外兼修。若神與體違，失其旨也。

纏綿不斷

綿綿不斷者，即天行健，自強不息之義也。斷則息矣。且斷續之際，力不貫串，最易為人所乘，綿綿不斷，自然無懈可擊也。

動中求靜

儒釋道三教，有靜坐之法，皆靜中求動也。惟身體靜而後知血脈之動是否合度，思想之動是否合理也。

太極拳則動中求靜焉。隨身體手足之動，注其目光於一點，循環不已，使之無暇他顧，精神自然而靜。靜則不散不亂，常守其規，習慣成自然。若遇外侮之來，雖目不

及見，身不及觸，精神早已感覺，即能自救矣。

太極拳的修煉層次

欲得太極拳技之要秘，非有明師指點不可。入門後，還要動腦筋，巧練苦練，日久方能學得真功夫。技擊之道，師傳各異，本無定法。武學的最高層次，其理一致，千流而終歸大海。

太極拳法十層功夫修煉層次，內外兼修，動靜相宜，一層有一層景致，一層有一層之靈驗，絕非虛語。

一至三層，是入門之階段，由鬆柔入手，化剛為柔，以身變手。它要求身體各部位鬆柔的勁力，能集中反應到手上來。此階段練精化氣，為初關，屬下乘功夫。

四至六層，是登堂入室之階段。積柔成剛，以氣變手。此階段練氣化神為中關，屬中乘功夫。

七至八層，是爐火純青之階段。剛復柔歸，以意變手。此階段練神還虛，為上關，屬中乘到上乘階段。

九至十層，是登峰造極之階段。千變萬化之神通，其功夫已達出神入化。此階段練虛還道，空而不空，形神俱妙，與道合真。

第一層　一圓即太極

此層從背絲纏絲分出陰陽；其練是纏法，其用是捆法。此層化僵硬為柔和，勉強轉圈，圈力多而化勁少。

練習時，以單操為主，懂得拳勢的基本要領、要求；要求身型、步法、手眼等合乎規矩；架勢以求開展、舒適。

第二層　上下分兩儀

此層陽升陰降，陽輕陰重；其練是波瀾法，其用是就法。此層化剛為柔，由勉強轉圈變為自然轉圈，圈力少而化勁多，內氣漸聚，丹田鼓蕩。

練習時，將熟練的單操架式串連成套路習練。

第三層　進退呈四象

此層半陰半陽，純陰純陽，互為往來；其練是懂法，其用是伏貼法。此層走圈柔化，不丟不頂，開始懂勁，並由大圈漸至小圈，是退圈之前一階段。

內氣漸增，牽動往來。要求身體放鬆的鬆勁轉為柔和的內勁，其勁源能反應到手上，即由腳到腿而腰達於手指，總需完整一氣。

第四層　開合是乾坤

此層是天地相合；陰陽交合；其練是抽扯法，其用是撐法。此層內氣運行，打通任督二脈；熟練並掌握其技擊方法，誘敵深入，引進落空；開始具有發勁和寸勁；出手無圈，而處處皆有圈，即出手無形而有形。

練習時，在化、引進退中，貼身逼進，用內勁貫於手指，貼住對方發寸勁。

第五層　出入綜坎離

此層火降水升，水火沸騰；其練是催法，其用是回合

法。此層內氣漸增，在任督二脈循環運行，積柔成剛，是由寸勁逐漸向分勁發展之初。

練習時發放勁力，練誘敵入囊中之技法。

第六層　領落錯震巽

此層雷風鼓動，有起有伏；其練是抑揚法，其用是激法。此層貼身即化，可以將對方力點引向自身泄力轉化發出，順勢借力，抖捌彈放凌厲的冷勁，即見肉分離法；屬分勁階段。

此層內氣循行四肢，八脈皆通。此層需長期修煉，修煉到「豁然貫通」之時，運用自如的勁力，左右逢源，捨己從人。此時「入門引路」階段結束，步入「功夫無息法自修」之層次。

第七層　迎抵推艮兌

此層為口、為耳，能聽能問，彼此通氣；其練是稱法，其用是虛靈法。此層剛復歸柔，知己知彼，分明虛實；內勁達含而不露，一沾即發之境地；全身無處不柔，無處不剛，處處能化，處處能發，挨著何處何處擊，內氣循行奇經八脈，功力一日勝似一日。

第八層　背絲扣

此層陰陽自分，虛實分明，剛柔相濟，進入無極而太極；此層內氣完整一體，能在意念的指導下，達到身體任何一點，進行收閉穴道和發勁彈放。

交技時，不擺架子，不露形意，沾著即打，一點之處，有化有發，可柔可剛；就柔即柔，說剛即剛。引進落空，四兩撥千斤，變化莫測。

第九層　高手

此層周身一太極，已入化境；「人不知我，我獨知人」；「一羽不能加，蠅蟲不能落」。

交技時只在一哼一哈之凌空無形彈放，犯者應聲立仆，甚至未見其動，未覺其動，而對手已傷。

第十層　妙手

此層出神入化，登峰造極，其技達神乎其神之境界。武學永無止境，「功夫無息法自修」，練形練意求養神。此時始悟萬拳終歸一理。

太極拳學習問答

問：太極拳命名之原因從何而定？

答：此拳基本原理分橫豎勁、輕重勁、剛柔勁、快慢勁，此外又有左右轉，左右進，斜線形，弧線形，環線形，螺絲形並生，一動手，一轉身，互相往來，處處週而復始，萬法歸一，統統循環不已，生生不息，此理吻合太極陰陽之道，故而命名之。

問：太極拳只見柔軟，從未見其剛硬，但不知剛勁有無，在於何點，如何應用？

答：此拳分輕、軟、綿、柔、慢、快、重、剛八勁，

分述如下。

　　輕。一抬手，一動腳，以及各樣動作，純用自然支配天然力，毫不用後天勉強之力。俗謂不用力，又謂不用勁。輕入骨，硬剛反是。

　　軟。如按在棉花堆上，其質極軟，毫無抗力，此指進攻時我破敵而用。俗謂軟化。又軟形隨，息息相挨，時時不離，即軟中有隨之意，然有隨而不軟之變。

　　綿。在進退動作變化時，綿綿不斷，使對方無隙可乘，但我進攻對方，使其感覺困難，辨別不清而用。

　　柔。慢之進攻，或一點一點加重天然力，這叫柔，緩進也是柔，又叫柔和勁。此法使對方感覺不出我進攻利害，和他危險之需。又叫暗攻，或叫暗手。

　　慢。動作遲緩，一防禦危險，謹慎而用，二視對方動作，以便趁機進攻。俗謂聽著勁。此法多用在推手內。

　　快。速也，與敵交手時，我順人背，乘隙進攻。必須快速，遲則失機。如我被人制，變換要快。遲則受損，故快如電也。

　　重。稍用後天勉強之力；或用力而慢是也。猶如山岳之重也。

　　剛。儘量用後天勉強之硬力。而且急烈速快如雷，一往無回，不顧一切危險是也；又不輕謂之重，重大謂之硬，太硬不顧一切，謂之剛。

　　此拳推手或對敵時，完全以破人為首，攻人為末；以柔軟隨為主，快重剛為輔；以輕虛為先，以重實為後；以彎曲為君，豎直為臣。此太極拳攻守，運用各勁時基本原

則。此八字互相連帶，彼此扶助，並不單獨行動。譬如棉柔中混含輕，重剛中混含快。

問：外家拳各種動作快而剛，不知太極拳用何法破之？

答：外家拳雖快，多數皆捨本求末，繞遠而來，雖快不快。太極拳坐等，以逸待勞，雖慢不慢；且各招皆走弓弦，省事又近，更為迅速。外家拳手法重剛，似乎可畏，不知太極拳有卸力之法，吉能破之，卸力有三，如下。

隨或轉對方之力，其中混含拐彎。敵方之力集中，我方用隨或軟之法，將其力分散，失去能力。對方力大用隨法，力小用軟法，便能破之，即力大則圈大，力小則圈小也。

彼不動，己不動；彼微動，己先動之法，即在彼剛動意而未達目的時。我趁此時先動手制彼，使其招法及力量均不能用出。不得動作，任我運用，自然易於取勝矣。

對方進攻，順伊之方向著拐彎，如鐵路之岔道，搖動彼之重心，重心搖動，全身失主，則彼易於跌倒矣。

問：凡外家拳皆有秘密絕招，奉為拿手，用其打人，但不知太極拳之絕秘神招何在？

答：太極拳以軟、隨、沾、黏為絕技，軟、隨二法前已述明，茲不再贅。沾、黏二勁，用其制敵之重心，使其下部如同醉後之腿腳一般，黏勁是連、隨兩勁相合而成。沾勁是弧線形勁，斜線形勁，螺絲形勁。以上各勁用時處處扶助，時時連環關照，不是各個獨立而行。

問：何謂太極拳中心功夫、重要課目？

答：太極拳以推手術為中心功夫，重要課目。原因推

手法術，千變萬化，無頭無尾，彎彎曲曲，無孔不入。並且運動相恰，絲絲入扣，彼此適當，毫釐準確，如此方能盡其奧妙，顯其神奇。於此足見，推手之難，不易運用，沒有真傳手法，及相當時期，何能奏效。故推手程度高深，盡得絕妙，運用神奇，則其他一切何難之有。

問：推手術中以何為中心工作，緊要手法。推手術是否有比武性質？

答：推手術中以練習軟、隨、沾、黏為中心工作，使之全身感覺靈敏，運勁恰當，無過不及為主旨。如此追求，細中求精，始能出神入妙。如果認為推手為比武性質，以勝負為得失，則輕巧日失，拙力日長，根本錯誤，門路入左，進益毫無，何能奧妙？韶光不再，光陰虛捨，良可歎也。故習者，三思斯理，而後行之。

問：金肩、銀胸、錫拉肚怎麼解釋？

答：此指推手中易於制彼而言。原因制肩部容易借力，且能使對方全身撐著，動轉不變，自然易於取勝，此之謂金肩是也。胸部次之，肚部則無可取。又回對方直而硬，制梢即可，軟輕制根則易。此指動手或推手之臂膊而言。

問：太極拳何處與科學暗合？

答：共分兩種。

力學。此拳首要明勁（俗謂懂勁）。勁之起點、落點，以及當中經過情形，必須分明認識清楚。然後胸有成竹，知重知輕，則易於取勝矣。明勁的原理與機械學的辦學暗合。

重心。對方動手時，趁勢使其身體歪斜，腿腳動搖，全身失主，則易於攻打矣。要使其身不自主、腿腳動搖，須運用重心之法，使其身體不能保持體重平衡，則彼自然摔倒矣！

問：推手術中，練習運用各勁，但不知練習全身何部分為緊要？

答：練習掌、肘、肩三部分為緊要，原因是動手時，三部用處最廣，動作最多，所以在練習時要特別注意。

手眼身法精神

手者，氣勢騰挪，即有預動之勢，無絲毫散漫之意。兩肩鬆開，不使絲毫之力。手勢本無一定，不管抬起、垂下、伸出、曲回，只要有相應之意，何時意動，何時手到。所謂得手應心，騰挪之勢，即是意氣精神也。意中生氣，氣中能精是小微也，精而愈精，謂神。神而愈神，則靈。領悟此理，則有神之妙也。

眼者，神聚也。眼是心之苗，心從意中生。我意欲向何處，則眼神直射何處，周身亦直對何處，一轉眼即周身全轉。視靜猶動，視動而靜，總須從神聚而來。

身法，需要護肫。護肫即是「脊骨根向前」也。不然豎不起腰來，則一身無主也。我意欲向何處，脊骨根便對向何處。變轉在腰眼中，左轉則左腰眼抽回，右轉則右腰眼抽回，自然中正。身法是永遠不許錯的，千變萬化總此一身法也。

步法，虛實分清。虛，非全然無力，內有騰挪；實，

非全然占煞，精神貫注；騰挪謂之虛，虛中有實；精神謂之實，實中有虛；虛實相應，即此意也。

太極者，陰陽之氣也，無微不至，無過不及，不偏不倚，陰不離陽，陽不離陰，陰陽相濟，始終不離。

習太極拳者，須悟太極之理。夫欲知太極之理，先要提起全副精神，神不外散，精神內固，外示安逸，氣勢騰挪，腹內鼓蕩。

太極即是周身，周身即是太極。如同氣球，前進不凸，後退不凹，左轉不缺，右轉不陷，變化萬端，絕無斷續之時。意義賅括，恐難領會，再加數語以解之。欲要知其意義，我意先要在彼之力先，挨我何處，我之意用在何處，彼之力方挨我皮毛，我之意已入彼骨裏；以己之意，接彼之力，非以己之力頂撞彼之力，恰好不後不先，我之意與彼之力相合。

左重則左虛，右重則右杳。仰之則彌高，俯之則彌深。進之則愈長，退之則愈促。一羽不能加，蠅蟲不能落，人不知我，我獨知人。所謂沾連黏隨，不丟不頂者是也。

太極者，陰陽相濟也。動之則分，靜之則合。分者，開大也；合者，縮小也。其中皆有陰陽之氣也。開也，大也，非頂撞也；縮小也，非躲閃也。

一動無有不動，一靜無有不靜。動者，氣轉也；靜者，預動之勢也；所謂視靜猶動，視動猶靜。氣如車輪，腰如車軸，車輪陰陽兩氣相應也。車軸，腰隙上下旋轉也；非兩手亂動，身體亂挪也。

緊要全在蓄勁。蓄勁如張弓，發勁如放箭。無蓄勁，則無發箭之力。發勁要上下相隨，勁起於腳根，注於腰間，形於手指，由腳而腿而腰，總須完整一氣。

腰如弓把，腳手如弓梢，內中要有彈性，方有發箭之力也。自己安排好，彼一挨我皮毛，我意接定彼勁。挨皮毛，即是不丟不頂，用意去接，即是順隨之勢。

能順隨，則能借力。能借力，則能打人。此謂借力打人，四兩撥千斤。到此地步，手上便有分寸，能稱彼勁之大小，能權彼來之長短，毫髮無差。前進後退，左顧右盼，處處恰合，所謂「知己知彼，百戰百勝」也。

平日走架打手，須要從此做去。走架即是打手，打手即是走架，此皆一理。走架每一勢要分四字，即起、承、開、合是也。一字一問合上規矩不合，少有不合，即速改換。差之毫釐，謬之千里。能領悟此意，坐立行臥，皆是太極，學者不可不詳辨焉。

習斯技者，先求尾閭中正。中正者，脊骨根對臉之中間也。邁左步，左胯向回抽，邁右步，右胯向回抽，則尾閭自然中正。能中正，則能八面支撐，能八面支撐，則能旋轉自如，無不得力。

次須虛實分清。虛，非全然無力，內中要有騰挪，即預動之勢；實，非全然占煞，內中要貫精神，即上提之意也。切記不要兩足全然占煞前蹬，此謂雙重之病。

鬆肩沉肘。兩肩鬆開，不用絲毫之力。用力，則不能捨己從人，引進入空。沉肘時，即兩股前膊注意內中，要有騰挪之勢。無騰挪，則不靈活，不靈活，則無圓活之

趣。

又須護肫。肫不護，則無豎尾之力。鵠有豎尾之力，人有豎尾之能，此乃軀之主宰。肫不護則一身無主宰也。

又須蓄勁。勁以曲蓄而有餘，要蓄斂於骨之內也。

更須養氣。氣以直養而無害，直養，謂呼吸之氣通暢也。吸則合，為蓄；呼為開，為發。蓋吸則自然提得起，亦拏得人起；呼則自然沉得下，亦放得人出。此是以意運氣，非以力使氣，即呼吸之功也。

國術之道義

國術者，巧妙之法也，非大力手快也。夫力大手快則先天自然而有，何須學焉？俾有欲學其術者，宜先從規矩而求之。

規矩者，涵胸、拔背、裹襠、護肫、提頂、吊襠是也。先將規矩求對，再求斂氣。氣斂脊骨，注於腰間，然後再求騰挪。騰挪者，即精氣神也。精氣神在兩腳、兩腿、兩手、兩膊前節之間也。

彼挨我何處，我何處注意。然周身無一寸無精氣神，無一寸非太極，而自如規矩，絲毫不亂。再求動靜之術，靜則無，無中生有，即有意也。意無定向，能八面支撐。故單練之時，每一勢分四字，即起、承、開、合；一字一問能八面支撐不能？不能八面支撐，即速揣摩之。

如二人打手，我意在先，彼手快不如我意先，彼力大不如我氣斂。彼以巨力打來，我以意去接，微挨皮毛不讓打著，借其力，趁其勢，四面八方何處順，即向何處打

之。

切記不可用力，不可尚氣，不可頂，不可丟；須要從人，不要由已，得機得勢，方能隨手而奏效。動亦是意，步動而身法（規矩）不亂，手動而氣勢不散。

單練之時，每一動要問能否能由動中向八面換轉不能？不能八面轉換，即速揣摩之。

如二人打手，我欲去彼，先將周身規矩安排好，意仍在先，對定彼之重點，筆直去之。我之意方挨彼皮毛，如能應手，一呼即出。如彼力頂來，不讓其力發出，我之意仍借彼力，不丟不頂，順其力而打之；此即借力打人，四兩撥千斤之妙也。此全是以意運氣，非以力使氣也。

能以意打人，久之則意亦不用，身法無所不合。到此境界，已臻圓融精妙之境。說有即有，說無即無，一舉一動，無不從心所欲。不知手之舞之，足之蹈之，規矩講究，一概不知，即在無意之中，此所謂太極而無極也。

郝月如太極拳論

郝文桂

郝文桂（1877—1935），字月如，少時體質孱弱，三歲頭猶傾欹，及十餘歲，習太極拳，穎悟異常，體力轉強。月如既得家傳，又從李亦畬讀書，常觀其演勢及打手，潛心默識，多有所悟。年二十，已通曉太極拳之意，

然習之不若其父之勤。其後，或在軍幕，或司稅收，所至
輒思物色穎悟弟子以盡授以學，不可得，甚為憾。

1929年，孫祿堂任江蘇國術館副館長於鎮江，薦月如
為教習，年餘，共事或嫉之，月如乃辭職去南京。時南京
有為真之弟子李香遠，以1930年至南京授拳，江蘇張士一
和陝西馮卓從學焉。及1931年，月如至南京。人莫知其拳
之內蘊，惟士一與卓識為真傳，二人既從受學，且為揄
揚，從學者日眾，然或月餘即去，或數月去，惟張士一、
徐震、馮卓相從為久。1935年春，由士一言於中央大學校
長，得聘為兼任教員。其年秋，患足腫，至十一月而劇，
子少如方在上海授拳，聞訊去南京侍疾，半月後月如歿，
享年五十九歲。

太極拳義

太極者，陰陽相濟也。

動之則分，靜之則合。分者，開大也；合者，縮小
也。其中皆有陰陽之氣也。開也，大也，非頂撞也；縮
也，小也，非躲閃也。

一動無有不動，一靜無有不靜。動者，氣轉也；靜
者，有預動之勢也，所謂「視靜猶動，視動猶靜」。

氣如車輪，腰如車軸。車輪者，陰陽兩氣相應也；車
軸者，腰隙上下旋轉也，非兩手亂動，身體亂挪也。

緊要全在蓄勁。蓄勁如張弓，發勁如放箭。無蓄勁，
則無放勁之力。發勁，要上下相隨，勁起於腳根，注於腰
間，形於手指，由腳而腿而腰，總須完整一氣。腰如弓

把，腳手如弓梢，內中要有彈性，方有發箭之力也。自己安排得好，彼一挨有皮毛，我意即接定彼勁。挨皮毛，即是不丟不頂。用意去接，即是順隨之勢。能順隨，則能借力；能借力，則能打人；此謂借力打人、四兩撥千斤。到此地步，手上便有分寸，能稱彼勁之大小，能權彼來之長短，毫髮無差，前進後退，左顧右盼，處處恰合，所謂「知己知彼，百戰百勝」也。

平日走架打手，須要從此做去。走架即是打手，打手即是走架，此皆一理。走架每一勢要問自己：合上規矩不合？少有不合，即速改換。差之毫釐，謬以千里。能領悟此意，行住坐臥，皆是太極，學者不可不詳辨焉。

習斯技者，先求尾閭中正。中正者，脊骨根對臉之中間也。邁左步，左胯向後抽，邁右步，右胯向後抽，則尾閭自然中正。能中正，則能八面支撐。能八面支撐，則能旋轉自如，無不得力。

次須虛實分清。虛，非全然無力。內中要有騰挪，即預動之勢也。實，非全然占煞，內中要有精神，即上提之意也。

又須鬆肩沉肘。兩肩鬆開，不用絲毫之力。用力，則不能捨己從人，引進入空。沉肘，即兩膊前節內中要有騰挪之意，無騰挪，則不靈活。不靈活，則無圓轉如意之趣。

又須護臀。臀不護，則一身無主宰也。

更須養氣。氣以直養而無害，直養，謂呼吸之氣通暢也。吸則合，為蓄；呼為開，為發。蓋吸則自然提得起，亦拏得人起；呼則自然沉得下，也放得人出。

又須蓄勁。勁以曲蓄而有餘，要蓄斂於脊骨之內也。

總之，須以意運氣，非以力使氣也。

身法要點

太極拳身法主要有涵胸、拔背、裹襠、護肫、提頂、吊襠、鬆肩、沉肘、騰挪、閃戰、尾閭正中、氣沉丹田、虛實分清，共十三條。

何謂含胸

曰：心以上為胸，胸不可挺，要往下鬆，兩肩微向前合，謂之涵胸。能涵胸，才能以心行氣。

何謂拔背

曰：兩肩中間脊骨處，似有鼓起之意，兩肩要靈活，不可低頭，謂之拔背。

何謂裹襠

曰：兩膝著力，有內向之意，兩腿如一條腿，能分虛實，謂之裹襠。

何謂護肫

曰：兩肋微斂，取下收前合之勢，內中感覺鬆快，謂之護肫。

何謂提頂

曰：頭頸正直，不低不昂，神貫於頂，提挈全身，謂之提頂。

何謂吊襠

曰：兩股用力，臀部前送，小腹有上翻之勢，謂之吊襠。

何謂鬆肩

曰：以意將兩肩鬆開，氣向下沉，意中加一靜字，謂之鬆肩。

何謂沉肘

曰：以意運氣，行於兩肘，手腕要能靈活，肘尖常有下垂之意，謂之沉肘。

何謂騰挪

曰：有動之意而未動，即預動之勢，謂之騰挪。

何謂閃戰

曰：身、手、腰、腿相順相隨，一氣呵成，向外發出，勁如發箭，迅若雷霆，一往無前，謂之閃戰。

何謂尾閭正中

曰：兩股有力，臀部前收，脊骨根向前托起丹田（小腹），謂之尾閭正中。

何謂氣沉丹田

曰：能做到尾閭正中、涵胸、護肫、鬆肩、吊襠，就能以意送氣，達於腹部，不使上浮，謂之氣沉丹田。

何謂虛實分清

曰：兩腿虛實必須分清。虛非完全無力，著地實點要有騰挪之勢。騰挪者，即虛腳與胸有相吸相繫之意，否則便成偏沉。實非全然占煞，精神貫於實股，支柱全身，要有上提之意。如虛實不分，便成雙重。

武式太極拳要點

手、眼、身、步、精、氣、神

手法須要氣勢騰挪，有預動之勢，無散漫之意。兩肩亦須鬆開，不使絲毫之力。手勢本無一定，不管抬起垂下，伸出屈回，總要有相應之意，何時意動，何時手到，所謂「得心應手」是也。騰挪之勢，即「有意」、「運氣」、「精神貫注」是也。以意運氣，久而能精，精而愈精則神，神而愈神則靈。領悟此理，當有神明之妙。

神聚於眼。眼是心之苗，心從意中生。我意欲向何處，則眼神直射何處，周身亦直對何處，一轉眼則周身全轉。視靜猶動，視動猶靜，總須從神聚而來。

身法先求尾閭正中。正中者，即是脊骨根向前也。又須護肫，肫不護則豎尾無力，一身便無主宰矣。我意欲向何處，脊骨根便直對何處。轉變在兩腰眼中，左轉則左腰眼微向上抽，用右腰眼托起左腰眼；右轉則右腰眼微向上抽，用左腰眼托起右腰眼，則尾閭自然正中。

總之，各條身法必須一一求對，結合起來只有一個身法，一處不合，全身都乖，所以身法是永不許錯的。雖千變萬化，總難越出此身法也。

所謂步法虛實分清，虛非全然無力，內中要有騰挪；實非全然占煞，必須精神貫注。騰挪謂之虛，虛中有實。精神謂之實，實中有虛。虛虛實實，實實虛虛，即此意也。

起、承、開、合

太極拳走架，每一架勢分四個動作，第一個動作是「起」（如左懶紮衣第一式），第二個動作是「承」（如左懶紮衣第二式），第三個動作是「開」，也即是發（如左懶紮衣第三式），第四個動作是「合」，也即是收，收是蓄的意思（如左懶紮衣第四式）。但不是呆板的，有開中寓開，有合之再合，所謂不丟不頂，處處恰合也。

折疊轉換

太極拳有折疊之術，有轉換之法。折疊者，是對稱的，有上即有下，有前即有後，有左即有右。如意要向上，即寓下意；意要向下，即寓上意；前後左右，皆是如此。此即謂之折疊。

轉換者，步隨身換。命意源頭在腰眼之間。向左轉換，左腰眼微向上抽，用右腰眼托起左腰眼；向右轉換，右腰眼微向上抽，用左腰眼托起右腰眼。此即所謂命意源頭在腰隙也。

捨己從人

太極拳有捨己從人之術，挨何處，何處靈活。假使挨手，手腕靈活；挨肘，肘能靈活；挨胸，胸能靈活。周身處處如此。

又，挨手意在肘，挨肘意在肩，挨肩意在胸，挨胸意在腰，挨腰意在股；以此推之。如沾連黏隨，不丟不頂，

引進落空，借力打人，皆此意也。

太極拳的走架打手

太極拳不在樣式而在氣勢，不在外面而在內。平日行功走架，須研究揣摩空鬆圓活之道，要神氣鼓蕩，全身好似氣球，氣勢貴騰挪，身體有如懸空。兩手無論高低屈伸，一前一後，一左一右，皆能靈活自如。兩腿不論前進後退，左右旋轉，虛實變換，無不隨意所欲。日久功深，有不知手之舞之、足之蹈之之境。明白原理，練熟身法，善於用意，巧於運氣，到此地步，一舉一動，皆能合度，無所謂不對。

習太極拳者，必先求尾閭正中。正中者，脊骨根對臉之中間也。邁左步，左胯微向左上抽，用右胯托起左胯；邁右步，右胯微向右上抽，用左胯托起右胯，則尾閭自然正中。能正中，則能八面支撐。能八面支撐，則能旋轉自如，無不得力。

次則步法虛實分清。虛非全然無力，內中要有騰挪，即預動之勢也；實非全然占煞，內中要貫注精神，即上提之意也。切記兩足在前弓後蹬時不要全然占煞，應該分清一虛一實，否則即成雙重之病。

兩肩須要鬆開，不用絲毫之力，用力則不能捨己從人、引進落空。沉肘，即肘尖常向下沉之意。前膊和兩股注意內中要有騰挪之勢，無騰挪則不靈活，不靈活則無圓活之趣。

又須護肫，肫不護則豎尾無力，便一身無主宰矣。又

須養氣，氣以直養而無害，即沉於丹田，涵養無傷之謂也。

又須蓄勁，勁以曲蓄而有餘，並須蓄斂於脊骨之內。吸為合、為蓄；呼為開、為發。蓋吸則自然提得起，亦拿得人起；呼則自然沉得下，亦放得人出。此是以意運氣，非以力使氣，是即太極拳呼吸之道也（此中所說「呼吸」，專指太極拳的開、合、蓄、發而言，與吾人平常呼吸不同，切莫誤會）。

太極拳之為技也，極精微巧妙，非特力大手快也。夫力大手快者，先天自然賦有，又何須學焉。是故欲學斯技者，宜先從涵胸、拔背、裹襠、護肫、提頂、吊襠、鬆肩、沉肘、虛實分清求之。這些對了，再求斂氣。氣斂脊骨，注於腰間。然後再求騰挪。騰挪者，即精、氣、神也，精氣神貫注於兩腳、兩腿、兩手、兩膊前節之間；彼挨我何處，我注意何處，周身無一寸無精氣神，無一寸非太極。而後再求進退旋轉之法。旋轉樞紐在於腰隙。能旋轉自如，絲毫不亂，再求動靜之術。靜則無，無中生有，即有意也；意無定向，要八面支撐。

單練之時，每一勢分四字，即起、承、開、合。一字一問能否八面支撐，不能八面支撐，即速揣摩之。如二人打手，我意在先，彼手快，不如我意先；彼力大，不如我氣斂；彼以巨力打來，我以意去接，微挨皮毛，不讓打著，借其力，趁其勢，四面八方何處順，即向何處打之。切記不可用力，不可尚氣，不可頂，不可丟；須要從人，仍是由己，得機得勢，方能隨手而奏效；動亦是意，步動

而身法不亂，手動而氣勢不散。

單練之時，每一動要問能否由動中向八面轉換，不能八面轉換，即速揣摩之。如二人打手，我欲去彼，先將周身安排好，意仍在先，對定彼之重點，筆直去之。我之意方挨彼皮毛，如能應手，一呼即出。如彼之力頂來，不讓其力發出，我之意仍借彼力，不丟不頂，順其力而打之，此即借力打人，四兩撥千斤之妙也。此全是以意運氣，非以力使氣也。能以意打人，久之則意亦不用，身法無所不合；到此境界，己臻圓融精妙之境；說有即有，說無即無，一舉一動，無不從心所欲；真不知手之舞之、足之蹈之矣。

習太極者，須悟太極之理。欲知太極之理，於行功時先要提起全副精神，外示安逸，內固精神，氣勢騰挪，腹內鼓蕩。太極即是周身，周身即是太極。如同氣球，前進不凸，後退不凹，左轉不缺，右轉不陷，變化萬端，絕無斷續，一氣呵成，無外無內，形神皆忘，乃能進於精微矣。

在打手時，我意須要在先。彼之力挨我何處，我之意用在何處，彼之力方挨我皮毛，我之意已入彼骨裏。以己之意接彼之力，非以己之力頂撞彼之力，恰好不後不先，我之意與彼之力相合。左重則左虛，右重則右杳；仰之則彌高，俯之則彌深；進之則愈長，退之則愈促；一羽不能加，蠅蟲不能落；人不知我，我獨知人；所謂沾連黏隨，不丟不頂者是也。

習太極拳者，須悟陰陽相濟之義。動之則分，靜之則

合。分者，開大也；合者，縮小也。其中皆由陰陽兩氣開合轉換，互相呼應，始終不離也。開是大，非頂撞也；縮是小，非躲閃也。

　　一動無有不動，一靜無有不靜。動者，氣轉也；靜者，有預動之勢也。所謂視靜猶動，視動猶靜。氣如車輪，腰如車軸。非兩手亂動，身體亂挪。緊要全在蓄勁，蓄勁如張弓，發勁似放箭。無蓄勁，則無發箭之力。發勁要上下相隨，勁起於腳根，注於腰間，形於手指。由腳而腿而腰，總須完整一氣。腰如弓把，腳手如弓梢，內中要有彈性，方有發箭之力也。自己安排好，彼一挨我皮毛，我意接定彼勁。挨皮毛，即是不丟不頂；用意去接，即是順隨之勢；能順隨，則能借力；能借力，則能打人，此所謂借力打人，四兩撥千斤是也。到此地步，手上便有分寸，能稱彼勁之大小，能權彼來之長短，毫髮無差；前進後退，左顧右盼，處處恰合，所謂「知己知彼，百戰百勝」也。

　　平日走架打手，須要從此做去。走架即是打手，打手即是走架，此皆一理。走架每一勢要分四字，即起、承、開、合是也；一字一問對不對，少有不對，即速改換。差之毫釐，失之千里。能領悟此意，行住坐臥，皆是太極，學者不可不詳辨焉。

　　平日走架行功時，必須以意將氣下沉，送於丹田（以意非以力、非努氣、非用呼吸），存養涵蓄，不使上浮，腹內鬆靜，氣勢騰然。依法練習，日久自能斂氣入骨（脊骨）。然後用意將脊骨之氣由尾閭從丹田往上翻之。達此

境界，就能以意運氣，遍及全身。彼挨我何處，我意即到何處，氣亦從之而出，如響斯應，疾如電掣。周身無一處不是如此，此即所謂「行氣如九曲珠，無微不到；運勁如百煉鋼，何堅不摧」，亦即「意到氣即到」是也。

又丹田之氣，須直養無害，才能如長江大海之水，用之不竭，取之不盡。迨至功夫純熟，煉成周身一家，宛如氣球一樣，左重則左虛，右重則右杳，物來順應，無不恰合。凡此皆是以意運氣，非以力使氣，在內不在外，亦即尚氣者無力，養氣者純剛是也。

操手十五法

（一）以手指敵人中心；手不能用，肩肘指之，肩肘不能用，心意指之。

（二）遇剛則柔，而剛要緊在其後。

（三）進手時要用螺旋力，靜動不離，沾連黏隨，追風趕月之意。

（四）彼螺旋，我亦螺旋而進之；進時須墊步。

（五）不得已而退時，須用己手掩護敵手，整身則退之為要，所謂「雀躍」也。

（六）兩手用力要平均，如抱球狀；不可此手有力，彼手無力。

（七）如甲手勢敗時，則須快進乙手為佳。

（八）敵手擊來時，不必懼他；只須順其勢、借其力而擊之。

（九）順敵勁之梢節，直到敵之中節，進擊敵之根節

要緊。

（十）動手時，務以周身一家為要，不可用局部力。

（十一）敵人取我之中節時，須用全體變中以應之。

（十二）手不得到敵之根節時，不可發；周身圓動力打去。

（十三）全身動作，時時以畫圓圈為主，然圈越小越佳。

（十四）手腕要靈活，如蛇吸食之狀。

（十五）腰要靈活，如蛇纏物之形。

孫祿堂太極拳論

孫祿堂

孫祿堂

孫祿堂（1860—1933），名福全，字祿堂，晚號涵齋。河北望都縣東任疃村人，清末民初蜚聲海內外的著名武學大家。13歲時孫祿堂拜河北省名拳師李魁元為師，學習形意拳，同時文武兼學。兩年後，孫的武藝出類拔萃，李魁元便把他推薦給自己的師父郭雲深繼續深造拳藝，不久他便把形意拳的真功學到手。然而他並不滿足，繼續尋師學藝，到北京跟八卦掌名師董海川之得意弟子程廷華學藝。由於孫祿堂本來功底深厚，又得程師竭力指

教，苦練年餘，盡得八卦掌的精髓。1912年孫祿堂在北京偶遇太極名家郝為眞，仰慕其技，遂拜郝為眞為師學習武式太極拳，郝將自己所習太極拳之心得悉數傳於孫祿堂。此時孫祿堂集三大內家拳之眞傳於一身，武功卓絕，功臻化境，德高望重，譽滿京城。

1918年，孫祿堂將三家拳藝合冶一爐，融會貫通，革故鼎新，創立了孫氏太極拳，卓然自成一家。孫祿堂一生罕遇敵手，在世名家皆為嘆服，曾信手擊昏挑戰的俄國著名格鬥家彼得洛夫。年愈花甲時，力挫日本天皇欽命大武士板垣一雄。古稀之年，又一舉擊敗日本五名技擊高手的聯合挑戰。故在當時武林中享有「虎頭少保，天下第一手」之盛譽，堪稱一代武學宗師。

太極拳之名稱

人自賦性含生以後，本藏有養生之元氣，不仰不俯，不偏不倚，和而不流，是為真陽，所謂中和之氣是也。其氣平時洋溢於四體之中，浸潤於百骸之內，無處不有，無時不然，內外一氣，流行不息。

於是拳之開合動靜，即跟此氣而生；放伸收縮之妙，即由此氣而出。開者為放、為伸、為動，合者為收、為縮、為靜；開者為陽，合者為陰；放伸動者為陽，收縮靜者為陰。開合像一氣運陰陽，即太極一氣也。

太極即一氣，一氣即太極。以體言，則為太極；以用言，則為一氣。時陽則陽，時陰則陰，時上則上，時下則下。陽而陰，陰而陽。一氣活活潑潑，有無不立，開合自

然，皆在當中一點子運用，即太極是也。古人不能明示與人者，即此也。不能筆之與書者，亦即此也。

學者能於開合動靜相交處，悟澈本原，則可在各式圓研相合之中，得其妙用矣。圓者，有形之虛圈〇是也；研者，無形之實圈●是也。斯二者，太極拳虛實之理也。其式之內，空而不空，不空而空矣。此氣周流無礙，圓活無方，不凹不凸，放之則彌六合，捲之則退藏予密，其變無窮，用之不竭，皆實學也。此太極拳之所以名也。

太極拳學序言

乾坤肇造，元氣流行，動靜分合，遂生萬物，是為後天而有象。先天元氣，賦予後天形質；後天形質，包含先天元氣。故人為先後天合一之形體也。

人自有知識情欲，陰陽參差，先天元氣漸消，後天之氣漸長，陽衰陰盛，又為六氣所侵（六氣者，即風、寒、暑、濕、燥、火也），七情所感。故身軀日弱，而百病迭生。

古人憂之，於是嘗藥以袪其病，靜坐以養其心。而又懼動靜之不能互為用也，更發明拳術，以求復其虛靈之氣。迨達摩東來，講道豫之少林寺，恐修道之人久坐傷神，形容憔悴，故以順逆陰陽之理、彌綸先天之元氣，作易筋、洗髓二經，教人習之，以壯其體。至宋岳武穆王，益發明二經之體義，製成形意拳而適其用。八卦掌之理，亦含其中。此內家拳術之發源也。

元順帝時，張三豐先生修道於武當，見修丹之士兼練

拳術者，後天之力用之過當，不能得其中和之氣，以致傷丹而損元氣。故遵前二經之義，用周子太極圖之形，取洛河之理，先後易之數，順其理之自然，作太極拳術，闡明養生之妙。

此拳在假後天之形，不用後天之力，一動一靜，純任自然，不尚血氣，意在練氣化神耳。其中本一理、二氣、三才、四象、五行、六合、七星、八卦、九宮等奧義，始於一，終於九，九又還於一之數也。

一理者，即太極拳術起點，腹內中和之氣，太極是也。

二氣者，身體一動一靜之式，兩儀是也。

三才者，頭、手、足，即上、中、下也。

四象者，即前進、後退、左顧、右盼也。

五行者，即進、退、顧、盼、定也。

六合者，即精合其神、神合其氣、氣合其精，是內三合也；肩與胯合、肘與膝合、手與足合，是外三合也。內外如一，是成為六合。

七星者，頭、手、肩、肘、胯、膝、足，共七拳，是七星也。

八卦者，掤、捋、擠、按、採、挒、肘、靠，即八卦也。

九宮者，以八卦加中定，是九宮也。

先生以河圖洛書為之經，以八卦九宮為之緯，又以五行為之體，以七星八卦為之用，創此太極拳術，其精微奧妙，山右王宗岳先生論之詳矣。

自是而後，源遠派分，各隨己意而變其形勢。至前清道咸年間，有廣平武禹襄先生，聞豫省懷慶府趙堡鎮有陳清平先生者精於是技，不憚遠道，親往訪焉。遂從學數月，而得其條理。後傳亦畬先生。亦畬先生又作五字訣，傳郝為真先生。先生以數十年之研究，深得其拳之奧妙。余受教於為真先生，朝夕習練數年之久，略明拳中大概之理。又深思體驗，將夙昔所練之形意拳、八卦拳與太極拳三家匯合而為一體。一體又分為三派之形式。三派之姿勢雖不同，其理則一也。

惟前人只憑口授，無有專書。偶著論說，亦無實練入手之法。余自維淺陋，不揣冒昧，將形意拳、八卦拳、太極拳三派各編輯成書，書中各式之圖，均有電照本像。又加以圖解，庶有志於此者，可按圖模仿，實力作去，久之不難得拳中之妙用。

書中皆述諸先生之實理，並無文法可觀。其間有舛錯不合者，尚祈海內明達，隨時指示為感。

民國八年十月河北完縣祿堂孫全福謹序

李香遠太極拳論

李香遠

李香遠（1889—1960），名景清，字香遠，乳名寶玉，光緒十五年生，邢臺城西會寧村人。父親李德恒以行

李香遠

醫為業。李自幼愛武，曾從任縣著名鏢師劉瀛州學三皇炮捶。後經劉介紹，與其子劉東漢一同拜劉的好友楊振遠門下學太極拳。楊振遠，字兆林，是楊露蟬之長子楊鳳侯之子。鳳侯早逝，振遠之拳學於叔父班侯，其拳勢異於少侯、澄甫。據董英傑介紹，振遠先生之拳係緊湊之架子，打來不快不慢，澄甫先生係寬大柔綿而緩，少侯先生則緊湊而速。因楊振遠先生有阿芙蓉癖，卒於民初，故其事蹟鮮為人知。

　　1903年李香遠聽說郝為真已到邢臺，遂經人介紹投入郝為真先生門下，學習開合太極拳。因基礎好、天份高，又尊師好學，肯下功夫，遂得授真傳，名震一時。因李先生1923年擊敗過駐軍師長胡景翼，後又南下蘇州、南京等地教拳，因而名氣很大，邢臺民間至今留傳有不少關於他的傳聞軼事，更是被時人譽為「太極聖手」。

太極陰陽論

太極陰陽造化功，身心意氣得貫通。
任他千方和妙計，誰知內轉如神靈。
開合變化少人知，猶需指破於名師。
既然知曉其中理，尚需數年勤操持。
陰陽開合變化意，功用無息以無疑。
心為主宰身為用，知己知彼意成奇。

功用無息在數年，數年如同一日間。
自強不息格天地，從心所欲一貫串。
貫串一氣周身通，通開穴妙周身靈。
玲瓏之體常鍛鍊，時間持久乃神明。
神明變化有萬端，來自數年苦中寒。
春夏秋冬時常用，貴在日月不間斷。
時間持久是神功，太極武術通神靈。
神靈不測虛無體，浩然正氣在致中。
致中之氣通天地，人身本屬三才體。
不得通靈惟無志，志氣昂昂培根基。

第五卷
吳式太極拳傳譜匯集

吳公藻太極拳論

吳公藻

吳公藻

　　吳公藻（1900—1985），太極拳名家吳鑒泉先生之次子，吳式太極拳第三代傳人，家學淵源，尤以理論見長，著作甚多。自第一屆北京體育講習所畢業後，任國民革命軍第十三軍教練。1929年於上海精武體育會任教。1933年隨吳稚輝等赴長沙，在歡迎會上表演太極拳，得到了省長何健器重，聘為湖南國術訓練所教官兼省黨部教習。1934年南京中央國術館舉辦第二屆全國武術考試，任湖南省教練，成績斐然。1937年南下香港，與其兄吳公儀共同建立香港及澳門鑒泉太極拳社。1943年香港淪陷後回國。

　　吳公藻一生著作甚多，1980年在香港出版了《吳家太極拳》一書，堪為吳氏太極拳之經典著作。此書之最重要意義，在於第一次以全本影印形式向全社會展示在其家珍

藏多年的《楊家傳抄太極拳老譜》，且是完全公開。此譜對太極拳理論研究方面具有非常重要的意義，公開此譜，可謂是厥功至偉，善莫大焉！

太極拳總論

拳術一道，不外強健筋骨，調和氣血，修養身心，卻病延年，實為後天養生之術。

太極拳，乃循太極動靜之理以為法，採虛實變化之妙而為用。其姿勢也中正安舒，其動作也輕靈圓活，故一動無有不動，一靜無有不靜。其動靜之理，與道家之坐功，互相吻合，實道家之行功，在拳理言之，故稱內家。因與道本為一體，老幼婦孺，均可練習，其功用純任自然，學之毫無痛苦，誠有益無害之運動也。

苟能精勤研究，歷久不懈，則愈練愈精，愈精愈微，由微入妙，由妙入神，不但有益於身心，更能增進智慧，獲益殊非淺鮮也。

太極拳十三勢大義

十三勢者，按五行八卦原理，即推手之十三種總勁，非另有十三個姿勢。

五行者，即進、退、顧、盼、定之謂。分為內外兩解。行於外者，即前進、後退、左顧、右盼、中定；行於內者，即沾、連、黏、隨、不丟頂。

八卦者，亦分內外兩解。行於外者，即四正、四隅；蘊於內者，即掤、捋、擠、按、採、挒、肘、靠，八法

也；行於外者為勢，蘊於內者為勁。

學者以拳為體，以推手為用。

經曰其根在腳，發於腿，主宰於腰，形於手指，實為太極拳之精義，學者不可不留意焉。

五行要義詳解

五行者，金、木、水、火、土也；五行之勁曰沾、連、黏、隨、不丟頂。

茲將各勁詳解於後。

沾　者

如兩物互交，沾之使起，在太極拳語中謂之「勁」。此勁非直接沾起，實間接而生。含有勁、意雙兼兩義。

如推手或交手時，對方體質強大，力氣充實，樁步穩固，似難使其掀動或移其重心。然以沾勁，能使其自動失中。用意探之，使其氣騰，全神上注，則其體重而足輕，其根自斷，此即彼之反動力所致，吾則順勢撒手，而以不丟、不頂之勁，引彼懸空，是為沾勁。

夫勁如沾球，一撫一提之間，運用純熟，球不離手，沾之即起，所謂沾即是走，走即是沾之謂也。

意者，設想之謂。以虛實之理，使敵出其不意，攻其不備。對方雖實力充足，據險以守，不畏攻擊，不畏力敵，然最忌誘敵。吾若以利誘之，使其棄守為攻，實力分散，吾則分而擊之，是誘而殺之，亦其自取敗亡。所謂攻其所不守，守其所不攻之道也，學者務須時時體會，久而自驗。

連 者

貫也，不中斷，不脫離，接續連綿，無停無止，無息無休，是為連勁。

黏 者

沾貼之謂，彼進我退，彼退我進，彼浮我隨。彼沉我鬆，丟之不開，投之不脫，如沾如貼，不丟不頂，是謂之黏勁。

隨 者

從也，緩急相隨，進退相依，不即不離，不先不後，捨己從人，是謂之隨。

不丟頂

丟者，開也；頂者，抵也。不脫離，不抵抗，不搶先，不落後，五行之源，輕靈之本，是為不丟頂勁。

太極拳八法秘訣

掤勁義何解，如水負行舟。先實丹田氣，次要頂頭懸。
全體彈簧力，開合一定間。任有千斤重，飄浮亦不難。
捋勁義何解，引導使之前。順其來時力，輕靈不丟頂。
力盡自然空，丟擊任自然。重心自維持，莫被他人乘。
擠勁義何解，用時有兩方。直接單純意，迎合一動中。
間接反應力，如球撞壁還。又如錢投鼓，躍然聲鏗鏘。
按勁義何解，運用似水行。柔中寓剛強，急流勢難當。
遇高則澎滿，逢窪向下潛。波浪有起伏，有孔無不入。
採勁義何解，如權之引衡。任你力巨細，權後知輕重。
轉移只四兩，千斤方可平。若問理何在，幹捍之作用。

捌勁義何解，旋轉若飛輪。投物於其上，脫然擲丈尋。
君不見漩渦，捲浪若螺紋。落葉墮其上，倏爾便沉淪。
肘勁義何解，方法有五行。陰陽分上下，虛實須辨清。
連環勢莫擋，開花捶更凶。六勁融通後，運用始無窮。
靠勁義何解，其法分肩背。斜飛勢用肩，肩中還有背。
一旦得機勢，轟然如搗碓。仔細維重心，失中徒無功。

慢與不用力

太極拳慢而無力，學者多懷疑之，或謂不能應用，徒能鍛鍊身體。蓋練拳之道，首宜研究學理，學理了然，再學方法，方法精熟，始能應用。非拳術之不能應用，實功夫之尚未練到耳。如煉鋼然，由生鐵而煉成熟鐵，由熟鐵而煉成純鋼，非經過長時間之火候不為功。

夫太極拳之所以由慢而成者，其練習時間，純任自然，不尚力氣，而尚用意，用力則笨，用氣則滯，是以沉氣鬆力為要。

太極拳，以靜制動，以柔制剛，無中生有，有若無，實若虛，逆來順受，不丟不頂，均係虛實之變化也。慢者緩也，慢所以靜，靜所以守，守之謂定，此即心氣之中定也。心定而後靜，靜而後神安，神安而後氣沉，氣沉而後精神團聚，乃能聚精會神，一氣貫通。

慢由於心細，心細則神清，神清則氣爽，乃無氣滯之弊。快由於心粗，心粗由於急，急則氣浮，氣浮不沉，心急不靜，不沉不靜，心無所守，則散亂之病生。虛靈二字，更無由求。以靜制動，以柔克剛者，由於感覺使然，

故其拳架系鍛鍊身心以為體，功夫出自推手而為用。

推手之初步，專在摩練感覺，身有所感，心有所覺，感應精微，致用無窮，故能知己知彼。其滋味則心領神會，非筆墨所能形容。其變化之無窮，皆由感覺之靈敏，故能知其虛實，而便利從心，此慢與不用力之義也。

中　定

伸屈開合之未發，謂之中。寂然不動，謂之定。心氣清和，精神貫頂，不偏不倚，是為中定之氣，亦道之本也。

虛領頂勁

頂勁者，即頂頭懸。頭頂正直，腹內鬆淨，氣沉丹田，精神貫頂，如不倒翁，上輕下沉；又如水中浮漂，漂然不沒之意。歌曰：神清氣沉任自然，漂漂蕩蕩浪裏攢。憑你風浪來推打，上輕下沉不倒顛。

感　覺

身有所感，心有所覺，有感必有應，一切動靜皆為感。感則必有應，所應復為感，所感復有應，所以互生不已。感通之理，精義入微，以致用也。

推手初步，專在摩練感覺，感覺靈敏，則變化精微，所以無窮也。

聽　勁

聽之謂權，即權其輕重也；在推手為偵察敵情，聽之

於心，凝之於耳，行之於氣，運之於手。

所謂以心行意，以意行氣，以氣運身，聽而後發。聽勁要準確靈敏，隨其伸，就其屈，乃能進退自如。

問　答

我有所問，彼有所答，一問一答，則生動靜，既有動靜，虛實分明。在推手則以意探之，以勁問之，俟其答覆，再聽其虛實。若問而不答，則可進而擊之；若有所答，則須聽其動靜之緩急，及進退之方向，始能辨其虛實也。

虛　實

兵不厭詐，以計勝人也。計者，虛實之謂；拳術亦然。姿勢，動作，用意，運勁，各有虛實。知虛實而善利用，雖虛為實，雖實猶虛，以實望虛，避實望虛，指上打下，聲東擊西，或先重而後輕，或先輕而後重，隱現無常，沉浮不定，使敵不知吾之虛實，而吾處處求敵之虛實。

彼實則避之，彼虛則望之。隨機應變，聽其勁，觀其動，得其機，攻其勢。如醫者視病而投藥，必先診其脈，觀其色，察其聲，問其症。

故曰虛實宜分清楚，一處自有一處虛實，處處總此一虛實也。

量　敵

兵法云：「知己知彼，百戰百勝。」是故整軍行旅之初，當先審己量敵，而計其勝負之情也。誠哉斯言，勝負

之機，在知與不知耳。

拳雖小道，其理亦然。以己之短，當人之長，謂之失計；以己之長，當人之短，謂之得計。取勝之道，在得失之間，故量敵最關重要也。

太極拳之所謂問答，即問其動靜，目的在聽其勁之方向與重心，即偵察敵情之意，所謂量敵也。彼我在未進行攻擊以前，吾應以靜待動，以逸待勞，毫無成見。彼未動，我不動，彼微動，我先動。貴在彼我相交一動之間，即知其虛實而應付之。

此均由於感覺、聽勁、虛實、問答、量敵而來，學者應注意致力焉。

知　機

機者，陰陽未分，虛無縹茫，謂之機，先機之謂也。即是無聲無臭，無形無象，在應用時，是未有動靜，未成姿勢，是無機會也。功夫高者，皆能知機，能知機，能造勢。所謂無中生有，乘機而動；下者，不知機，故不得勢，所謂先知先覺，後知後覺，不知不覺，此為吾道之三大境界。

凡屬吾門，一經推手，自然領會。彼我之高下，無須相角勝負。譬如圍棋，高者每下一子，皆有用意，眼光遠大，著不虛發，氣俱連貫，而占局勢，其勝負之情已定；下者，眼光淺近，心無成竹，不得先手，隨人擺脫，而自顧不暇，其必敗也已知。

推手之理亦然。高者，心氣沉靜，姿態大雅，逆來順

受，運用自如；下者，進則無門，退則無路，攻之不可，守之無術。此即知機與不知機之分耳。

重　心

凡人有四肢軀幹，頭為首，其站立俯仰，亦各有姿勢。姿勢立，則生重心。重心穩固，所謂得機得勢；重心失中，乃有顛倒之虞，即不得機，不得勢也。

拳術，功用之基礎，則在重心之穩固與否，而重心又有固定與活動之分；固定者，是專主自己練習拳術之時，每一動作、一姿勢，均須時時注意之，或轉動，或進退皆然。重心與虛實本屬一體，虛實能變換無常，重心則不然。雖能移動，因係全體之主宰，不能輕舉妄動，使敵知吾虛實。

又如作戰然，心為令，氣為旗，腰為纛。太極拳以勁為戰術，虛實為戰略，意氣為指揮，聽勁為間諜，重心為主帥，學者應時時揣摸默識體會之，此為斯道全體大用也。重心，活動之謂，係在彼我相較之間，雖在決鬥之中，必須時時維持自己之重心，而攻擊他人之重心。即堅守全軍之司令，而不使主帥有所失利也。

雙　重

雙重者，無虛實之謂也。雙重之病，有單方與雙方及兩手兩足之分。經云：「偏沉則隨，雙重則滯。」又云：「有數年純功而不能運用者，率為人制，雙重之病未悟耳。」故雙重之病，最難自悟自覺，非知虛實之理，不易

避免。能解此病,則聽勁、感覺、虛實、問答,皆能融會貫通焉。

腳踏車之所以能行動彎轉自如者,均力學也。人坐於車上,手拂之,足踏之,目視之,身隨之,其重心在腰,而司顧盼,以手輔助之。

其輪盤置於車之中心,兩足踏於腳蹬之上,一踏一提,則輪齒絞練而帶動前進矣。若使兩足同時用力踏之,則車即行停止前進,此蓋雙重之病耳。

夫推手亦然。對方用力推我,吾若仍以力相抵抗之,因而相持,則謂之滯,此即雙方之雙重也;若我或彼,各順其勢,不以力抵抗,而順對方來力之方向撤回,引之前進,然須不丟不頂,則必有一方之力落空,此即偏沉所致。

如我擬攻對方之側面,使其倒地,若以兩手直接推之,而對方氣力強大,不可挫其鋒;須以虛實之法,雙手撫其肩,我左手由彼之右肩下捋,同時我右手擊其左肩,此時我之兩手作交叉之勢,同主一方,而發勁成一圓形,則彼可側斜而倒,因彼同時不能上下相顧而失利也,此即吾發勁偏沉所致也。學者悟一而知十,所謂由著熟而漸悟懂勁也。

捨己從人

捨己從人,是捨棄自己的主張,而依從他人動作。在太極拳中,為最難能之事。因兩人在交手之時,勝負之觀念重,彼我決不相容,何況互相攻擊;或在相持之中,而

棄其權利，所謂捨己從人，不僅作字面解釋而矣。

在吾道中，其寓意至深，學者當於「惟務養性」四字下功夫。經云：無極而生，動靜之機，陰陽之母也。動靜為性，陰陽為理，故性理為道之本源。養性之說，是學者應時時致力修養，潛心揣摩，心領神會，久之自能豁然貫通矣。

又云：「由著熟而漸悟懂勁，懂勁後而階及神明。」此乃循環之理，歸宗之意。蓋所謂超以象外，得其寰中。功夫練到精微，能造機造勢，不愁無得機得勢處。能處處隨曲就伸，則無往不利，如此乃能捨己從人。

鼓　蕩

氣沉，腰鬆，腹淨，含胸，拔背，沉肩，垂肘，節節舒展；動之，靜之，虛之，實之，呼之，吸之，開之，合之，剛之，柔之，緩之，急之，此種混合之勁，乃是鼓蕩也。是故以心行意，以意行氣，以氣運身，乃生鼓蕩之勁。由心氣貫串，陰陽變化而來。如颶風駭浪，雲行水流，如鳶飛魚躍，兔起鶻落，載沉載浮，忽隱忽現；大氣鼓蕩，風雲莫測者也。

太極推手，最後功夫有爛採花者，又名採浪花，全以鼓蕩之勁鼓動對方。使之如海船遇風，出入波濤之中，眩暈無主，傾斜顛簸，自身重心，難以捉摸，即鼓蕩之作用也。

基　礎

太極拳以拳架為體，以推手為用。在初學盤架時，基礎最關重要，其姿勢務求正確而中正安舒，其動作必須緩和而輕靈圓活。此係入門之徑，學者循序而進，不致妄費功夫，而得其捷徑也。

中者，心氣中和，神清氣沉，其根在腳，即是立點。重心繫於腰脊，所謂「命意源頭在腰隙」，精神含斂於內，不表於外，乃能中定沉靜矣。

正者，姿勢端正。每一姿勢，務宜端正，而忌偏斜。然各種姿勢，各不相同，或仰，或俯，或伸，或屈，非盡中正。是以其發勁及其用意之方向，而求其重心。蓋重心為全體樞紐，重心立，則開合靈活自如；重心不立，則開合失其關鍵。如車軸為車輪之樞紐，若使車軸置於偏斜，而不適於車身之重心處，則車輪轉動，進退失其效用矣。故拳架之姿勢，務求正確，則重心平穩，要不自牽扯其重心，而辨別虛實也。

安者，安然之意，切忌牽強。由自然之中，得其安適，乃無氣滯之弊，而能氣遍身軀矣。此由於姿勢安穩，動作均勻，呼吸平和，神氣鎮靜所致。

舒者，舒展之謂。故云先求開展，後求緊湊。初學盤架時，姿勢動作，務求開展，使全體關節，節節舒展之。然非故意用力伸張筋骨，於自然之中，徐徐鬆展，久之自然鬆活沉著矣。

輕者，輕虛之意，然忌漂浮。在盤架時，動作要輕靈

而和緩，往復乃能自如，久之自生鬆活之勁，進而生沾黏之勁。故輕字是練太極拳下手之處，入門之途徑。

靈者，靈敏之謂。由輕虛而鬆沉，由鬆沉而沾黏。能沾黏，即能連隨。能連隨，而後方能靈敏，則可悟及不丟不頂矣。

圓者，圓滿之謂。每一姿勢一動作，務求圓滿，而無缺陷，則能完整一氣，而免凸凹斷續之病；推手運用各勁，非圓不靈，能圓則活，處處能圓，則無往不利。

活者，靈活之謂，無笨重遲滯之意。上述各節貫通後，則伸屈開合、進退俯仰，無不自由。所謂能呼吸，而後能靈活也。

授　受

夫人之性情，各有不同，大抵可分為兩種，曰剛與柔是也。剛性急而烈，上者為強，下者為暴。

強者喜爭，故其學拳時多務於剛，以其性喜爭強鬥勝，不屈人下也。柔者，性和而順，上者心氣中和而篤敬，故其學拳時，多務於柔，以其性喜和平，多涵養也。

暴者，性燥而魯莽，故其學拳時，專務於猛，而無精細之趣。柔之下者，性柔而弱，意志不強，少進取心，故其學拳時不求甚解。

然武人貴志剛而性柔，有智，有仁，有勇，方為剛柔相濟，如此乃能進德修業矣。

上述性別，關乎學者之本性，應注意之。學者以性情之不同，而所得結果亦異。間嘗竊觀，學太極拳者，雖同

一師承，而其拳之姿勢，與理論之解釋各異，因而遺下多少竇疑及誤會。凡此蓋亦教授者因其人之性情而授受之耳。所謂差之毫釐，謬以千里。故特表而出之，以解釋群疑，而資參考焉。

第六卷
趙堡太極拳傳譜彙集

蔣發太極拳論

太極拳功

師傳曰：太極行功法，在調陰陽，合神氣，止心於臍下，乃曰凝神。斂神入氣穴，使陰陽交感，渾然一氣。

夫太極拳者，靜而始動，動而至靜，動靜相因，連而不斷。神形互依，意氣相聚。拳未到，而意先到。拳不到，而意亦到。上下相隨，內外相合，虛實分明，用意不用力，乃拳功之要，學者不二法門也。

太極拳要訣

筋骨要鬆，皮毛要攻。節節貫串，虛靈在中。

陳清平太極拳論

陳清平

陳清平（1795—1865），或名陳清萍、陳青萍，趙堡鎮人，為趙堡太極拳第七代傳人，太極拳承上啟下之一代宗師。少年時拜於有「太極拳神手」之稱的趙堡太極拳第六代宗師張彥門下，系統地學習太極拳全部技藝。其勤學善悟，理法均能融會貫通，是以武學造詣可謂神乎其技，臻於上乘。

陳清平先生志氣清朗，不拘門戶之見，具有豁達的心胸和開明的教育思想。勇於跳出封閉狹隘的框框，深知「太極拳不出村」之守舊思想嚴重地束縛了太極拳的發展與創新，所以他打破門規，廣授門徒，坦然將太極秘技公佈於眾。其門下從學者最多時逾八百之眾，所收學生也並不只是局限在陳氏家族範圍內，且其最知名的學生幾乎都不姓陳，但個個均身懷絕技。由此可見，陳清平先生是將太極拳看作人類共有的財富，而不將其視為私人或家族財產，在當時封建守舊的時代背景下，能有如此豁達開明的胸襟，實屬不易，亦非常難能可貴。

陳清平在教學上不拘泥守舊，非常靈活。根據每個弟子的資質，因材施教，所授徒弟，均能在其點撥下舉一反三，獲益良多。所授弟子在陳清平所傳太極拳的基礎上，

吸取其他門派之精髓，結合自身之體悟，各自發揮，融而化之，逐漸演變出風格多變的太極拳流派和套路。如其弟子武河清（禹襄）係河北省永年縣人，少年在家習練楊式太極拳，後得知楊式來源於陳氏，遂借去河南舞陽探兄之便，專程到趙堡鎮向陳清平請益，並以其過人之天資，經數月言傳身教，潛心默識，得授真傳而歸。回鄉後，暇則致力於太極拳的研究，將楊、陳兩家所傳之拳藝融而化之，自成一家，即今之武式太極拳；又如其弟子和兆元（趙堡鎮人）新創的和氏太極拳；又如其弟子李景炎（又名李盾，陳辛莊人）所創的忽靈架（又名忽雷架）等等。由其徒衍化出的這些太極拳流派在國內外均具有很高的聲譽，且愛好者眾。

可以說陳清平除了是一位拳術大家之外，更是一名大徹大悟的太極智者，在拳藝上超越有形的靈魂塑造者，他一個人竟然能教出好幾個太極拳流派的始創者，縱溯古今，均是非常難得稀有之事，將其稱為太極拳承前啟後的一代名師，當實至而名歸。

太極拳論解

溟溟渾沌，窺窟莫測，虛而無象，焉知其極，故曰無極；即曰由無極而生，須明無極之義。自無而有，一氣動盪，虛無開合，化生於一。渾圓廓象，陰陽感如，喻而名之，是為太極。故曰：若論先天一事無，後天方要著功夫。

太極者，為萬物初始也。太極為渾圓之一氣，懷陰陽

之合聚。此氣動而陰陽分，此氣靜而陰陽合。動靜有機，陰陽有變。

太極陰陽之理，貫串於拳勢之中，有剛柔之義，順背之謂，曲伸之分，過與不及之謬也。習者與人相搏，須隨其勢曲而旋化蓄勁，引其過與不及而擊之。擊伸發勁以直達疾速，此圓化為方之義。彼剛攻而以柔虛應，此謂走化。彼欲抽身則沾纏，緩隨急應，彼莫測而膽寒。虛實互換，彼崩潰而心驚。理用俱明，方悟勁之區別，熟而生巧，漸能隨心所欲。故曰：知彼知己，百戰不殆。

虛領頂勁，氣沉丹田句，實拳法之內功也。師傳曰：寅時面南，鬆身神凝；吐納自然，撮抵橋通；陰陽和合，攢簇五行；子午卯酉，朔望漾應；慎而密之，久行功成。人身中者不偏，二脈隱於身內，氣暢無須倚，氣行現心意。渾圓一漾而貫全身，虛感之物而寓靈動。擊左左空，擊右右空，如充氣而圓，無處受力；似簧機受壓，反彈隨勢；壓之重而彈愈強，力之沉而空愈深。

武技之道，門派各異，惟內家者，勢別勁異，渾身一氣，如輪之圓活，虛實轉換，旋化隨勢。不明此者，久難運化，堂室難窺。理用相合，太極真諦，習者不可不詳思揣摩焉。若理能守規，久恒自成也。

總歌兼體用連聯解

一圓即太極

此層從背絲、纏絲分出陰陽，其練是纏法，其用是捆

法。

上下分兩儀

此層陽升陰降，陽輕陰重，其練是波瀾法，其用是就法。

進退呈四象

此層半陰半陽，純陰純陽，互為往來，其練是懂法，其用是伏貼法。

開合是乾坤

此層天地相合，陰陽交合，其練是抽扯法，其用是撐法。

出入綜坎離

此層火降水升，水火沸騰，其練是催法，其用是回合法。

領落錯震巽

此層雷風鼓動，有起有伏，其練是抑揚法，其用是激法。

迎抵推艮兌

此層為口為耳，能聽能問，彼此通氣，其練是稱法，其用是虛靈法。

命名十三式，總而合為十三，因各有效用，故不得不別之為十三。

此是真秘訣，其中所包一圓、兩儀、四象、八卦。各有秘訣，一絲不紊。一太極圖之中，而十三式俱現，秘莫秘於此矣，萬萬勿輕施。秘戒學者，慎重傳人，切忌濫授。

是歌均繪有圖有解，有練法、有通俗、有由體達用，共分七層連聯，而為八聯。雖不歸致用，不列歌內，其實為致用之母。況歌中七層皆由此而生，此層為練拳鴻蒙之世，如初學時，自始至終，無非混混沌沌，莫明其故。迨煉至背絲扣，心中恍惚，才有一點明機，而太極之生，實肇於此矣，故歌從一圓即太極起。

太極拳總論附歌

歌云：

舉步輕靈神內斂，莫教斷續一氣研。
左宜右有虛實處，意上寓下後天還。

舉步輕靈神內斂

一舉步周身俱要輕靈，尤須貫穿。氣宜鼓蕩，神宜內斂。

莫教斷續一氣研

勿使勁路有凹凸處，勿使有斷續處。其根在腳，發於

腿，主宰於腰，形於手指。由腳而腿而腰總須完整一氣，向前退後乃得機得勢。有不得機得勢，其病必於腰腿間求之。

左宜右有虛實處

虛實宜分清楚，一處自有一處虛實，處處總此一虛實。上下左右前後皆然。

意上寓下後天還

凡此皆是意，不在外面。有上即有下，有前即有後，有左即有右。如果意要向上，即寓下意，若將物掀起而加以挫之之力。斯其根自斷，乃壞之速無疑。總須周身節節貫穿，勿令絲毫間斷爾。

背絲扣為太極拳之母，是此拳徹如徹終功夫，此論此歌是教人單做背絲扣順逆動作之法，故以總稱之。

太極拳十三式手法起源之圖

圖首文字

本太極拳十三式手法，始由天道起，中包六十四勢，每勢要練夠十三字，即一圓、兩儀、四象、八卦是也，末以天道終。

余師云：苟非其人，道不虛傳。

圖中文字

流行者氣，對待者數，主宰者理。

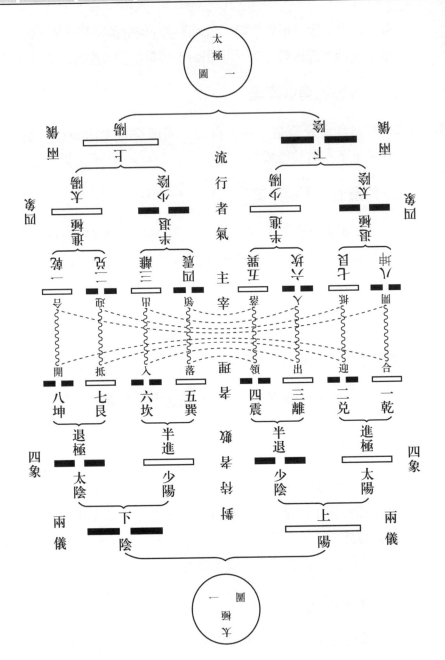

和兆元太極拳論

和兆元

和兆元

和兆元（1810—1890），字育庵，和式太極拳創始人。

和兆元出生於一個醫林世家，其父諱彥方，精通中醫內科，善治疑難雜症，在當地有一定影響。為使兆元公能秉承家學，振興家業，其父囑其習文學醫。和兆元十五歲時，時值清王朝後期，社會動盪，其姐夫李棠階勸其兼習武技。1825年冬，和兆元拜於趙堡鎮一代太極拳名師陳清平門下，開始習練太極拳。因他天資聰穎，活潑機敏，有習武的天分，並且能尊師重道，勤奮好學，功夫出類拔萃，深得清平師的賞識，成為陳清平的入室弟子，全面繼承了師傳太極拳理法。習太極拳十載，悉心苦練，盡得真傳。

之後，太極神手陳清平之師張彥（趙堡人）雲遊歸鄉後，和兆元又得精心指點，悟通拳理，其功夫出類拔萃，刀、槍、劍、棍無所不精，終成一代太極名師。

耍拳論
——和兆元傳　和慶喜整理

太極拳用功之為「耍拳」，此是吾和式太極拳獨特之處。它的取法是根據老莊自然之道，《易》學陰陽之理及「以弱勝強」「無為之為」之論。以柔中求剛為目的，以輕靈自然為原則，以中正平圓為用功方法，此三者為和氏「耍拳」之準則。

此拳由起步學習，至精、氣、神一元化，始終要求自然、鬆柔、輕靈，像頑童玩耍那樣隨便。不要用意，使氣，更不可顯示發勁。如能由幼童學起，一生不間斷地用功，即到年高百歲，仍可保持亦能達到幼童般的體質。因此，按和氏太極拳耍拳準則用功者，可獲返老還童的功效。

和氏「耍拳」之用功準則，可使任、督二脈暢通，丹田勁隨姿勢運轉而運行。所謂勁由脊發，膂力無限，是奠定內勁之基礎，惟以此準則用功始有此碩果。

和敬芝太極拳論

和敬芝

和敬芝（1850—1918），字式甫，和式太極拳創始人和兆元三子，拳術上得其父親傳。同治年間，隨李建（李

棠階之子）參贊政務，官授文林郎。曾在河朔書院講書。辛亥革命後曾傳弟子多人，文武兼資。著有《高手武技論》等太極拳論。

高手武技論

手之高名，百發百中矣。手所在，即高所在也，百發有不百中者乎？且拳勇之勢，固貴乎身靈也，尤貴乎手敏。蓋身不靈，則無以為措手之地。而手不敏，亦無以為動身之處。惟身與手合，手與身應，夫而後雖不能為領兵排陣，亦可為交手莫敵矣。

今世之論武技者，動曰：某為快手，某為慢手，某為能手，某為拙手。知慢手不如快手，拙手不如能手。他人不能送出者，彼則從而送出之，夫不是低手，而為高手也。故吾思之，高者人人所造也。當此高之會，此以一高，彼以一高，均於使高焉。而自有此高，直以一人之高，敵千人之高，而眾人之高不見高也，夫惟有真高而已矣。

抑又思之，手者人人所有也，值交手之際，此以一手，彼以一手，均不讓手焉。而自有此手，又以獨具之手，當前後之手，當左右之手，而眾人之手如無手也，夫惟有束手而已矣。吾於是為乃高手也。幸夫一推見倒，推推見倒，其以引進落空，過勁擊人，彼如懸壁束手，發之數仆，真不啻天上將軍也，安有不制勝也哉！且於是為是手慰也。慰夫神妙莫測，靈動手知，其逐勢進退者，又不啻於人間神仙也！安有不爭雄也哉！呼引入勝，高手一同神手，一動驚人。高手宛妙手，人亦法高手焉可已！夫法

高者，功也！手敏身靈，也於神乎。陰陽之拳，數載純功，安有不高者乎？

然武技貫於理也，習者思之，深必悟焉，至為高手也。

和慶喜太極拳論

和慶喜

和慶喜

和慶喜（1857—1936），字福棠，和潤芝長子。河南溫縣趙堡鎮人，趙堡太極拳第八代和兆元之孫，為趙堡太極拳第九代傳人。

和慶喜生活在一個封建軍閥混戰的黑暗年代，少年時期開始跟隨祖父和兆元學習趙堡太極拳，苦練數年，拳術純正，技壓群雄。窮文富武，在那戰亂黑暗的封建社會，因家庭生活所迫，32歲被迫棄武經商，踏上了日夜奔波走南闖北的養家糊口之路。

在經商的艱苦歲月中，和慶喜始終牢記祖父的臨終教誨：「福棠（和慶喜乳名），日後與人交手，挨打也不要改拳架，挨打怨你沒功夫，為啥挨打在自己身上找原因。」滄桑歲月，衣食為天，和慶喜為了全家老小生計，將太極拳一丟就是四十個年頭。民國十七年（1928年）國

家提倡發揚國術，和慶喜時年已72歲。他「老驥伏櫪，志在千里」，「烈士暮年，壯心不已」，僅用八個月時間就憑記憶把趙堡太極拳套路全部恢復，並於1928年起開山收徒。和慶喜為人和善，因材施教，一經開門授徒，即從學者如流。在短短數年內，教出了一大批如鄭伯英、鄭悟清、郭雲、郝玉朝、和學信、柴玉柱等身懷絕技的優秀門徒。1931年74歲高齡的和慶喜躊躇滿志，精神矍鑠，親自率徒去開封打擂，以趙堡拳太極拳之精湛拳藝，技壓群雄，威震武壇，其弟子鄭伯英獲得此次五省國術擂臺拳王稱號。他靠拳拳愛國之情，以垂暮之年的勃勃雄心，奮力延續趙堡太極拳香火，終於在亂世中保全了太極拳的傳承接續，並將其發揚光大，功莫大焉。

習拳大歌

習拳之道多留心，神斂肌鬆態自然。
腰脊中正虛領頂，氣達周身督脈貫。
虛虛實實明陰陽，身靈步活弗韁絆。
拳守四法曉六合，上走下隨意欲先。
鬆肩沉肘氣蓄下，妙運精氣潤心田。
招路多擬立圓行，纏綿軟柔勁相連。
節節體骸歸一元，能分易合臻化境。
循勢捨己借彼力，遂陽就陰達真玄。
入門捷徑須口授，功夫真善憑自修。
盤架有時貴於恒，子卯時分莫間斷。
學好太極豈曰難，老幼強弱皆宜練。

若問習拳有何益，延年益壽身自安。

習拳歌

習拳之道多留心，神斂體鬆法自然，

腰脊中正頂勁領，氣遍周身任督行。

虛虛實實陰陽理，身靈步活周身功。

拳守九法知六合，上下相隨功自成。

張弓蓄勁氣貼背，妙在中氣腹內行。

招法內勁圓為宗，順遂輕靈剛柔用。

節節體骸歸一元，靜分動合臻化境。

循勢舍己借彼勁，因陽就陰顯奇能。

盤架行功貴有恆，子午卯酉順時應。

搖而不極氣血暢，延年益壽太極功。

習拳須明拳中理，謹記代理不虛名。

學好太極豈曰難，詳示口授功自修。

　　註：此「習拳歌」出自和有祿編著之《和式太極拳譜》，觀其內容當為第一篇「習拳大歌」的演繹版本，姑且收錄之，以待有識者考證辨析。

杜元化太極拳論

杜元化

　　杜元化（1869—1938），字育萬，河南省沁陽縣（今

沁陽市）義莊人。1905—1910 年師承於溫縣西新莊任長春
學習太極拳，是趙堡太極拳的再傳弟子。

　　1931—1934 年在河南省國術館任教期間，著有《太極
拳正宗》一書，於 1935 年在開封出版，其中收錄了不少罕
見的太極拳論，尤其是書中關於「背絲扣」的提法更是首
次見諸文字，非常值得研究。

杜元化太極拳啟蒙序

　　竊聞余師述蔣夫子所傳趙堡鎮太極拳，只「太極之
先，天地根源」二語盡之。何則太極，即天地也，太極之
先，即無極也。天地根源，天地仍太極也，根源即無極中
之背絲扣也。背絲扣既為天地根源，即太極之母也。

　　今編述太極拳第一冊，名曰啟蒙。因其中動作著著混
圓，與天地之無極同。由著著混圓，歷三直、四順、六合
等等。本人之身之混圓，而造為背絲扣，既於天地之根源
同，則人身之背絲扣非即為人身練太極之母乎？既為人身
練太極之母，則太極拳之基，實肇於此。太極拳之基既肇
於此，則其中所練之兩儀、四象、八卦，誠無不肇於此
矣。

　　然此冊本名曰聯，實為太極拳入門之初步，所以名曰
啟蒙；撮其要旨，則曰綱領；舉其全體，則太極拳正宗。

太極拳練法

　　當鴻蒙之時，天地未分，無邊無際，混圓而已；恍恍
惚惚，其中含有三直、四順、六合、四大節、八小節，雖

在恍惚之中，絕未見其氣有撇有停、毫無主宰而踏流水，此天地未分之現象也。人身亦然，如天地是混圓，人身無處不是混圓。天地有三直，是上、中、下；人身亦有三直，是頭、身、腿。天地有四順，是寒、溫、暑、涼，人身亦有四順，是手、身、腿、腳。天地有六合，是上、下、四方，人身亦有六合，是手、腳、肘、膝、膀、胯。天地有四大節，是春、夏、秋、冬，人身亦有四大節，是兩膀、兩胯。天地有八小節，是四立（立春、立夏、立秋、立冬）、二分（春分、秋分）、二至（夏至、冬至）；人身亦有八小節，是兩手、兩肘、兩膝、兩胯。

　　天地旋轉，未見有撇有停，是氣數；人身動作亦是，不撇不停，亦是氣數。不過未免有時嫌滯。天地有主宰是理，而不流水是節候。人身亦是，有主宰是心，而不流水是節制，不過未免有時稍混。所以，吾人本太極以造拳，必須從三直、四順、六合、四大節、八小節、不撇不停、不流水做起。為練拳鴻蒙之時，所以名曰無極。雖說與天地斤斤有關，並非外鑠強為牽拉也。然非修煉經過者不知。

　　若將此數層練過，其中之混圓一變，即是背絲扣，斯拳之聯備矣。再由背絲扣一變即成太極。練至此，正氣機變化之幾也。然此是未變太極以前之事，故號曰無極，亦名曰聯。

太極拳啟蒙規則

　　任長春（杜元化之師）云：「練太極拳者若不知此中

秘訣與各層圖解，雖朝夕用功或整年累月，甚至練數十年之久，在彼意謂只要有工夫就能造成高手妙手，吾（杜元化）謂徒妄想耳；可為之下一斷語：譬如愚人妄想升仙路，瞎漢夜走入深山。不惟無益，甚且有損。」

空　圈

一勢一勢都練成空圓圈，即是無極，即是聯。故每勢以轉圓為主，不須斷續，不須堆窪，如此做去，方為合格。

三　直

頭直、身直、小腿直，三者何以能直？細分之，是不前俯，不後仰，不左歪，不右倒，不扭膀，不掉胯，自然上下成直。

四　順

順腿、順腳、順手、順身，四者何以能順？細分之，是手向左去，身順之去。腿向左去，腳亦順之去。惟順腳時，先將腳尖撩起，隨勢而動，切記不可抬高，移動身之重點，向右順亦然。

六　合

手與腳合，肘與膝合，膀與胯合，心與意合，氣與力合，筋與骨合。

四大節八小節

兩膀、兩胯為四大節，膀為梢節之根，胯為根節之根，周身活潑，全賴乎此。

八小節：兩肘、兩膝、兩手、兩腳，節節隨膀隨胯，挨次運動，勿令死滯，自能順隨，與膀胯為一。

不撒、不停

每動一招，左手動，右手不動，為撒；右手動，左手不動，亦為撒。腳之作用與手同，不到成勢時止住，是為將勁打斷，名曰停。

犯此，無論如何鍛鍊，勁不接連，終無效用。

不流水

每一招到成時一頓，意貫下著，是為勢斷意不斷。如不停頓，一混做去，謂之流水。

犯此，到發勁時，因勢無節制，勁無定位，必致勁無從發，此宜深戒。

總　括

四梢：每一動作，行於四梢，此為練拳之必要。有歌為證。

歌曰：牙齒為骨梢，舌頭為肉梢，指甲為筋梢，毛孔為氣梢。

鄭悟清太極拳論

鄭悟清

鄭悟清

鄭悟清（1895—1984），字鳳臣，漢族，曾用名鄭梧卿，河南溫縣趙堡鎮人，武當趙堡太極第十代傳人。1938—1947年間，在西安警備司令部、黃埔軍校七分校、國民黨軍政部西安辦事處、西北補給處司令部、陝西省政府等處任國術教官；並任西安國術館委員。1949年後，任西安市體委委員。

鄭悟清先生自而立之年因患不治之疾（童子癆、胃出血）醫藥無效，從學於趙堡太極拳名師和慶喜。先生立志鑽研、刻苦修練、持之以恆，深得太極之真諦。並結識享盛譽於黃河兩岸的堪輿家安伯一先生，鄭悟清先生在理、數、象學方面多受益於安先生。鄭悟清先生深究易理，博覽群書，將儒、釋、道、醫、兵、書法、文史等諸子百家學說融於太極拳之中，並運用經絡學說、人體力學，根據自己的實踐心得，進一步昇華太極拳養生延年之功效，使自己30歲的不癒之體，至90歲無疾而終，生命又延續了六十年，並將養生健身之法傳給眾人，使更多人受益。

鄭悟清先生對太極理論有獨到見解，拳藝上富有革新精神，拳藝精湛、內功深厚，從未穿過滑冰鞋，卻能穿滑冰鞋在冰上練拳，運停自如；並可水中投石而不起花波；同時鄭先生亦精於點穴，技藝非凡，其在技擊運用中，擊人而不露形，與人試技，往往以微妙之變化，即可擊人於丈外。

太極拳序

拳以煉心奮神也。然拳源甚古，姿勢功用不同，而派別名稱亦異。溯其源流，則不外兩家，即武當與少林。武當主柔，勁蓄於內。少林主剛，勁顯於外。

晚近以少林甚盛，門類派別眾，趨尚險奇，漸失體育本旨，學者習之事倍功半，體弱者習之尤害多利少，故余殊所不取。

太極拳者，內家拳中最平易，而最能發達體育者也，故余嗜之特甚，無間寒暑，習之既久，愈覺其奧妙無窮，功用之偉，誠非其他拳術所及。茲分為姿勢、動作、發勁、靈巧、養生，述之如下。

姿 勢

太極拳之姿勢甚多，總合之有五行八卦之分，是謂十三勢。何為五行？進、退、顧、盼、定是也。何為八卦？掤、捋、擠、按、採、挒、肘、靠是也。

十三勢為學太極拳必經之途，倘使吾人逐日演習，不稍間斷，則若干年後，歷練既深，拳術之中精奧，自能闡

發無遺，而獲益匪淺。

動　作

太極拳動作，須慢而勻。蓋外家之拳術雖見速效，而流弊滋甚。太極拳則以活動筋骨為主，運動以柔活為上。惟其慢，始能柔。惟其勻，始能活。且各種動作俱成圓形，而一圓之中，虛實變化生焉。其無窮之奧妙，既在此虛實變化之中。

初學者或未能知，習之既久，則得心應手，趣味無窮，既足以舒展筋骨，又能調和氣血，可謂身心兼修，最合體育之道。

用　意

太極拳練習純任自然，不尚用力用氣，而尚用意。用力則笨，用氣則滯，是故沉氣鬆力為要。氣沉，則呼吸調和；力鬆，則發展先天之力。蓋先天之力乃固有之力，後天之力為勉強之力。前者其勢順，後者其勢逆。太極拳主逆來順受，以順制逆者，故不須用過分之力。

惟外家拳術，其用力用氣，屬於勉強，強人以難能，故為之硬功。習之不當，流弊滋多。且習硬功者，其力已儘量用出，毫無含蓄，雖習之多年，表面上似有增進，實則其內部之力，並未加長。若太極拳雖不用過分之力與氣，而練習時全在意志，惟其能用意也，所以能使其力蓄於內，不流露於外，氣沉於丹田，不停滯於胸。惟其不用過分之力與氣，故練習之日既久，積蓄之氣力愈大，至必

要時，仍能運用自如，毫無困難與勉強。譬猶勞動者終日做工，其氣力皆儘量用出，並無積蓄，故勞動若干年後，其氣力依然如故，外家之硬功亦若是耳。

發　勁

勁有剛柔之別。何為剛勁？無論勁之大小，含有抵抗性而一往無前者，謂之剛勁。何為柔勁？隨敵勁以為伸縮，而不加抵抗者，謂之柔勁。

太極拳之妙處，在於與人交手時，不先取攻勢，而能接受敵人之勁。初不加以抵抗，以其黏柔之力，化去敵人頑強之勁，待敵人一擊不中，欲圖謀再舉之時，然後蹈瑕抵隙順其勢，而反守為攻，則敵人力竭之餘，重心移動，鮮有不失敗者。

蓋太極拳之動作，本為無數圓形，而圓形之中，則為重心所在。處處立定腳根，雖敵人發勁極強，而以逆來順受之法，引之入殼，待敵人之勁既出，重心既失，然後從而制之，所謂避實就虛、以柔勝剛之法也。

靈　巧

語云：「熟能生巧。」故太極拳之精粗，以功夫淺深為斷。蓋功夫深，則於其中之虛實變化皆已了然，既了然於虛實變化中，則能於虛實變化中求出巧妙之途徑。故其所用之力，輕靈圓活。以視外工之用力用氣，專主於一隅成為死笨之氣力者，迥乎不同。

且因其不用過分之力與氣，故能持久而不敝，因其動

作俱為圓形，故能處處穩定重心，重心穩定則基礎鞏固，無慮外力之來侵矣。

養　生

拳屬體育，以養生為主，然此非所論外家之硬功，惟太極拳始真能養生。吾人身體之發達，貴能平均，在生理上均有一定之程序。劇烈運動，因不合於此種程序，而多得其反。太極拳動作則輕軟異常，而一動全身皆動，於全身任何部分均無偏頗之弊，且因其動作柔和勁靈，故能調和氣血，陶養性情，合於生理程序，使身體平均發達。

且練習無用過分之力氣，雖老弱病，亦不難為，卻病延年，非虛語也。

註：此篇拳論曾被1999年原寶山所著《武當趙堡太極拳》所收錄，署名作者為鄭悟清，但後經相關學者考證，此文最早出自《康健指南》第三頁褚民誼之序言，究竟誰是作者，姑且留於有心者研究，筆者不參與過多個人意見，僅就其內容來說，對太極拳理法闡述的很真實淺顯，值得一看，故收錄之。

太極拳之練法說明

夫初練者，宜端正方向，以立根基。最忌粗心浮氣，精神不屬，眼不顧手，手不顧腳，此謂之盲練也。尤忌身形不活，手腳不隨，即用猛力，處處奪力，而僅能顯力者，此癡練耳。

倘能平心靜氣，注目凝神，輕搖之，以鬆其肩；柔隨

之，以活其身；徐行之，以穩其步；待至肩鬆、身活、步穩，然後鎮頭領氣，以衛其力；力順則氣自通，氣通則力自重。所學之法如是，練而習之，以期純熟，則手、眼、步一致，心、神、氣相同，自能臻自然而然之妙境矣。

太極初學要訣

初學而內要靜空，周身而外要輕鬆。
內空靜氣行於外，外鬆而內有神精。
功夫不可須臾斷，臨用之時有奇能。

太極拳訣

太極亦稱心意拳，將計就計妙無邊。
拳法行圓螺旋勁，陰陽無偏氣貫穿。
總之要求四明懂，四明不懂藝難成。
上節不明無依宗，中節不明身自空。
下節不明易栽跌，採手不明多遭凶。
精通太極非易事，師傳揣練自修成。
上節含胸自拔背，垂脊挺胸神內明。
下節進退顧盼定，隨機應變生剋清。
拳架推手散打用，二氣發梢威無窮。
面前有手不見手，胸前有肘不見肘。
倘若觸手彼難走，這樣方顯是高手。
十三勢法代代傳，三豐拳技內家源。

第七卷
趙堡太極門內傳抄拳譜匯集

論　技

　　此捶亦名為心意，蓋心意者，意自心生，拳隨意發，總要知己知彼，隨機應變。心氣一發，四肢皆動，足起有地，膝起有數，動轉有位，合膊望胯，三節對照，心、意、氣內三相合。拳與足合，肘與膝合，肩與胯合，外三相合。手心、足心、本心三心一氣相合，遠不發手，捶打五尺以內、三尺以外，不論前後左右，一步一捶，發手以得人為準，以不見形為妙。

　　發手快似風箭，響如雷鳴，出沒如兔，亦若生鳥之投林；逢單敵，似巨炮摧薄壁之勢，眼捷手快勇躍直吞；未曾交手，一氣當先，既入其手，靈動為妙。

　　見孔不打，見橫打。見孔不立，見橫立。上中下總氣把定，身足手規矩繩束。既不望空起，亦不望空落。精明靈巧，全在於活。能去能就，能柔能剛，能進能退。不動如山岳，難知如陰陽，無窮如天地，充實如太蒼，浩渺如四海，眩耀如三光。察未勢之機會，揣敵人之短長。靜以待動有上法，動以處靜有借法。借法容易上活難，還是上

法最為先。

交勇者不可思誤，思誤者寸步難行。起如箭攢，落如風，委催崩絕手摟手，昏合暗迷中，疾如閃電，兩邊提防左右，反背如虎搜山。斬捶勇猛不可擋，斬梢迎面取中堂，搶上搶下勢如虎，好如鷹鶹下雞場。翻江攪海不須忙，單鳳朝陽總為強，雲背日月天地交，武藝相爭見低高。步路一寸開把尺，劈面就去上右腿。進左步，此法前行。進人要進身，身手齊到是為真，發中有絕何從用，解開其意妙如神。鶹子攢林麻雀翅，鷹捉小鳥勢四平，取勝四梢要聚齊，第一還要手護心。計謀施運化，霹靂走精神，心毒稱上策，手眼方勝人。

何為閃？何為進？進即閃，閃即進，不必遠求。何為打？何為顧？顧即打；打即顧，發手便是。心如火藥，拳如子，靈機一動鳥難飛；身似弓弦，手似箭，弦響鳥落顯神奇。起手如閃電，閃電不及合眸；打人如迅雷，迅雷不及掩耳。

五道本是五道關，無人把守自遮攔，左腮手過，右腮手去，右腮手過去，左腮手過來，兩手束拳迎面出。五關之門關得嚴。拳從心內發，手向鼻尖落，足從地下起，足起快時心火作。五行金木水火土，火炎上而水就下，我有心肝脾肺腎，五行相推無差錯。

論　法

上右進左，上左進右。發步時，足跟先著地，腳以十趾抓地，步要穩當，身要莊重，捶要沉實而有骨力。去是

撒手，著人成拳。

　　用拳，拳要攢緊；用把，把要把定；上下氣要均停；出入以心為主宰，眼、手、足隨之去，不貪不歉，不即不離。肘落肘窩，手落手窩。右足當先，膊尖向前，此是換步。拳從心發，以身力催手，手以心把，進人進身，一步一捶。一枝動，百枝俱隨，發中有絕，一屈渾身皆屈，一伸渾身皆伸，伸要伸得盡，屈要屈得狠，如捲炮捲得緊，崩得有力。

　　不拘提打、按打、群打、烘打、旋打、斬打、衝打、錛打、肘打、膊打、胯打、掌打、頭打、進步打、退步打、順步打、橫步打，以及前後左右上下百般打法，皆要一氣相隨。

　　出手先占正門，此是巧也。骨節要對，不對則無力。手把要靈，不靈則生變。發手要快，不快則遲誤。舉手要火，不火則不快。打手要狠，不狠則不齊。存心要毒，不毒則不準。腳手要活，不活則擔險。存心要精，不精則受愚。發作要鷹揚勇猛，潑皮膽大，機要熟運，切勿畏懼遲疑；心小膽大，面善心惡。靜似書生，動如雷發。

　　人之勢亦當審查，腳踢頭歪，拳打膊乍，窄身進步，伏身發起。斜形換步，攔打側身，趔步趔身，展腿蹬腳。指東，須防西殺；上虛，下必要實；詭蔽指不勝屈，靈機貴自揣摩。

　　手快打手慢，俗言極是。先下手為強，其真的確。起望落，落望起，起落要相隨。身手齊到是為真。剪之股，望眉斬，加上反背，如虎搜山。三尺羅衣，掛在無影樹

上，起手如閃電，打下如迅雷。如風如雷，鷹捉燕，鶻鑽林，獅撲兔。起手三心相對，不動如書生，動之如龍虎。遠不發手，雙手雙心打。

捷要論

右來右迎，左來左迎，此為捷取。遠了便上手，近了便加肘。遠了使腳踢，近了便加膝，遠近宜知。拳打膀乍，足踢頭歪。把勢審人，能叫一思進，不叫一思退。有意莫帶形，帶形必不贏。

捷取人法，審顧地形，拳打上風。手要急，足要輕，把勢走動如貓行。心要整，目聚精，手腳齊到定能贏。若是手到足（步）不到，打人不得妙；手到步也到，打人如蒿草。是以善拳者，先看地形後下手，上打咽喉下打陰，左右兩肋中在心。前打一丈不為遠，近者只在一寸間，意深自揣也。

天機遠論

身動時如崩牆倒，腳落時如樹栽根。手起如炮直沖，身動如蛇前行。擊首則尾隨，擊尾則首應，擊中節則首尾皆相應。打前要顧後，知進須知退。心動快似馬，臂動速如風。

操練時，面前無人如有人；交手時，面前有人如無人。前手起，後手緊催；起前腳，後腳緊隨。面前有手不見手，胸前有肘不見肘。見空不打，見空不上。拳不望空打，打起不空落。手起足要落，足落手要起。心要佔先，

意要勝人，身要攻人，步要過人。前腿似弓，後腿是蹬。首要仰起，胸要現起，腰要長起。丹田要運起，自頂至足，一氣相貫。

遇敵膽戰心寒者，必不能取勝；未能察言觀色者，必不能防人。人不動，己亦不動；人微動，己必先動。先動者為師，後動者為弟。能叫一思進，莫叫一思退。三節要停，三心要實，三尖要照，四梢要齊。明瞭三心多一妙，明瞭三節多一方，明瞭四梢多一精，明瞭五行多一氣。明瞭三節，不貪不欠。起落進退多變化，三回九轉是一勢。

總要以氣為主，以心統乎五行。運乎二氣，時時操演思悟，時時運化，朝夕盤打，始而勉強，久而自然。誠哉是言，豈虛語哉？

比　手

天地之道，陰陽而已。陽屬剛，陰屬柔，二人比手亦然。比手亦說擠手，即別派所謂推手是也。

然二人交手之會，千變萬化，要之以掤、捋、擠、按為大題，以身靈手敏為應變。進退轉側，剛柔相濟，捨己從人，相機進攻。彼以剛來，我以柔應，柔中寓剛，人所難防。悉心揣摩，臨敵制勝，不難立見也。

何為掤？

吾一雙胳膊掤他人雙手也。如敵人雙手按我右胳膊（或左或右），我必須用如封似閉之勢將敵人剛勁引空，乘彼之勢，宜接則按之，宜捋則捋之，宜卸（我半身退下

為之卸）則卸之，使彼自己落空，方為上策。

何為将？

敵人以兩手按我右胳膊之時，彼用勁太大，手足齊進，我用如封似閉勢將彼勁引空後，我乘勢將右半身下卸，即用我左手，搭在彼之大胳膊之上，吾兩手齊往右邊引之，使彼落空，彼勢不便前進，必須半身下卸。

何為擠？

在敵半身下卸之時，我以小胳膊擊之是也。

何為按？

我以小胳膊擊敵人之時，彼將我胳膊引空，我不能前進，勢須半身下卸，值此之際，彼亦能乘勢按我，吾亦能於機按彼。

以上所言，係右面大概而已，左方面亦然。總之掤與将是應敵之方。擠與按皆擊敵之用。彼掤我，吾将之。彼按我，反按之。彼擠吾，我将之。吾若反而用之，彼亦反而用之。藕斷絲不斷，變化莫測，循環不已。總之，傳授高，功夫足，敵人雖強，不足為慮矣。

順來橫擋順著進，橫來順擋順著進。

七疾要論

七疾者，眼要疾，手要疾，腳要疾，意要疾，出勢要疾，進退要疾，身法要疾也。習拳者具此七疾，方能完全

制勝。所謂縱橫往來，目不及瞬，有如生龍活虎，令人不可捉摸者，唯恃此耳。

眼要疾

眼為心之苗，目察敵情，達之於心。然能應敵變化，取勝成功。譜曰：「心為元帥，眼為先鋒。蓋言心之主宰，均恃眼之遲疾而轉移也。」

手要疾

手者，人之羽翼也。凡捍蔽進攻，無不賴之。但交手之道，全恃遲速，遲者負，速者勝，理之自然。故俗云：「眼捷手快，有勝無敗。」譜曰：「手起如箭落如風，追星趕月不放鬆。」亦謂手法敏疾，乘其無備而攻之，出其不意而取之。不怕敵人身大而力猛，我能出手如風，即制勝也。

腳要疾

腳者，身體之莖也。腳立穩則身穩，腳前進則身隨之。形意拳中渾身運力平均，無一偏重，腳進身進，直搶敵人之位，則敵自仆。

譜曰：「腳打踩意莫容情，消息全憑後足蹬。腳踏中門搶地位，就是神仙也難防。」又曰：「腳打七分，手打三」。由是觀之，腳之疾更當疾於手之疾也。

意要疾

意者，體之帥也。即眼有監察之情，手有撥轉之能，

腳有行程之功。然其遲速緊慢，均惟意之適從。所謂立意一疾，眼與手腳均得其要領。故眼之明察秋毫，意使之也；手出不空回，意使之也；腳之捷，亦意使之捷也。觀乎此，則意之不可不疾，可知矣。

出勢要疾

夫存乎內者為意，現乎外者為勢。意即疾矣，出勢更不可不疾也。事變當前，必勢隨意生，隨機應變，令敵迅雷不及掩耳，張惶失措，無對峙之策，方能制勝。若意變甚速，而勢疾不足以隨之，則應對乖張，其敗必矣。故意勢相合，成功可決；意疾勢緩，必負無疑。習技者豈可不加之意乎！

進退要疾

此節所論及縱橫往來、進退返側之法也。當進則進，竭其力而直前；當退則退，領其氣而回轉。至進退之宜，則須察乎敵之強弱。強則避之，宜以智取；弱則攻之，可以力敵。要速進速退，不使敵人得乘其隙。所謂「高低隨時，縱橫因勢」者是也。

身法要疾

形意武術中，凡五行、六合、七疾、八要等法，皆以身法為本。譜曰：「身如弩弓拳似箭。」又云：「上法須要先上身，手腳齊到方為真。」故身法者，形意拳術之本也。搖膀活胯，周身輾轉，側身而進，不可前俯後仰，左

歪右斜。進則直出，退則直落，尤必顧到內外相合，務使其周身團結，上下如一，雖進退亦不能破散，則庶幾不可捉摸。而敵不得逞，此所以於眼疾、手疾等外，而尤貴乎其身疾也。

八字訣

三　頂

頭向上頂，有沖天之雄。頭為周身之主，上頂則後三關易通，內氣自海底升起，從後經命門直上夾脊，經玉枕達百會。手向外頂，有推山之功，則氣可以自胳膊外側下來，直貫掌心和指尖。舌向上頂，有吼獅吞象之容。舌頂上齶，用鼻呼吸，可以使督任二脈相通。氣自百會而下，入口經舌後下於丹田。自腰椎以下將骨節鬆開，尾閭上翻，提肛，使督任二脈在下部接通。

三　扣

肩扣則氣力到肘，掌扣則氣力到手，手足指（趾）扣則周身力厚。兩肩相扣，肩胛骨亦自然放鬆，使脊背成圓形。手背弓扣，則五指如虎爪，氣貫指梢。腳背弓扣，則五趾抓地，樁步穩實，明瞭三扣多一精。

三　圓

脊背要圓，胸脯要圓，虎口要圓。脊背圓則力推身，尾閭中正，精神貫頂。前胸要圓，兩膊力全，心窩微收，

呼吸通順。虎口要圓，坐腕撐掌，有裏抱之力。明瞭三圓多一妙。

三　毒

心要毒，如怒狸攫鼠，則能隨機應變。眼要毒，如餓鷹捉兔，則能預測機宜。手要毒，如捕羊之餓虎，則能先發制人。明瞭三毒多一力。

三　抱

丹田抱，心氣抱，胳膊抱為三抱。丹田要抱氣為根，氣不外散，擊敵必準。心氣要抱，遇敵有主，臨變不亂。胳膊要抱，出入不散，遇敵無險。明瞭三抱多一妙。

三　垂

氣垂，肩垂，肘垂為三垂。氣要垂，則氣降丹田，身穩如山。倆肩下垂，則臂長力活，肩垂肘前。倆肘下垂，則倆膊自圓，能固倆肋。明瞭三垂多一靈。

三　月

胳膊似弓要月牙，手腕外頂要月牙，腿膝連彎如月牙。三月又叫三曲，有曲而後有直，有蓄而後有發。三月便是曲中求直，蓄而後發的意思。

兩膊彎曲如半圓則力富；兩膝連彎則力厚；手腕月牙則力湊。明瞭三月多一巧。

三　挺

頸項挺，頭部正直精貫頂。身法挺起分四方。脊骨腰挺，則力達四梢，氣鼓全身。腿膝下挺，如樹生根。明瞭三挺多一法。

以上八字二十四法是一個整體，沒有先後主次之分。在練習中，任何一動都要合於法則，不能有所偏重。因此，在練習中，三體勢要多站，動作由慢至快，不可大意。每一勢要反覆練習，才能形成正確的動力定型。要有耐心，恒心，一步一步練下去，不能求快，欲速則不達也。

九要論

器上而通乎道，技精而入乎神。惟得天下之至正，秉天下之真精者，乃能窮神而入妙，察微而闡幽。心意之用，器也、技也。心意之體，道也、神也。

器技常人可習，而至道神，大聖獨得而明。岳武穆王精忠報國，至正至剛，其浩然之氣，誠霈然充塞於天地之間。故心意之精，非武穆不能道其詳。然全譜散失，不可得而見。而豪芒流落，只此九要論而已。吾儕服膺心意，得以稍涉藩圉，獨賴此耳。

此論共九篇，理要而意精深，詞詳而論辨明。學者有志，朝夕漸摹，而一芥之細，可以參天；濫觴之流，泛為江海。九論雖約，未始不可通微，何莫造室升堂也。

一要論

從來散之必有其統也，分之必有其合也。以故天地間四面八方，紛紛者，各有所屬；千頭萬緒，攘攘者，自有其源。蓋一本而散為萬殊，而萬殊咸歸於一本，乃事有必然者。

且拳事之論，亦甚繁矣。而要之千變萬化，無往非勢，即無往非氣。勢雖不類，而氣歸於一。夫所謂一者，從首項至足底，內而有臟腑筋骨，外而有肌肉皮膚、五官、四肢百骸，相聯為一貫之者。破之而不開，撞之而不散。上欲動，而下自隨之；下欲動，而上自領之；上下動，而中部應之；中部動，而上下和之。內外相連，前後相需，所謂一以貫之者，其斯之謂歟？

而要非勉強以致之，襲焉而為之也。當時而靜，寂然湛然，居其所而穩如泰山；當時而動，如雷如崩，出乎爾而，疾如閃電。且靜無不靜，表裏上下，全無參差牽掛之意；動無不動，前後左右，並無抽扯游移之形。洵乎若水之就下，沛然而莫之能禦之也。若火之內攻，發之而不及掩耳。不暇思索，不煩擬議，誠不期然而然，莫之致而至，是豈無所至而雲乎？

蓋氣以日積而有益，功以久練而方成。觀聖門一貫之傳，必俟多聞強識之後，豁然之境，不廢格物致知之功。是知事無難易，功惟自盡，不可躐等，不可急遽，按部就班，循次而進。夫而後官骸肢節，自有通貫；上下表裏，不難聯絡。庶乎散者統之，分者合之，四體百骸，終歸於

一氣而已。

二要論

嘗有世之論捶者，而兼論氣者矣。夫氣主於一，可分為二。所謂二者，即呼吸也。捶不能無動靜，氣不能無呼吸，吸則為陰，呼則為陽。主乎靜者為陰，主乎動者為陽。上升為陽，下降為陰。陽氣上升而為陽，陽氣下行而為陰；陰氣下行為陰，陰氣上行即為陽，此陰陽之分也。

何謂清濁？升而上者為清，降而下者為濁；清氣上升，濁氣下降；清者為陽，濁者為陰。而要之陽以滋陰，陰以滋陽。渾而言之，統為一氣；分而言之，是為陰陽。氣不能沒有陰陽，即所謂人不能無動靜，鼻不能無呼吸，口不能無出入。此即對待循環不易之理也。然而氣分為二，實在於一。有志於斯途者，慎勿以是為拘拘焉。

三要論

夫氣本諸身，而身之節無定處。三節者，上、中、下，或根、中、梢也。

以身言之，頭為上節，身為中節，腿為下節。

以上節言之，天庭為上節，鼻為中節，下頜為下節。

以中節言之，胸為上節，腹為中節，丹田為下節。

以下節言之，足為梢節，膝為中節，胯為根節。

以手言之，指為梢節，掌為中節，掌根為根節。

觀於是，而足不必論矣。然而自頂至足，莫不各有三節。要之，若無三節之分，即無著意之處。蓋上節不明，

無依無宗；中節不明，渾身是空；下節不明，動輒跌傾。由此觀之，三節之論，豈可忽乎哉！

至於氣之發動，要從梢節領起，中節隨，根節催之而已。然此，猶是節節分而言之者也。若合而言之，則上自頭頂，下至足底，四體百骸，總為一節，夫何三節之有哉！又何三節中之各有三節雲乎哉！

三節既明，而內勁發動之脈絡即可知矣。蓋指力源於掌，掌力源於掌根，故掌根催掌，掌催指，而勁乃出。手之力源於肘，肘之力源於肩，故肩催肘，肘催手，而勁可行。足之力源於膝，膝之力源於胯，故胯催膝，膝催足，而勁乃通。然肩胯之勁，源於全身；全身之勁，源於丹田；故丹田為內勁之總淵源也。至於丹田之有勁與否，在於氣之貫與不貫耳。果能氣貫丹田，則丹田之勁足，其他各節之勁均能催而出也。至於催勁之法，即某節用勁，而心意之間即由丹田貫氣循其脈絡至某節也，至氣之貫丹田也，亦是將呼吸之氣由心意間走到丹田耳。

四要論

試於論身、論氣之外，而進論乎梢者焉。夫梢者，身之餘緒也。言身者，初不及此，言氣者，亦所罕論。拳以內而發於外，氣由身而達梢。故氣之用，不本諸身，則虛而不實；不形諸梢，則實而仍虛。梢亦可不講，然若論手足之指為梢，此特身之梢耳，而猶未及乎氣之梢也。四梢為何？

髮，其一也。夫髮之所繫，不列於五行，無關乎四

體，似不足論矣。然髮為血之梢，血為氣之海，縱不必本諸髮以論氣，要不可離乎血而生氣，不離乎血，即不得兼乎髮。髮欲衝冠，血梢足矣？

其他，舌為肉梢，而肉為氣囊，氣不能行諸肉之梢，即氣無以充其氣之量。故必舌欲催齒，而後肉梢足矣！

至於骨梢者，齒也；筋梢者，指甲也。氣生於骨，而聯於筋，不及乎齒，即未近乎骨之梢；不及乎指甲，亦未近乎筋之梢。而欲足乎爾者，要非齒欲斷筋，甲欲透骨不能也。果能如此，則四梢足矣。四梢足，而氣自足矣！豈復有虛而不實，實而仍虛者乎！

五要論

今夫捶以方勢，勢以氣言。人得五臟以形成，即由五形而生氣。五臟實為生性之源，生氣之本。五臟名為心、肝、脾、肺、腎是也。心為火，而有炎上之象；肝為木，而有曲直之形；脾為土，而有敦厚之勢；肺為金，而有從革之能；腎為水，而有潤下之功。此乃五臟之意，而必準於氣者，以其各有所配合焉。此所以論拳事者，要不能離乎斯也。

其在內也。胸膈為肺經之位也，而為諸臟之華蓋，故肺經動而諸臟不能靜。兩乳之中為心，而肺包護之，蓋心居肺之下、胃之上，心經之位也。心為君火，動而相火無不奉合焉。而兩脅之間，左為肝，右為脾，背脊十四骨節皆為腎，此固係五臟之位。然五臟之繫，皆繫於背脊。脊通腎臟而生髓，脊又通全身之髓，故為腎所主。至於腰之

兩側，則腎居之本位，故腎為先天下第一，尤為諸臟之根源（實中氣之主也）。故腎水足而金、木、水、火、土咸有生機，此乃五臟之位所使之然也。且五臟之存於內者，各有其定位，而具於身者，亦自有所專屬。

領、頂、腦、骨、背皆腎是也。兩耳亦屬腎，兩唇、兩腮皆脾也，而發則為肺。

天庭為六陽之首，而萃五臟之精華，實為頭面之主腦，不啻一身之座督也。印堂者，陽明胃氣之沖，天庭性起，機由此達，生發之氣，由腎而達於六陽，實為天庭之樞機也。

兩目皆為肝而究之，上包為脾，下包為胃，大角為心經，小角為小腸，白則為肺，黑則為肝，瞳則為腎，實為五臟之精華所聚，而不得專為之肝也。

鼻孔為肺，兩頤為腎，耳門之前為膽經，身後高骨亦腎也。鼻為中央之土，萬物資生氣源，實中氣為主也。

人中為血氣之會，上沖印堂，達於天庭，亦為至要之所。兩唇之下為承漿，承漿之下為地閣，上與天庭相應，亦腎經位也。

領頂、頸、項者，五臟之道途，氣血之總會，前為食氣出入之道，後為腎氣升降之途，肝氣由之而左旋，脾氣由之而右旋，其繫更重，而為周身之要領。

兩乳為肝，兩肩窩為肺，兩肘為腎，四肢為脾，兩肩背膊皆為脾，而十指則為心肝脾肺腎是也。膝與脛皆腎也，兩腳根為腎之要，湧泉為腎穴。

大約身之所繫：中者、凸者為心，窩者為肺，骨之露

處皆為腎，筋之聯處皆為肝，肉之厚處皆為脾。象其意：心如猛虎肝如箭，脾氣力大甚無窮，肺經之位最靈變，腎氣之動快如風。其為用也，用其經舉，凡身之所屬於某經者，終不能無意焉，是在當局者自為體認，而非筆墨所能為者也。

至於生剋制化，雖別有論，而究其要領，自有統會。五行百體，總為一元；三心四體，合為一氣。奚必昭昭於某一經，而支支節節言而為之哉！

六要論

五臟既明，再論六合。夫所謂六合者：心與意合，氣與力合，筋與骨合，是為內三合；又有心與意合，意與氣合，氣與力合的順序之內三合說。手與足合，肘與膝合，肩與胯合，是為外三合；又有背與肩合，肩與肘合，肘與手合；腰與胯合，胯與膝合，膝與足合的上肢、下肢的順序之外三合。上述皆為六合說。

左手與右足相合，左肘與右膝相合，左肩與右胯相合。右之與左亦然。

以及頭與手合，手與身合，身與步合，孰非外合？心與眼合，肝與筋合，脾與肉合，肺與身合，孰非內合？豈但六合而已哉！憑此特分而言之也！總之，一動無有不動，一合無有不合，五臟百骸，悉在其中矣。

七要論

頭為諸陽之首，而為周身之主，五官百骸，莫不惟首

是瞻，故身動頭不可不進也。

手為先鋒，根基在膊，膊不進則手卻而不前矣！是膊亦不可不進也。

氣聚於脘，機關在腰，腰不進則氣餒而不實矣，此所以腰貴於進矣。

意貫周身，運動在步，步不進則意索然而無能為矣，故步尤貴於進也。以及上左必進右，上右必進左，其為六進。

此六進者，孰非著力之地歟？要之，未及其進，合周身而毫無關動之意；一言其進，統全體俱無抽扯游移之形。六進之道，如此而已。

八要論

身法為何，縱橫、高低、進退、反側而已。

縱，則放其勢，一往而不返。

橫，則裹其力，開拓而莫阻。

高，則揚其身，而身有增長之意。

低，則抑其身，而身有攢（撲）捉之形。

當進則進，殫其身而勇往直前；當退則退，領其氣而回轉當伏勢（斂）。

至於反身顧後，後即前也；側顧左右，使左右無敢當我。

而要非拘拘焉為之也。必先察人之強弱，運吾之機關。有忽縱而忽橫，縱橫因勢而變遷，不可一概而推；有忽高而忽低，高低隨時以轉移，不可執格而論。時可宜

進，故不可退而餒其氣；時而宜退，即當以退而鼓其進。是退固進也，即退而實以蘊其進。若反身顧後，顧其後而不覺其為後；側顧左右，而左右亦不覺其為左右矣。

總之，機關在眼，變通在心，而握其要者，剛本諸身。身而前，則四體不命令而能行矣；身而卻，則百骸莫不冥然而處（退）矣。身法，顧可置而不論乎？

九要論

今夫四肢百骸，主於動，而實動以步。步乃一身之根基，運動之樞紐也。以故應戰對敵，皆本諸身，而實所以為身之砥柱者，莫非步。隨機應變在於手，而所以為手之轉移者，亦在步。進退反側，非步何以作鼓蕩之機？抑揚伸縮，非步何以示變化之妙？所謂機關在眼，變化者在心，而所以拐彎抹角，千變萬化，而不至於窘迫者何？莫非步為之司命歟？而要非勉強以致之也。

動作出於無心，鼓舞出於不覺。身欲動而步已為之周旋，手將動而步亦早為之催逼。不期然而已然，莫之驅而若驅。所謂上欲動而下自隨之者，其斯之謂歟？

且步分前後，有定位者，步也；無定位者，亦步也！如前步進，而後步亦隨之，前後自有定位。若以前步作後步，後步作前步；更以前步作後步之前步，後步作前步之後步，則前後亦自然無定位矣。

總之，拳以論勢，而握其要者，步也。活與不活，亦在於步，靈與不靈，亦在於步。步之為用，大矣哉！

十 法

三 節

人之一身而言，手肘為梢節，腰腹為中節，足腿為根節。分而言之，三節之中亦各有三節。手為梢節之梢節，肘為梢節之中節，肩為梢節之根節。胸為中節之根節，心為中節之中節，丹田為中節之根節。足為根節之梢節，膝為根節之中節，胯為根節之根節。

總不外乎梢起、中隨、根追之理。庶不至有長短、曲直、參差、俯仰之病。此三節所要貴明也。

四 梢

髮為血梢、甲為筋梢、牙為骨梢、舌為肉梢。四梢齊，則內勁出矣。至於起至之法，必使其髮欲衝冠，甲欲透骨，牙欲斷金，舌欲摧齒。心一動而四梢皆至。「四梢」齊，而內勁出矣。

蓋氣從丹田而生，如虎之狠，如龍之驚，氣發而為聲，聲隨手發，手隨聲落。故一枝動，百枝搖；四梢齊，內勁無不出矣。

五 行

五行者，金、木、水、火、土也。內對人之五臟，外對人之五官。心屬火，心動勇力生。脾屬土，脾動大力攻。肝屬木，肝動火焰沖。肺屬金，肺動沉雷聲。腎屬

水，腎動快如風。此是五行存於內者。

目通於肝，鼻通於肺，耳通於腎，舌通於心，人中通於脾。此五行著於外者。五行本是五通關，無人把守自遮攔，真乃確論也。其所以知者，如手心通心屬火，鼻尖通肺屬金，火到金化，自然之理也。餘可類推。

天地交合，雲蔽日月。武藝相爭，先閉五行。又曰：四兩可以撥千斤。閉己之五行即以克人之五行，此與四梢法相參。

解曰：手打鼻痛，火到金化，自然之理也。

身　法

身法有八要，起、落、進、退、反、側、收、縱。起為橫，落為順，進步低，退步高，反身顧後，側顧左右。收縱者，收如伏貓而縱如放虎也。大抵以中平為宜，以正直為妙。與三節法相合，此又不可不知也。

解曰：起望高束身而起，落望低展身而落。

步　法

步法者，寸、踮、過、快、濺也。如二三尺遠，則用寸步，寸步一步可到也。若四五尺遠，則用踮步，必踮一步方能到也。若遇身大力強者，同用過步，進前腳，急過後腳，所謂步起在人，落過於人也。如有一丈八尺遠，則用快步。快步者，起前腳而帶後腳平飛而去，並非跳躍而往也。此馬奔虎躥之意，非藝成者，不可輕用，唯遠不發腳而已。如遇人多，或有器械，即連腿帶腳並濺而上，進

前腳帶後腳，如鷂子鑽林、燕子取水，所謂踩腳二起之說也。

總之，法不可執，習之純熟，用之無心，方盡其妙也。

手足法

手法者，出手、領手、起手、截手也。當胸直出者，為之出手。出手者，筋梢發，有起有落，曲而非曲，直而非直，謂之起手。筋梢不發，而未落者，謂之領手。順起順落，參以領搓者，謂之截手。起前手，如鷂子鑽林，束翅而起。催後手，如燕子抄水，往上翻，長身而落。此單手之法也。

兩手交互，並起並落。起如舉鼎，落如分磚，此兩手之法也。總之，肘護心，手撩陰，其起如同虎撲人，其落如同鷹抓物也。

手足法者，起翻落鑽，忌踢宜折也。蓋腳起望膝，膝起望懷，腳打膝分而出，而其形上翻，如同手之撩陰也。落則猶如石鑽物，如手拂眉。

忌踢者，腳踢渾身是空。宜折者，即手足之落，如鷹捉物是也。手足之法本相同，而足以為用，也必如虎行之無聲，龍行之莫測，然後可也。

解曰：手法、足法，取其輕利活動，萬不可習乎滯氣，以自陷於敗亡，所謂滯氣不打人也。

上法、進法

上法以手為妙，進法以步為奇，而總以身法為要。起

手如丹鳳朝陽。進前步，搶上掄下。進步後，腳踩打是也。

必三節明，四梢齊，五行閉，身法活，手足之法連，而視其遠近，隨其老嫩，一動而即是也。

此外還有順、勇、疾、狠、真、盡六方。順者自然也，勇者果斷也，疾者急速也，狠者不容情也，真者發必中也，盡者內勁出，彼難變化也。六方明則上法進法得矣。

顧　法

顧法分開法、截法、追法、單顧、雙顧、上下顧、前後顧、左右顧也。

開法者，左開、右開、勁開、柔開也。右開如外括，左開如內括。勁開如炮拳之明勁，柔開如元龍之暗勁。

截法者，截手、身、言、面、心也。截手者，彼先動而截之也。截身者，彼未動而截之也。截言者，彼言露其意而截之也。截面者，彼面露其色而截之也。截心者，彼喜上眉梢，我防其有心而截之也。

追法與上法、進法一氣貫注，即所謂隨身緊趨，追風趕月不放鬆也。彼雖欲走，而不能走矣，何怕其有邪術乎？

顧法者，單顧用截拳，雙顧用橫拳，顧上用沖天炮，顧下用臥地炮，顧前後用前後梢拳，顧左右用擴邊炮、護身炮。所以隨機而動，非若他人之鉤連拳架也。

三性法

三性調養法，眼為見性，耳為靈性，心為勇性，此三性者，術中之妙用也。故眼中不時常循環，耳中不時常報應，

心中不時常警惕，而精靈之意在我，庶不至為人所誤矣。

解曰：臨陣須提防，小心沒大差。

內勁法

內勁寓於無形之中，接於有形之表，而難以言傳。然思其理，亦可知也。志者氣之帥也，氣者體之充也。心動而氣隨之，氣動而力赴之，此自然之理也。

今世之藝者，皆言創勁、攻勁、崩勁，俱非也，殆沾勁是也。創勁太直，而難為起落。攻勁太死，而難為變化。崩勁太促，而難為展拓。惟沾勁出沒甚捷，可使日月無光而不見其形，天地交合而不見費其力。總之，於三心之中，發於一戰之傾。如虎之伸爪不見爪，而物難逃；龍之用力不見力，而山不能阻。如合以上九法為一，克人寧有不利乎？

註：這部分拳論據云是在歷代趙堡太極拳門內傳抄之拳譜，其內容說理透徹，理法兼備，對於拳術技擊之道，攻防之妙，可謂是闡發無疑也。

但筆者個人則認為其中之論述大多為形意拳之拳理，而非專為太極拳所闡發也。但從另外的角度來考量，形意拳作為內家三拳之一，其於太極拳、八卦掌之理法亦多有相互貫通之處，故其拳論亦有很多可共參共研之處，故將其收錄於此，以供讀者參研比較。讀者取其精華，為己所用，則其收穫自不言而喻了。

第八卷
太極拳散論及民間拳諺匯集

太極拳內經心法
——佚名

太極拳者，法於陰陽，和於術數，陰陽互根，至剛至柔。太極寥廓，肇基化元，陽動陰攝，法輪常轉。至道在微，恍兮惚兮，有如是空，無形無象，推之大之，其原其要，本乎陰陽。

陰陽者，自然之道也；仰之則彌高，俯之則彌深，視之似有形，探之則無物。如水之無常形，按之則柔，斫之則激，且愈斫愈激，而克天下之至堅。上者左行，下者右行，左右周天，餘而復會，此乾坤之相也。

陽根於陰，陰根於陽；無陽則陰無以生，無陰則陽無以化。是故孤陰不生，獨陽不長；重陰必陽，重陽必陰。如環球之無端，雖變化萬端，而唯其一理。陰陽相濟，陽固而陰密。陰在內，陽之守也；陽在外，陰之使也；陰在下，陽運化；陽在上，陰收藏。從陽而引陰，從陰而引陽；以左治右，以右治左；左重則左虛，右重則右杳；上

下相隨，進退若驚；自然相應，以至無形。

用陰則沉虛固靜，用陽則輕捷猛厲。先則用陽，後則用陰。攻必守，守必攻；守則不足，攻則有餘。移形換位，左右旋轉，雙手互搏，無分陰陽，是謂亂環。

行功走架，須去世離俗，自然鬆靜。呼吸精氣，獨立守神。以意領氣，虛實開合，圓活連貫，用氣不用力。動則分，呼也；靜則合，吸也。一呼一吸，均勻柔緩。在動中求靜，在靜中求動。使丹田之氣鼓蕩，布達周身百骸，四肢末梢。勿忘勿助，自然而然。

由階而漸進，則功夫日深，最忌淺嘗輒止，一曝十寒。修煉不輟，則真氣從之，內功漸生漸長，形與神俱，內外若一。由始悟而初覺，漸入佳境，入佳境而大悟大覺，然後知其法而忘其形。外不勞形其事，內無思慮之患，恬淡虛無，積精全神，渾元一氣，太極生焉。雖百歲而形體不衰，精神不倦也。

遇敵守中，捨己從人，引進落空。動急則急用，動緩則緩隨，不丟不頂，能收能放，沾連黏隨，隨曲就伸。乘隙而趁勢，懂勁而借力，四兩撥千斤。順勢曰走，一走即活，而無重滯之病。內格反空，逆從陰陽。我順人背，人剛我柔，曲中求直，意在敵先。人不知我，而我獨知人。

內固精神，外示安逸。靜如山岳，動若江河。眼觀六路，耳聽八方。蓄勢而動，後發先至。一收即放，迅雷貫耳。勝在敵，不勝在我。

察陰陽，審剛柔，避重而就輕。正所謂制人而不至於人是也。

斯技雖為有法，而無法。法無定法，非法，法也，盡在得機得勢。知己知彼，百戰不殆。運用之妙，存乎一心！

註：此篇拳論未知何人所撰，其篇名雖冠以「太極拳內經心法」，但實是對前輩先賢太極拳論之總結和匯集，從其內容來看，則條分縷析，思維縝密，理法並舉，總結到位，故收錄於此，供讀者研究學習。

內家拳修習秘要

內家拳法口訣釋義

釋義皆本諸師輩遞授，志追昔賢者，必須深入於此累世之學也。

口訣一

神凝意靜，沉緩鬆淨，不僵不拙，自然合度。
首尾一貫，一氣呵成，滔滔不絕，長如江流。

神　凝

精神集中之意，不論練拳或打手，如精神散漫，便全失靈氣。練拳難得宏驗，打手肇失敗之機，皆為病之在己。故我內家拳以精神為第一條件，第一原則，有深意矣。

意　靜

頭腦冷靜，不可心浮氣急。若此，必致四肢失靈，反

應失常，伏失敗之徵兆。切切當心在意，置敵人於己意之完全監視中，才能置敵於己之控制中。

沉 緩

沉緩雖為輕快相對之詞，如欲能輕快，必要從沉緩中下過工夫，否則不能至輕靈之境。所謂輕快，乃謂臨敵每覺游刃有餘的輕靈，而不是指躁急而言。這兩者是顯然有別的。

要求神凝意靜，必當在沉緩中見得工夫，萬不可浮躁。而這個緩字，不要當作慢得錯過機會講，乃是在緩中求發現機會。自然可免緩不濟急之弊。

鬆 淨

因有沉緩之教，則易導致凝滯不活之失。務求每一關節，每一肌肉，都能鬆透，以精神照顧原則，如湯潑雪，須毫無拙力之渣滓存在。能致此，方能關節靈活，反應靈敏，不呆不滯。關防得緊，間隙全無，不予敵人以可乘之機，反能在敵身信手拈來，妙招即得。若非鬆淨之妙，則何能致此。

不 僵

內家練法要求意靜而沉緩，但不可故作僵屍跳舞狀，此弊也。以致不能達靈活鬆透之妙。舉凡虛實不分，開合不明，向背不知，皆有此病。其間大病，端在身手有無靈氣耳。

不 拙

拙的病，因其用力，所以見拙。要知道內家拳跟一般拳術大相徑庭。不懂內家才妄自用力，用力便是等於離棄

內家拳了。內家拳所用之力，不是普通拙力，而是用經過琢磨教育的純勁。若開始入門便師心自用，不肯拋下笨力，豈能把內家拳學好。

自　然

活動要領，務求適應身體之自然，以腰脊為發動全身之樞紐。凡是不根據自然原則之拳法，直如遣人背負牛軛，徒施磨折，徒增勞苦。內家拳雖是以全身運動，與以擊技為目的一種活動，然其開合進退，升降浮沉，都是力求謀合自然原則，求身心能力的再發展。

合　度

諺語說：「失之毫釐，差之千里。」練拳的效果問題，都受這句諺語支配的。練拳的效果問題，乃是遵守原則的準確性的問題。而較手的勝負，乃是接勁取招的精密程度，這兩者必求合度，此也是拳術精奇的核心，餘者難足與論。

較手本是一件非常直接的競爭活動。生物論者之法則曰：最適者生存。文明社會不以戰鬥為生存手段。然縮小範圍，勝敗問題即合度問題，適者恒操勝算。因為搏鬥運動中的技巧問題，實際上就等於從事者的身軀手足之位置，用勁的大小，取法的上下等等的求適問題。平時練拳，須不斷地校正自己，明顯地為這個目的而預備，就當在這個「適」字上下功夫。要問勝不勝，先問自己合不合。故應在合度的原則下求磨鍊。

相續勿斷

後四句訣曰：「首尾一貫，一氣呵成，滔滔不絕，長

如江流」，可納之於「相續勿斷」四字。

初習拳時，須一筆一畫，一呼一吸，一招一式，厘然分明，不宜有絲毫不明之處，不得有絲毫不勻之處。然而習拳久久，一筆一畫的妙處，均已講究到了，已能百骸皆鬆，透體玲瓏。此際要求，內須內勁貫串，外須首尾一貫，銜接完善，如環無端。一套拳乃是一個動作，以達化生莫測，運用靈妙之效。端在能輕靈柔順，始能相續勿斷。

故平時下工夫，能做到相續勿斷，乃能施之於人，一招不靈，應換他招，招招相續，滾滾而去。右實左已杳，左實右已杳，有上便有下，有下便有上。處處是引招，處處是實招，處處不見真力，處處是羅敵陷阱，皆依敵而為，毫不須自作主張，更用不著絲毫拙力。此長拳所以為長拳也。

昔年劉草堂先生之藝甚得真傳，戚繼光聞其名，效劉備三顧茅廬故事，請之入幕。後劉草堂先生感其誠意，在戚之舟山公署盤旋數月，教以拳法，並授以訣曰：「不犯招架，一動一下，犯了招架，便是十下。」草堂先生晚年自課其子弟，則喜用：「長拳一上便沒有停」一語，或能道盡長拳奧秘。

口訣二

以逸待勞，以靜制動，以柔克剛，以無打有。
力求不頂，力求不丟，欲丟先頂，欲頂先丟。
吞吐為術，消化為能，極虛至靜，所向無敵。

以逸待勞

此乃體力經濟原則之運用。不善敵者，咬牙切齒，箭拔弩張，髮豎鬚翹，蹬腳攢拳，未及應敵，其緊張程度，足以消殆其體力。

以逸待勞者，我必富蓄養閒逸冷靜之氣，此即謂安靜之精神狀態，達於四表，無肌肉之緊張，而後因敵施為，方得有濟。

以靜制動

在戰略言，以靜制動為守勢。在戰術手段上講，一方面仍是力的經濟原則的另一說明，一方面是前述的「因敵成勢」原則的運用法則。且須注意吾藝在未動時以靜制動，在已動以後則以少動制多動，乃非死寂的不動，而講求動得當，如動不當，不如無動。

因我之能靜，愈能誘敵欺來，而不知此飛蛾撲火之舉也。我不論何境，均須從容沉靜。敵愈動，我愈須靜；敵愈急，我愈須沉；敵愈力猛，而我勁愈須柔。能以絲、忽、毫、厘之時間與空間之延長，以消盡敵力，其敗象愈多，我勝算愈堅。

若臨有勇無藝之輩，欲仗力而先發制人，我得就其動，借其力，禦其勢，於其舉手投足之間，制之於瞬間，來嘗見我動也。以靜制動之妙，此為其至。

以柔克剛

若能明以靜制動之理，便不難瞭解以柔克剛之言。吾既有不頂原則，復有以靜制動之法，當可產生以柔克剛的效果。剛的功境，其境界極為有限。人之勁力不剛，安能

勝過機械。昔者器械之用，以濟剛之不足，希圖剛則有以過之。可見過人之剛者，物也，而非人之自化為物。昔年人之練各種功夫，欲圖化身為物之剛，則失人之本旨矣。而柔者可以無限，其境甚高，達至最後，其精神詣天地之容物，其大莫能侔矣！

恒見多年練功之輩，一把天生拙力，總不肯拋下，不信無力打有力之教，總不能升堂入室。致柔之法，乃在拋下天然拙力，如此方能把一把拙力，放在熔爐中鍛鍊陶鑄，方能登堂，真正無上利器。

君不見水之柔下，手搏之，腳踐之，未嘗見抗，殆其聚集成勢，足以蕩屋宇，倒城垣也者。由此可知，柔之用，只待形成傾勢，何力不屈服於我。然柔之功夫甚深，非苦學深思之士，不能得其深詮。然宇宙成物，皆是積聚而成，消暴力於無形，至大而無朋，吾人生活其中，活動其中，未嘗見其形也。

以無打有

無，本不能打有，但無能化有。此有乃新成之有，非本有之有。敵之有，乃固有之有，為實有。我本無有，借敵而有。敵自傾囊，我得本無成有，敵反固有敗於無也。

當我接敵之際，我所有者，神也。如神無，則我不戰先敗。故我神有，而不以力有。如力有，則力力相接，勝負各半。我如無，則敵落空，且無法知我，我能知敵，故謂神龍出沒，其蹤難測。此法精妙，不可不深思詳究。

接　近

拳到面前，自當謀求應敵之道，求退，求逃，是退不

了也逃不了。要取勝，先須當把人站定。要討巧，便當在敵人身體與用力的死角中討巧，此為最安全、最舒服之處，亦即為打擊敵人至便捷之處。

若依我內家拳法，必須近身，以找身手與敵身手相接相沾中，找出奧妙來。因為必藉近身方法，瞭解敵來力的順逆，而捕捉利用之。通常應敵，未接敵時須用眼耳照顧全局，即已接敵，不等眼耳之作用，而靈感，曰聽勁，知敵虛實，測敵順背，隨聽隨用，大見威能，故近身為打法原則之始。

沾　貼

凡相搏，必藉手足功能為主。外家出手，急進速退，招來定必險，但是懼畏不得，不論對方為鐵砂掌、銅砂掌、斷碑掌等何等功夫，一經我沾住，上則隨之上，則下進；下則隨之下，則上取；左則隨之左，則右出；右則隨之右，則左攻。形成一道攻守相兼的機動的牆，不論敵人多狠，均難得逞。

以手化敵，乃是我第一道門戶。手化不得乾淨，敵力及身，乃講究身化，隨腰走化，此乃是第二層化護工夫。有此二道，方保萬全。然皆是沾貼功夫，非強接硬頂。故遇敵來時，我接之以身手，皆不可硬，初須延長其時間空間，然後主宰之。敵發勁如擲球，我接勁如接球，我如硬接，敵方強則必傷我，雙力相等必相傷，我何能利用之？

故首先須能接住敵勁。不可失之先，不可失之後，此乃時間之恰當；不可失之粗，不可失之細，此乃用勁之恰當；不可失之上，不可失之下，此乃位置之恰當。有此三

者之講求，至為精密，方臻準確有效。此乃窮年累月之功夫，不可以一日得之者。故沾貼原則，不僅消極地聽敵之盈虛消息，實際上即聽即用，即化即發，均在此原則中要求得之。

不 頂

敵之力來，我以力抗，我方強，敵方弱，則敵方潰敗；如敵方強，我方弱，則我方潰敗。此乃二牛角力也，不關技巧。

吾藝所謂乃以小力勝大力，以少動制多動，以沉細之氣勝暴力粗氣。其中要領，首戒有絲毫頂抗之意。若有頂抗之意存在，又何能達消化吞吐之妙用。能吞然後方能化於無形，能吞後方能吐遠。先吞進，或順勢後化，先吞進後吐出。二種效用，總在「吞」字上得來，吞即不頂，頂了便在口牙之外，便無從吞起，乃真是自破機關。好頂之徒，皆未識吾藝之奇也，不能柔化自身之勁，皆不足以與言內家。

不 丟

接近者，沾貼者，不丟者，皆是同一原則之多方面之說明與引伸，句句皆有價值，毋得忽視。不論何等強敵，一經沾上，即入我控制圈內，如蜻蜓投蛛網，愈掙扎，愈不得逞。

故既經我沾上，即不可再丟掉，我欲圖還擊方始不用遠求，近取即得。最易丟之時，乃為敵突然退縮，或敵猛力將我推出，或我自己鬆懈戰志，這樣，必予敵再次形成攻勢機會。敵既離身，我之識力識機之特長，較難發揮。

前輩教人有「逢丟必打」之誡。意即敵欲進不得，必作他圖；其之縮回，我當緊隨敵打，可收借勢之效，與同時摧毀欲圖振作之攻勢。前輩人所謂：吾藝勝敵功夫，全在不丟上做來。

丟頂互用

先已有不丟不頂之教，莫將其變成死的要求。

「欲丟先頂，欲頂先丟」此乃萬金不賣之口訣。此為虛實變化之法也。為引敵之妙訣，欲之誘敵人入我殼中，令敵無法捉摸我之真力。虛虛實實，真真假假，必待功夫純熟，方能運用得妙。

舉一簡單事例以明之。兒童之為拔河遊戲，兩隊各齊力向左右拉去，如一放繩，另方必一致仆地。又如兩人角力，相頂為戲，兩力相等，一方面突然鬆縮，他方必然前仆。而吾藝中之虛實變化，丟頂互用，較此複雜得多，而原理一致。能善為運用者，勝不可殆。

因敵成勢

吾藝應敵，不在乎我身上有多少必勝條件，而在乎我與敵接應中，乃捕捉敵人自己形成之敗象而擴大其效果。

故內家之善者，往往不見身體特長，而竟能勝人，其原因在此。豈是本身獨立情況下的優異，而是敵我消融後的綜合因素。因敵如何而我何如，而非我如何而敵何如，也就是說我心中不可先立個如何打人的主意。其妙其奇，全在因敵制敵。

尚精神不尚形體

相打拉下架子，乃中西傳統成法，本來無可怪言。因

為公雞打架，貓狗打架，都是先拉架勢。人本從畜生中來，自難免怒形於色，力形於身，企圖恐嚇敵人，或自鼓其勇耳。然此皆不符內家本旨。內家所尚，乃在無跡無象中取人，信手拈來，即成妙招，所主張隨手採招，不講另立招法，此藝中之上藝也。

自來中國拳術，教拳者乃出售成法，以何法怎樣用，何法怎樣打，敵人怎樣來，我當怎樣還手，學拳者，即是學習這成法。今之所謂何拳厲害，何法厲害，某家拳、某種拳如何如何好，遇此種種，所說的皆指成法，只要學得成法，便以為可以天下無敵，其實，下焉哉！

吾內家教人，以原則至上。所謂拳藝乃是「意」，打人亦是「意」。學拳習藝，根本實務，乃是透澈原則，洞明原理，而後乃能從其中演繹出基本動作法出來。所謂基本動作，即是運用手足與身體各處之基本要求，能此，便已得全訣之總旨。

先諳原則，然後習拳加以融會，見用處便可化生，出招皆本乎自然，且皆得體，而不致剛拙。故我內家拳法，窺似無形無象，不甚求邊式之美，非若戲臺上之唱武生，徒求邊式之美。

吾內家既不以形象為重，所重者為何？乃在人身發力之知識。術語謂「識力知機」，這是一個基點。此精神意氣，不是憑空可以取勝，端在於人體用力的了解與控制的知識。此中也非神秘而不可捉摸的東西，也是仔細苦學，多年積驗，追求得來。

懂勁之為學，無法言語相授，事關力學體驗，慧心敏

思。吾有各種打法之習練，無不立於「識力知機」之基礎之上，亦為入門之路也。其細膩之處，難以形象名狀之。故內家拳「尚精神不尚形體」一原則，乃非一句空話。

所向無敵

此語莫作整體打法的效果解。此乃法訣中之要者。無敵云者，乃敵人之真虛之處，我之無人之境也，可以長趨直入。前言不頂者，不打敵之有也。今言所向無敵者，以禪語釋之，「主人翁」不在家也。亦即敵之意與力之空出，此我當用力之處，不須猶豫，毋失良機。制勝之因素，莫不在善於利用敵之無也。

若無理解，則不能握其機詮；若無工夫，理解必成空疏。必待身授，可始親切！

內家拳訓誡
——內家拳本意

內家拳之為者，本以柔勝剛之謂也。則雖赤手空拳，而無剛不摧。敵雖有大力，無不披靡。

精研斯術，不僅為備非常，應急變，更以強健身心，益壽延年，為人生切身學問。日久神而明之，則存乎其人也。

勝強敵之道

遇任何強悍狂妄之人，勿生怖心，心神沉著不亂，乃能舉動得當。氣定神全，於此既先勝一著。

於平時，便需時時靜觀默察，以參證原則。若能融會

要訣，通解其義，則寡可勝眾，弱能勝強。比如泛舟於海，乘者雖多，唯司舵駕船者一人，以足可定全船之方向。

吾之精詳技藝，猶司舵操縱船隻，成竹在胸，此豈多寡數量上之比較。單寡勝眾，以弱制強，乃存乎此。

藝無止境

我技雖佳，然必有勝我之人。高於我者，當以師禮事之；取其所長，補吾所短，於是我技益進，豈足為貶。傳之後進，吾道益宏。既或造詣獨精，高出流俗，亦不能自滿，藝無止境，學問無涯，豈可自堵前程。

柔靜為先

習藝之時，必宜潛心體會，若行蠻力，絕不得竅訣。而須心如垂柳，意隨流水，四肢輕靈，中節作主。若能如此，則能捕捉好機，剎那發勁，捷如閃電，雖四兩之力，亦可撥倒千斤。

神氣佈滿

人之能者，諺稱三頭六臂，然必須一心做主。若心有所偏，則此手動而餘手皆弛，手多亦或無用。

我如神氣佈滿身，全身靈勁，毫無間隙，人發而不能制我，我發而既能制人，皆賴神氣佈滿之功。

流行勿斷

氣與體，中有陰陽，其動曰陽，其靜曰陰。內家拳雖

專重氣之使用，然為無形物，無跡象可尋，實則存我體中。氣之既分陰陽，若養之不當，便生弛撓之憾。平常安坐時之心氣，漫漫然為鎮定無事之態，動時若神志升奪，損其平常鎮靜安養之氣，此未得藝也。

昔日先輩教人，務先使養自己方寸之氣，使外物不能動其心，有此不拔之根基，則任何活動，元氣充足，無缺損之處，起居動靜，真氣沛然，至此方是真傳。

身神統一

設眼前有某物，欲取之主意一起，手乃前出，是既意通於氣。故欲使用此物，又須力焉。力之所出，乃氣之所集；氣之所通，亦力之所集；氣力非二物也。

由意集氣使力者，方得順遂稱心。若力先出，便是顛倒主奴，為害甚多。故吾平日，務當捨棄其力，而練其氣。只求氣之使用順遂得體，則任何人固有之力，得應其事而隨其量出焉。

無我之心

敵欲攻我，任其用何種進攻之勢與恐嚇，我心仍木然無所動，一若無與人爭勝者，其心既正大光明，其氣亦整暇不迫，從容得體，故恒占勝。

不動心

所謂不動心者，泰山崩於前而色不變，麋鹿興於右而目不瞬之謂也。心有所而不移，則真氣充塞全身，視白刃

而不見，聞槍炮而不撼，外物勿擾，獨立不懼；以如斯之心膽，運用所學，若行所無事，大敵當前，亦不見怯返顧，斯真能不動心者也。

平日多近白刃，使之熟稔無畏。並臥於中野，宿於深山，人跡罕至之地，潛居修煉，其所成就，必能宏遠博大，豈流俗可比。

近世之治術者，多以手足為藝，徒取眩目，無復精蘊。我儕當矯其弊，必求入於不動心之境，勿徒尚空義，方謂得術之奧藝。

有膽始有力

凡武術以膽為第一，無膽力既無克敵致勝之心。恐怖既充於中，肢體便滯於外，為敵製造優勢焉。

故膽力強者，恒操勝算，自來成例較多，當宜練膽。

沉著虛靜

武術一道，心急者敗。誠能不動心，則敵之進攻，我靜以待之。若心急氣浮，則不但難以破敵，且反足致敗。

身以機敏為第一，心以沉著虛靜為主。持此自修，雖不藉器械，而敵以武器攻擊，我亦心守沉靜而巧勝敵械，是皆沉著虛靜之效也。

養我靈覺

凡眼耳之活動，根於心之發動。故觀物應聽而心動，此人之常也。吾人之遭遇危險，不能預知，故平時步行

時，當注意前後左右，不可疏忽。蓋不幸受人阻擊，不特受害負傷，而多年之練習，悉付諸逝水也。

且應敵之時，因眼之活動，而神勇自滿，動作亦速。敵人圖我之意時，先已了然於胸。察敵眼光之所注，與吾身相觸之靈覺，敵方意向，我無不知，我得而從之制也。

威嚇應用

發聲則氣能專一，力自舒遠，而聲必起自丹田。動作得勢，是因氣之相應，勇氣自增，而敵氣敗餒矣。

然發聲若不得體，任意喧嘩，既損禮體，並傷我威，反招善叫貓兒不善捕鼠之譏，不如保持寧靜心氣。

殘敵之心

若無殘敵之心，一不能敵眾，二不能了事。諺謂「交手不留情，留情便失手」。殘敵心者，敵敗後，切莫不可以假之以還手之機，著須一心注視敵人，不令其有任何再生動作。

如若有我為敵所敗，際此瞬間，既須振作監視敵，心中另一意念，俾揉應敵之道，皆間不容髮，防護周全。

多求練歷

修習武技，當求練歷。

故對練之事為習武要事，切勿自以為技術未精而氣餒，務於對練中鍛鍊技巧，嫻熟技巧，領會要訣，與固定養氣定心各要則，如此身體力行，學會破敵功夫，而後百

戰不殆。

對練時，若心存畏懼，便已輸了七分。往往見技術過人者，竟意外大負，是必心中懷懼故也。過後方悔敵技平常，已無及矣。

故對練時，不宜輕敵，但亦不妨放膽引敵，一著未善，既當變化，力求得勢，自信力自然而生，恐懼便消。藉此努力修煉，不厭不倦，練習既多，境界自高。

練武者之惡德

夫治學者，專心治學，神不外騖，唯教誨之是遵，造詣必可致遠。武藝亦學問一端，若自恃身體之強壯，膂力之方剛，或恃藝之初成，而夷視一切者，真木偶之猙獰，無復竿頭之日進。蓋武技要求，不再有一欣昂之軀，血氣之勇，此皆未經琢磨之粗坯下料，無足傲視，故任性與自滿，乃淺器之易盈爾。

注重對練

當求與多數人對練，廣得經驗。若拒與新人對練，最阻進步。

勿挑選對手。好挑選者，必自是而輕人，若遇是輩，先觀其破綻而敗之，彼屢次被破，最後必示好意相與，可成拳友矣。

對於較弱於己者，勿視為無益於己而敷衍從事，此種根性至劣。故對後進，必當親切叮嚀，教導不倦，是亦樂事也。

遇他人練，宜靜觀其得失，取其所長，矯其所短。善弈者不必自弈，閱其勝者敗者，機微得矣。

自與人教試，宜以禮待之，勿舉動輕慢；若為人所負，切不可存報復之心，蓋勝敗常也。唯致力於學，乃可收之於桑隅。

料敵之法

夫敵有陰敵、陽敵二種，其形狀不易判別。外觀似弱，或為勁敵。外觀極盛而或為易與。內家拳法，常使一身鎮靜而變化無方，存心料敵，雖不能燭照計數，亦可臨時察言辨色得之。

敵顏色赤，則性氣向上，性氣外發，心必急，已失勝利之機。敵顏色青白者，心必怯，怯則身體震顫，方法不能活用，故吾人較勝，宜不怯不急。

心壯魄強

心魄，即吾人精神力之謂也，為人心之基，有強有弱。有精力者，有氣有勢。見敵而起制勝之心，則勢滿也，此為心魄之作用。由心生膽，由膽生力。力以身體為基礎，身體虛弱，雖有此心，亦屬白運心魄，無效也。身體強壯，方能不為物動，基礎方立，故練身亦是要事。

有心，有體，既當習氣。呼吸皆自心中所起，切勿使氣息閉止，若氣息閉止，便不持久。故求運氣調息，而後心自靜，魄自堅，強毅之本立矣。

機智勝膂力

力有時而窮，巧有時不濟，一智可勝千軍。

以智就事，安渡窘境。豈獨賴拳勇技擊乎。

觀之征南事略：王征南，夜出偵事，為守兵所獲，繫之廊柱，數十人飲酒圍守。征南拾碎磁，偷割其縛，然後急望懷中探銀，望空而擲。眾兵力爭攫取，得自逸出。

又歲暮獨行，遇營兵七八人拉夫役，為之負重，征南苦辭求免，不聽。乃至橋上，隨棄所負。營兵拔刀捕之，征南手搏，營兵仆地，鏗然刀墜，如是者數人，乃取其刀投之井中，營兵乃索鞭出刀，而去遠矣！

此乃以智成就事，安度窘境，豈獨賴拳勇技擊乎！

破勢收勢

內家決無先動手打人之理，如對方一出手，既是破勢，我得有隙可乘，是所謂「隙開進莫遲」也。但須明虛實，不貪不求，方是高手。

如敵不破勢，可以用引。用引之要，在引出敵隙，非露己隙與人也。且當引誘，皆不可不知，收勢須能一發既有一收，方能力之可生生不竭也。不可舊力已失，新力未生，既強作妄焉，則成強弩之末，雖銳無用。我能蓄勢常新，新力不斷，此須於平日練拳時練成，此開合也，不可不知。

取敵要妙

取敵之道，在乎敵身，不在乎我。敵弱於我，拿而制

之；敵強於我，徑取其穴。敵合於我勁，提而放之，敵力道多變，我當制機之宜。

大凡高來低取，低來高取，尚嫌太疏，隨來隨往，因敵施為，方是識症設治之良醫，馴伏劣馬之能手。法尚乾淨俐落，忌乎拖泥帶水，道道地地，純在人身上做功夫，我身上不可有絲毫之擺設，否則技藝總不高。

練氣歸根

技擊之道，有形態之強非真強，此蓋氣散於外，未能歸藏也。無形態上之強而堪以為強者，乃是真強。

蓋已練氣歸根者，不見形態之壯，不見顏色之威，氣不驚，心不驚，但見柔弱，此得內家之正。斷人功夫高下，可以望而知之，蓋不在其形，而在其氣，此亦在己學之精深也。

俗人求於皮相，俗人無學而淺學也，古來精於此道者，以練氣為根本，此內家真傳正學也。

內家拳行拳步跡法意

不動即是太極始象，動即具九宮八卦作用。

內方外圓，內剛外柔。

處處可定中，處處須照顧得八方。

一用即寓八變，死中須求活法。

八卦當作平的看，即是不高。

起手即八面威風（有多面應敵意），但即是含收意（待變，故用勁用神不可大至占煞）。

　　要輕靈不要快，輕靈既是快，但也就是慢，快則非慢，即滯一方。

　　用意須沉不要剛，沉既是剛，卻也是柔，剛則非柔，亦滯一方。

　　從起手，勢式須合九宮八卦總意，不合即不是的，故出不滯一方，隨生隨變，以至於復靜歸根。

　　起手至終須是式式自成，又求式式連貫。若求式式連貫，即當先在用勁上自求，所謂要有有到不可占煞，要無無到不可丟卻，故能善應。

　　若不單式練，不知一式有一式之用。若不單式練，則不知式之可變。若不合拳練，則不知勢勢式式貫串之妙，全拳只是一氣鼓蕩。

　　窮年累月終不出此九宮八卦之理，得者謂舉手既是，不得者覓反不得。

　　此拳所以行太極九宮八卦之道，數載窮究，身心性命，無不包藏此中。

　　此拳是煉精氣神之至寶，精之秘在腹，氣之秘在背，神之秘在目，此萬金不傳。

　　此拳亦可入詩畫字，頭頭是道，頭頭合道，化凡骨為金丹。

內家拳十要

　　一要心思冷靜，意致寒凝；
　　二要百骸鬆透，節節輕靈；
　　三要氣流遍體，毫無停滯；

四要自頂下踵，喉頭勿抛；
五要柔若垂柳，不頂不抗；
六要進退開合，主宰在腰；
七要用勁有主，難避難逃；
八要既靜且細，曲折入微；
九要自身滑利，勁不得沾；
十要化借吞吐，謹勁至上。

內家拳六訣

識力知機

接敵須輕，去力從心。
如權引衡，巨細辯明。
敵有千萬，我只四兩。
此中奧秘，只在靈心。

力如流水

靜如流水，滔滔不絕。
逢窪隨低，遇高則漲。
沾連貼隨，能鑽能入。
善乘力浪，一氣透出。

力如操舟

如水負舟，低沉為主。
束身蓄力，力來截起。

宛如怒濤，推舟上灘。

雷霆萬鈞，順勢掀翻。

力如紡線

神定氣閑，勢盡力繼。

如敵中變，乘機反揚。

如手牽線。趁勢引延。

誘敵引力，柔中藏險。

力如張鼓皮

堅壁彈石，妙在一瞬。

遇力生勁，剎那迎合。

或引敵來，勢來突變。

使如頑石，一觸即出。

力如飛輪

運勁如輪，力來飛脫。

勢如漩渦，片羽亦澱。

反背為順，垂貶為成。

有藝何懼，只在一轉。

　　註：此篇《內家拳修習秘要》為筆者在民間所搜集到之抄本內容，原本抄寫潦草，錯訛較多，筆者參照多個版本，逐字精校，終至可觀。原文不著撰人，署名處僅寫「清──佚名。」但筆者觀其筆意，雖說理透徹，但文白參雜，頗多俚語，不類清人筆墨，較似晚清民國時期之筆

法，故存疑也。

　　就在本篇校對整理完畢時，又在網絡上發現有將此篇拳論署名爲大成拳創始人王薌齋所作之說，其名爲《王薌齋拳道秘訣解密》，至此，關於此文到底爲誰所作，筆者則愈加感到疑惑了；而此文到底爲何人所作，由於無確鑿之文字資料，實無法考證，姑且將此篇收錄於此，至於其作者則待有心人去考證研究吧。

　　然就此篇之內容來說，確是一篇說理透徹之宏論，非感悟精深之過來人所不能道也，佛家云：「依法不依人」，余十分贊同，故收錄之，以饗同好。

民間拳諺匯集

道體論

　　大道至簡。

　　禪通武達。

　　功夫者，工夫也。

　　賓主分明，中道皇皇。

　　靜如處子，動若江河。

　　神以知來，智以藏往。

　　虛實兼到，忽見忽藏。

　　法有萬端，理存於一。

　　巧生於內，法出其外。

理法不明，學武不精。

陰陽混成，剛柔悉化。

靜心平氣，柔極至剛。

技貴互變，理妙成圓。

智者無敵，悟者大成。

虛實兼備，開合相宜。

出於心靈，發於性能。

拳術為身輕藝重之道。

武術之為道，乃陰陽也。

剛柔不相融，招法無所依。

久練功自純，勤悟理自通。

拳無功不精，招無速不靈。

習文有武備，練武有文理。

武術皆相通，千拳歸一路。

天地大宇宙，人身小天地。

不固執以求氣，不著意以用力。

開源才能注水，理通方可授人。

技精在於「勤」，得道在於「悟」。

智者不惑，仁者不憂，勇者不懼。

法天象形取其意，練式務精不求博。

剛柔運用能隨意，攻防進取才隨機。

剛柔運用合規律，動靜有致總相宜。

一動一靜出神韻，一張一弛出功夫。

一時之強弱在力，千古之勝負在理。

天得一以清，地得一以寧，人得一以善。

天地之道陰陽互濟，武術之道內外合一。

天地得一而陰陽歸位，人身得一而神變無方。

剛能立強，柔能立挺；武術之道在於剛柔相濟。

盤架可強身，鬆空能清心。身心均無礙，康寧到終身。

演拳精妙者，善調控身形精微之變；用拳如神者，則通達於返樸歸真。

無形無象，全體透空。空而不空，不空而空。借假修真。

虛而實之，實而虛之；虛虛實實，機機詐詐。運用之妙，存乎一心。

學時有定式，用時無定法，法中有法，法外有法，無法之法，方為妙法。

太極拳者，其靜如動，其動如靜，動靜循環，相連不斷，則二氣相交，而太極之象成。

道本自然一氣游，空空靜靜最難求，得來萬法皆無用，身形應當是水流。

「武理」乃「人理」。它凝聚著的是「過剛易折，過柔易軟」和「強者不懼，弱者不欺」的辯證哲思與傳統美德。

膽識論

膽氣十足，催敵何難。

臨門三不顧，放膽即成功。

河深靜無聲，藝高不壓身。

藝高人膽大，膽大藝更高。

視人如蒿草，打人如走路。

對敵若無膽問先，空有一身拳腳功。

遇敵好似火燒身，放膽使招必成功。

眼要明，心要毒，只要平時練得熟。

一打膽，二打眼，三打功力，四打閃。

心要細，膽要大，面要善，心要毒；靜如書生，動如猛虎。

一狠二毒三要命，見空就打莫留情。容情不動手，動手不留情。

修養論

和為貴，義當先。

人貴有志，學貴有恆。

取法於上，得之乎中。

文修其心，武練其身。

練功能強體，修心能度人。

練功心要靜，心靜則神明。

練功要純樸，為人要厚重。

取百家之長，補自家之短。

要想燈不滅，需要常添油。

知識在於積累，武理在於深研。

藝如明鏡澄萬里，德似菩提滿樹香。

以惡制惡理不悖，霹靂手段菩薩心。

拳腳交融見功力，平心靜氣看定力。

若要精，聽一聽，站是遠，望得精。

四兩撥千斤，觸手驚彈，放人倒地不傷人。

去玄求真乃武術活力所在，去偽求誠則為人處世高招。

鬆能通經導氣，沉能凝神斂氣，鬆沉互根，自得靈根。

修德不修道，空被日煎熬；修道不修德，必定要著魔。

不生事、不怕事、自然無事，能愛人、能容人、方為正人。

笨鳥先飛早出林，笨人勤練武藝精，勤能補拙是良訓，一分辛苦一分功。

武道精深者，氣足神盈，心靜若水；功夫淺薄者，心浮氣躁，惟恐他人不知。

師友論

法不傳六耳。

經師不如訪友。

學無老少，達者為師。

寧傳十藝，不傳一理。

學無先後，能者為師。

一方拜師，八方學藝。

澆花要澆根，教拳要教人。

誤人子弟者，必被弟子誤。

徒弟技藝高，莫忘師父勞。

師訪徒三年，徒訪師三年。

學藝在師傅，功成在自己。

真傳一張紙（一句話），假傳萬卷書。

尊師要像長流水，愛徒要像鳥哺雛。

登山要有好嚮導，高徒要有明師教。

教不嚴，拳必歪；學不專，拳必濫。

師父領進門，修行靠個人；教藝在師，學藝在徒。

井淘三遍吃好水，人從三師武藝高。不經一，不長一。

武藝不可輕傳人，不與狂夫歹人聞。君子得之可救世，妄傳匪徒反害人。

師父不過領路人，巧妙全在自用心。入門引路須口授，功夫無息法自修。

法從師處得，功在身內修。慧心悟得開，無師智自通。

不遇明師莫枉參，不遇知己莫枉傳，不學輕靈難為首。

武德論

武人相敬相欽。

恃藝逞強，罪不容誅。

錢重於藝，奸商習氣。

文以憑心，武以觀德。

拳以德立，無德無拳。

習武千條戒，最戒嫉妒心。

拳硬舌頭軟，舌軟也傷人。

練武先修德，德高藝更高。

武德比山重，名利草芥輕。

心正則拳正，心邪則拳邪。

習武者，當立志，人無志，事不成。

技為武術之基，德為武術之魂。

三軍可以奪帥，匹夫不可奪志。

一拳一腳見功力，言談舉止知品行。

崇武尚德戒狂佞，人為我師可大成。

未曾學藝先學禮，未曾習武先習德。

理字不多重，萬人擔不動。武夫不講理，藝高難服眾。

門派論

人外有人，天外有天。

打得寬，不如交得寬。

拳，內家外家，總是一家。

同是江湖客，不識也相親。

行遍天下路，把勢是一家。

真人不露相，露相不真人。

學到知羞處，方知藝不高。

小心天下去得，莽撞寸步難行。

強中自有強中手，莫在人前自誇口。

一個籬笆三個樁，一個好漢三個幫。

絆三跤，方知天外有天；跌三跌，才曉人後有人。

手足原無異態，拳術不必分門。少林武當終歸於拳，內家外家總是一家。

全體論

渾元一氣武道成。

拳技以沉著為本。

一身之勁練成一家。

百巧奇能，無力不行。

開合虛實，即為拳經。

靜如山岳，動若江河。

文講八法，武講八勢。

精以神聚，神以氣會。

法借勁使，勁由法出。

鬆能導氣，沉能聚散。

技法不熟，戰不能勝。

譜熟百家，博採眾長。

含而不露，神態舒展。

善學者，必以理為尚。

無處不是圈，無處不是拳。

太極本自然，人意莫強求。

拳理知陰陽，攻防有柔剛。

拳動藏其技，拳靜寓深意。

肢體形於外，心意誠於中。

先以心使身，後乃身從心。

舉手不留情，留情不落名。

內練一口氣，外練筋骨皮。

尚德不尚力，重守不重攻。

在勁不在力，在巧不在勇。

剛柔互為根，技法才為真。

練時要有法，用時則隨意。

身求陰陽勁，拳求隨意發。

拳理需靜悟，拳技要勤修。

四兩撥千斤，一力降十會。

做大起於細，做難起於易。

無力不是功，無功不是拳。

圈中贏，圈外起力不擊人。

勁活體通暢，制人法必精。

行拳寓陰陽，攻防有柔剛。

練拳求其技，剛柔寓法理。

拳式神形一體，拳法堪稱精成。

心動兩儀起，心靜自然安。

鐵不煉不成剛，力不練不成勁。

得一法，探其用，能舉一反三。

得一技，思其理，其技理並進。

寧叫筋長一寸，莫叫肉厚一分。

聚氣成力，以氣催力，吐氣發力。

似守非守，勿忘勿助，若存若亡。

思悟不諳元中巧，另尋源頭哪得醒。

拳必先練消力技，否則一生碰運氣。

目中有敵始出拳，意中有敵方動腳。

任其勇猛氣總偏，此有彼無是天然。

進退自如靠步法，閃躲引化在身法。

劈打盤靠身為法，用到妙處勁為先。

攻防得勢在修為，通權達變在人為。

翻滾纏繞身為法，法至妙處勁為先。

練武精研臻其妙，功深理通可傳承。

攻防得勢在拳法，理明技精在心法。

拳不在形而在勢，勢不在力力在變。

拳勢強弱在平衡，狠練弱勢稱內行。

品酒同色不同度，練拳同式不同用。

武術都是腳和手，要看精華有沒有。

拳法精細能明理，博採眾藝能出新。

拳無拳、意無意，無意之中是真意。

外講手眼身法步，內練精神意念足。

左轉右繞為攻擊，勝負成敗一瞬息。

心意起，神則聚，舉手投足要隨意。

陰為柔，陽為剛，剛柔互濟把敵傷。

文武雙修得真諦，博採眾精能達通。

神要斂，形要鬆，剛柔互濟才是功。

外順得力，折疊得勢，內和得氣。

學的是手眼身法步，練的是精神氣力功。

獨練時無敵似有敵，應對時有敵似無敵。

知陰陽則明拳理，明拳理則練柔剛。

神充精所養，血盈氣所依，力足氣所聚。

下盤穩，上盤活，吞吐隨意法就多。

老練功夫，少練拳。拳是假的，氣是真的。

沉而不僵，鬆而不散，乃得剛柔互濟之妙也。

合則太極，分則陰陽，動則螺旋，慢中求功。

合抱之木，生於毫末；千里之行，始於足下。

能動能靜，拳道之聖。動而不靜，拳道之病。

天天修拳，身法自然，拳熟功進，自然而然。

善剛柔運轉則拳精理明，拳精理明則能獲益終生。

拳要勝人，一節動，節節動，節節貫串。一處不對，全身不對。

練功時不在於巧而在於實，對搏時不在於實而在於巧。

虛靜為本，虛無不受，靜無不待，知虛靜之道，乃能終始。

不善鬆活，就談不上彈抖。收之，氣歸丹田；發之，氣貫四梢。

極柔即剛極虛靈，運若抽絲處處明。開展緊湊乃縝密，待機而動如貓行。

功夫不到總是迷，一層不到一層迷，一處不到一處迷，處處不到處處迷。

動之至微，化之至順，引之至長，發之至驟。沉著為拳藝之本。

拳架論

冬練勁，夏練筋。

拳無透意不中用。

腳踩陰陽，手畫圓。

千旋萬轉不如一站。

先求開展，後求緊湊。

關節不鬆，柔勁不來。

肘不離肋，手不離心。

中節不明，四梢發空。

練拳能得法，功效自不差。

兩唇要相合，封之氣力多。

要知拳精髓，首由站樁起。

出手不過肩，掌指齊眉間。

對搏取勝，不在架勢在氣勢。

千學不如一看，千看不如一練。

拳架雖具趨避勢，有巧無神不算功。

學武先柔筋和骨，體柔再把拳架行。

盤架求出陰陽法，內外合一亦自然。

初學拳架不亦快，拳架力求要規整。

行拳走架需有意，剛柔相濟兩不偏。

盤拳盤至精妙處，身心處處則怡然。

腳踩頂拔，擰腰裹胯，打出拳去，威力必大。

貓行雞步，鷹眼猴手，工夫修煉，方謂到家。

拳打一連氣，內要提，外要隨，起要橫，落要順。

練拳不拆手，什麼都沒有；練拳拆開手，讓你武林走。

外練筋骨皮，內練一口氣。腰似蛇形腿似鑽，周身運動走螺旋。

拳術之藝，是力換力，勁換勁。冬練三九，夏練三伏，日積月累成功夫。

練拳論

拳無功，一場空。

拳可慢，不可滯。

拳法在熟不在多。

少年習武正當時。

老年習武未為遲。

學拳容易改拳難。

久練自化，熟能生神。

冬練三九，夏練三伏。

天下兩難，學文打拳。

拳不在多，唯在熟。

拳怕少壯，棍怕老練。

拳打萬遍，神理自現。

曲不離口，拳不離手。

拳為功苗，功為拳本。

學拳三年，丟拳三天。

鼓越敲越響，拳越練越精。

練武不怕苦，練功不放鬆。

練功能得法，日日必精進。

練武恒為貴，技藝賴深思。

習武要漸進，切忌一夕成。

精練明拳理，苦磨出功夫。

要想拳練好，必把圈練小。

不怕千招會，就怕一招精。

要練驚人藝，須下苦功夫。

打拳不練功，到老一場空。

鐵棒磨繡針，功到自然成。

平時練武技，危急能防身。

打拳不活腰，到老藝不高。

火大沒濕柴，功到事不難。

練拳須明理，理通拳法精。

場上一分鐘，場下百日功。

練拳無樁步，房屋無立柱。

拳無丹田功，終身一場空。

千拳歸一路，一路通，百路通。

若要功夫好，一年三百六十早。

任可一世不用，不可一日不練。

習武貴在得法，求功尚在持久。

操練不按體中用，修到終期藝難精。

一日練一日功，一日不練百日空。

準備萬般一旦無，千招不如一招熟。

入門引路需口授，功用無息法自修。

知拳在於苦練，理通得自深研。

平時練，急時用；平時鬆，急時空。

光學不練功難精，光練不學意難通。

老天不負苦心人，年深月久妙自出。

活到老，學到老，還有三分沒學好。

捨本求末瞎胡鬧，循序漸進最為高。

進功如同春蠶吐絲，退功如同流水即逝。

積土成山，積水成淵，積藝成才，苦練成功。

冬練三九，夏練三伏，冬天增力，夏天增氣。

冰凍三尺非一日之寒，繩鋸木斷，水滴石穿。

久練為熟，久熟為巧，熟能生巧，巧能生精。

初學三年，天下去得；再學三年，寸步難行。

世上兩宗難，讀書與打拳；書要勤念，拳要勤練。

正楷未精，休要驟學草書；拳路沒熟，休想迅速神化。

欲學驚人藝，須下苦功夫。深功出巧匠，苦練出真功。

無氣不是功，無功不是拳。朝夕勤習練，內外緊相連。

朝朝用心學，時時記在心。功夫如此練，必成一智人。

一日練一日功，一日不練十日鬆。久練為功，擱下稀鬆。

學拳勤踢腿，算盤勤撥粒。三天不說嘴生，三天不練手生。

一日不練自己知道，兩日不練行家知道，三日不練人人知道。

腰襠論

腰襠膝，發動機。

腰胯微轉鳥難飛。

腰送客走，胯坐帥府。

練武不活腰，終究藝不高。

打拳會用腰，技法必然高。

內不動，外不動，腰不動，手不發。

腿腳論

起腿半身空。

踢腿不過膝。

十腿不如一膝。

手敏步快，放長擊遠。

拳為先鋒，腿是主帥。

蹬腳不過膝，分腳不過腰。

好腿不過膝，起腿三分險。
好腿不過腰，起腿半邊空。
打拳不遛腿，必是冒失鬼。
一力壓九技，好腿不過腰，高腿就上頭。

技擊論

巧拿不如拙打。
拳打眨眼功夫。
拳打臥牛之地。
拳打陰陽兩面防。
起也打，落也打。
千金難買一哆嗦。
有錢難買「機靈顫」。
意到，氣到，力到。
腳到手勾，拳來臂格。
遠拳，近肘，貼身靠。
遇短勿近，遇長勿遠。
足來提膝，人退加踢。
氣足力大，招熟勁活。
同行較技，留手不留拳。
無人當有人，有人當無人。
眉動心必動，乍膀全力發。
發於根，順於中，達於梢。
不引不能空，不空不能擊。
手到腳不到，打到也無效。

兩手不離懷，神鬼難進來。

有意莫帶形，帶形必不贏。

臨敵心不靜，有招也無用。

打人不露相，打人不見手。

舉手不留情，當堂不讓步。

氣通任督行，打人威力增。

手是兩扇門，全憑腿踢人。

一力降十會，一巧破百拙。

以巧破千斤，千斤力在後。

疾上更加疾，打上還嫌遲。

發力一聲喊，強敵不倒也半癱。

敵人亂，己不亂，事急心不急。

動如猛虎，聲東擊西，防左攻右。

見隙而擊，擊時莫疑，一疑就遲。

形隨彼動，勢由我主，從人而由己。

一寸長，一寸強，硬劈硬進人難防。

一寸小，一寸巧，閃戰騰挪人難找。

遠則拳打腳踢，近則擒拿抱就摔。

遠則手足上中下，近則肩肘背胯膝。

閃進攻取身為法，得勢擊人手足齊。

狠打善，快打慢，長打短，硬打軟。

過手放對莫疏忽，一膽二力三功夫。

遇敵猶如火燒身，硬打硬進無遮攔。

腳踏中門去奪位，就是神仙也難防。

一寸長，一寸強；一寸短，一寸險。

太極無手處處手，渾身無處不丹田。

上打陽，下打陰，兩邊打肋，中打心。

一狠二毒三功力。遠者腳踢，近者加膝。

順人之勢，就人之力。彼來吾就，彼去吾隨。

彼斜我正，彼正我斜。以靜制動，後發制人。

退是假退，真退是敗。步步向前，天下無敵。

一打力，二打巧，三打分寸，四打眼滑手快。

心是主帥，眼為先鋒，活步做戰馬，腳手是刀兵。

勢斷勁不斷，勁斷意相連。形斷意連，勢斷氣連。

能吞方能吐，能捲方能放。靜若處女，動如脫兔。

乘機而襲之，乘襲而擊之，襲其無備，拳打兩不知。

疾、疾、疾，快打遲。知寬窄老嫩，會閃戰騰挪。

左來右接之，右來左迎之，順來橫擊之，橫來捧壓之。

接手半邊空。四梢空接手，一接點中求，肘空一大片。

八打八不打，過手要得法，對敵莫容情，會友莫輕發。

欲要打得險，還須臉對臉；欲要打得美，還須嘴對嘴。

隨人所動，隨屈就伸。能引進落空，才能四兩撥千斤。

拳無剛柔，出手無效。順人之勢，借人之力。打實不打
虛。

來，則順勢捋；去，則順勢去。處處是蓄勁，處處能放
勁。

三拳難擋一掌，三掌難擋一肘，三肘難擋一尖，三尖難
擋一指。

打中寓跌，跌中寓打，打拳不怕，怕拳不打。拳來閃
避，拳去追蹤。

不占人先，不落人後。遇虛當守，得實即發。虛極實生，初實可摧。

對方打來身如球，擰走轉身莫停留。進如盤蛇吸食走，剛柔相濟著意求。

出手大多對上身，手足到時方為真。一勢三手才稱妙，手肘膝腿鬼神驚。

降龍伏虎逞剛強，手打起落人難防。腳打踩意不落空，消息全憑後腳蹬。

觀勢察機，頭前則足將踢，膊乍則拳將打，側身則將進步，伏身則將躍發。

欲要先給，欲順先逆，欲逆先順。要多少給多少，半點也不多給。

給多少要多少，半點也不多要。要哪兒給哪兒，得哪兒打哪兒。

手眼論

眼無神，拳無魂。

眼捷手快，有勝無敗。

拳不空發，手不空回。

拳打不空回，空回不為能。

拳以眼為尊，眼為心之苗。

教師見教師，手快打手遲。

眼功練得精，克敵占上風。

手到眼不到，盡是瞎胡鬧。

出手如閃電，回手如火燎。

三拳不如一肘，三肘不如一指頭。

周身柔軟似無骨，忽然放出都是手。

手起如箭落如風，追風趕月不放鬆。

指撮一點，拳打一片，出拳如射箭。

出手如飛回如箭，火燒指頭還嫌慢。

遠用手，近用肘。寧換十手，不換一肘。

遠拳、近肘、貼身靠。得實不發藝難精。

手齊腳不齊，必是偷來藝。

手到腳亦到，方為得玄妙。

身法論

沉肩，垂肘，氣到手。

身如駕弓，拳如箭。

低頭探腰，學藝不高。

貓竄，狗閃，蛇鷹眼。

低頭彎腰，傳授不高。

手要靈敏、腳要抓地。

先看一步走，再看一伸手。

教師一伸手，就知有沒有。

上盤百枝搖，下盤似生根。

重心奪敵位，神手亦難防。

上下能一體，內外必合一。

圓活能善變，防守必自如。

手隨身動，步隨身換，逢轉必沉。

單刀看手，雙刀看走，大刀看頂手。

身法靈活貴在根，擊人法多勁為真。

動停急緩合規律，攻防得勢占先機。

身腰一動手腳隨，應將兩手併一腿。

拳如流星臂似鞭，腰走龍蛇眼似電。

眼要清，腳要清，動身進步似貓形。

手從腳邊起，側身步輕移，藏勢微彎膝。

眼似流星，手如電，身似蛇行，腿如鑽。

前俯後仰，其勢不勁。左側右依，皆身之病。

手起撩陰，腳起望膝，膝起望懷，肘發護心。

上節不明，滿腹是空，下節不明，顛覆必生。

步法論

步法靈，閃躲行。

進時低，退時高。

攻防得勢，步占先機。

上虛下實，腳步要穩。

教拳不教步，教步打師父。

拳到步亦到，神仙躲不掉。

拳到腳也到，打人如蒿草。

拳到步不到，打人瞎胡鬧。

邁步如貓行，運勁如抽絲。

落步如鋼釘，進步快如風。

進時擦地皮，退時先提膝。

步不穩則拳亂，步不快則拳慢。

身法快，步法靈，氣催勁走有神形。

連環步，往前攻，巧打飛踢占上風。

上虛下實，腳步要穩。上兜下墜，猶如不倒翁。

打人如擁抱，手到步要到，步到身要擁。

能勝在於進步占勢，不敗在於退步避鋒。

心意論

至虛中生神，至靜中生氣。

行乎其不得不止，而不可或止。

止乎其不得不行，而不可或行之。

有形有意皆是假，拳到無心始見奇。

拳無拳，意無意，拳到無意是真意。

拳無拳，意無意，無意之中有真意。

內外均整，心力合一。有動之動，出於無動。

一志凝神，洗心滌濾。收心猿，拴意馬。收心離境。

心安則虛，道自來。體靜心閑，方能觀見真理。

　　註：此篇《民間拳諺匯集》爲筆者從日常閱讀之各類資料中所搜集整理，我們仔細研究，就會發現這些拳諺，雖爲民間關於拳藝之口傳諺語，但大多言簡意賅，直指眞詮；文字雖不雅訓，但觀其內涵則微言大義，深堪玩味。

　　因搜集時這些拳諺大多是散條分佈，筆者遂將其匯而輯之，並根據其逐條內涵，分爲不同的章節，以利於廣大讀者更好的理解，並可以從中受益，玩索而有得。

第九卷
太極拳譜序跋文獻匯集

武君墓表　壬午
——新城王樹枏

君諱河清，字禹襄，姓武氏。其上世太谷人，明建文末始遷居直隸之永年。曾祖諱鎮，字靜遠，武生，衛千總銜。祖諱大勇，字德剛，武生。父諱烈，字丕承，邑庠生，孝友有隱行，生子三人，長澄清，次汝清，君其季也。澄清咸豐壬子進士，河南舞陽縣知縣。汝清道光庚子進士，刑部員外郎。瞻材亮跡，並聲於世。

君博書史，有文炳然，晃晃垺伯仲，而獨擯絕於有司，以諸生終。道光二十九年，朱侍郎嶟視學廣平，能君文，以為老宿，冕同試生，將選貢成均。而是時，祖墓適阤陊於盜，當事某，稽不即貞治，君憤爭於庭，繼以號泣，卒以戇直忤。

某戕其行，上之學使，榜且發矣，竟鑴君名，而易以他人之不逮君者。君既不幸見黜，復連試京兆，再薦再黜，幡然曰，得之不得命也。竭耳目心思，囚神瘁形，壹

從事於畢世，不可知之命，而於曩昔聖賢，所求則得舍則失者，竟死顛倒而罔知一返，其在我者之所為，此何為者哉。於是絕進取志，迥迥獨達，以才幹志行，為當世大人所器。

咸豐壬子，呂文節公賢基，奉朝廷命，督師殲發賊皖江，肅書幣招入軍幕，以母老辭。至庚申辛酉，捻匪竄畿南，尚書毛公昶熙，河南巡撫鄭公元善，又皆禮辟不就。當是時，智謀勇功，懷奇赴會之士，雷奮焱合，角強力以攖國家之急，往往朝為匹夫，暮為卿相。若承而掇之，其接響附景，錚鏗霅煜於其間者，尤不可以指屈計。君獨深自孫辟，寥居洿處，以澤其躬，而養其親，卒抱其才略，一無所施以沒。噫！可悲也已。

君卒年六十九，以光緒某年某月某甲子葬永年某鄉某所之原。初娶翟氏，繼娶史氏，皆封孺人。子五人。用康，縣學生，候選府經歷。用懌，舉人。用咸，縣學生。用昭，用極。女二人，長適國學生李裕芳。次適諸生柴翰文。孫昌緒，傳緒，其緒，之緒，延緒，元緒，會緒，凡七人。

八年。新城王樹枏表於墓曰。

余過廣平，廣平人稱孝友，以餝其子弟為壈塾者，必舉永年武氏。既取君之子所為。壯而讀之，然後知君之行與君之志之大也。爰述其大凡。使歸而鑱之石。

註：王樹枏（1851—1936），字晉卿，河北新城人，以詩文著稱。

先王父廉泉府君行略
——武萊緒

先王父諱河清，姓武氏，字禹襄，號廉泉，永年人。性孝友，尚俠義，廩貢生，候選訓導。兄弟三人。長澄清，咸豐壬子進士，河南舞陽縣知縣；次汝清，道光庚子進士，刑部員外郎，瞻材亮跡，並聲於時；先王父其季也。

先王父博覽書史，有文炳然，晃晃垺伯仲，而獨擯絕於有司，未能以科名顯，然以才幹志行，為當道所器重。咸豐間，呂文節公賢基，肅書幣邀贊戎機，以母老辭。尚書毛公昶熙、巡府鄭公元善，又皆禮辟不就；惟日以上事慈闈，下課子孫，究心太極拳術為事。

初道光間，河南溫縣陳家溝陳姓，有精斯術者，急欲往學。惟時設帳京師，往返不便，使里人楊福先往學焉。嗣先王父因事赴豫，便道過陳家溝，又訪趙堡鎮陳清平。清平亦精是術者，研究月餘，奧妙盡得。返里後，精益求精，遂神乎其技矣！嘗持一杆舞之，多人圍繞以水潑之，而身無濕跡。

太極拳自武當張三豐後，雖善者代不乏人，然除山右王宗岳著有論說外，其餘率皆口傳，鮮有著作。先王父著有《太極拳解》《十三總勢說略》。復本心得，闡出《四字訣》。使其中奧妙，不難推求，誠是技之聖者也！

有子五人。用康，郡庠生，候選府經歷；用懌，同治

壬戌舉人；用咸，縣學生，候選鴻臚寺序班；用昭，縣學生；用極，國學生。孫十五人：次孫延緒，光緒壬辰翰林，出宰湖北，多攻文學，未深習是術；得其術者，惟李王姑之子經綸、承綸兄弟也。

孫　萊緒謹述

太極拳譜題記
──李亦畬

　　此卷予手訂三本，啟軒第（弟）一本，給友人郝和一本，此本係予自藏。

　　前數條諸公講論精細，殆無餘蘊，後又參以鄙見，反覆說來，惟恐講之不明，言之不盡。然非口授入門，雖終日誦之，不能有裨益也。

光緒辛巳年亦畬手訂

太極拳譜跋
──李亦畬

　　此譜得於舞陽縣鹽店，兼積諸家講論，並參鄙見，有者甚屬寥寥。間有一二有者，亦非全本，自宜重而珍之，切勿輕以予人。

　　非私也。知音者少，可予者，其人更不多也。慎之慎之。

光緒辛巳中秋念三日亦畬氏書

太極拳小序

——李亦畬

太極拳不知始自何人，其精微巧妙，王宗岳論詳且盡矣。後傳至河南陳家溝陳姓，神而明者，代不數人。

我郡南關楊某，愛而往學焉。專心致志，十年有餘，備極精巧。旋里後，市諸同好，母舅武禹襄見而好之，常與比較，伊不肯輕易授人，僅能得其大概。

素聞豫省懷慶府趙堡鎮，有陳姓名清平者，精於是技。逾年，母舅因公赴豫省，過而訪焉。研究月餘，而精妙始得，神乎技矣。

予自咸豐癸丑，時年二十餘，始從母舅學習此技，口授指示，不遺餘力。奈予質最魯，廿餘年來，僅得皮毛。竊意其中更有精巧。茲僅以所得筆之於後，名曰五字訣，以識不忘所學云。

光緒辛巳中秋念六日亦畬氏謹識

廉讓堂太極拳譜序言

太極拳獨為世人所推崇者，何也？細審此譜，可以知之矣。

云：「腹鬆氣斂，心靜神舒」，無不合乎養生之道，衛生之理；「虛領頂勁，氣沉丹田，氣向下沉，勁起於腳

根」，是將己之重心移至下部而穩立之理也；「立如平準，活似車輪，偏沉則隨，雙重則滯」，是己之支點只要一個槓桿之理也；「氣宜鼓盪，神宜內斂。兩手支撐，一氣貫串。以意運氣，以氣運身。一動無有不動，一靜無有不靜。觸之則旋轉自如，無不得力」，是全身練成一個氣球，使富有彈性而易轉動之理也；「不丟不頂，隨屈就伸，沾連黏隨，引進落空。左重則左虛，右重則右杳。仰之則彌高，俯之則彌深」，是利用彼力之慣性，而使其失平衡之理也；「勁起於腳根，主於腰間，形於手指，發於脊骨。屈中求直，蓄而後發。蓄勁如張弓，發勁如放箭」，則彈性之理，而又動能與勢能之理也；「彼不動，己不動；彼微動，己先動」「彼有力，我亦有力，我力在先；彼無力，我亦無力，我力仍在先。人一挨我，我不動彼絲毫，趁勢而入，接定彼勁，彼自跌出」，是以柔克剛，不動聲色，既合乎科學之理，而又洽乎謙遜之道。

由此觀之，太極拳者，係本科學之理練己身，並於謙遜之中勝敵人，精微奧妙有如此者，其為世人所推崇，豈偶然哉。練之熟，則可以健其身；練之精，則可以通其神。惟練之熟則甚易，而練之精，則甚難耳。

先伯祖亦畬公，從武太祖舅父禹襄公習此技。先祖啟軒公亦從之學，歷數十年，精妙始得，各有著述。先嚴獻南公，先叔信甫公，均得家傳，日日練之，至老不懈。惟我家素以誦讀為業，總未以此問世。然遠近知音者，亦大有人在。求拜門下者甚眾。本邑郝和，清河葛福來，均從先伯祖學。南宮馬靜波，清河葛順成，均從先祖學。

光緒戊戌，西林岑旭階太守，來守此邦，延先嚴、先叔授渠諸公子。時福蔭年方七歲，亦從學焉。福蔭除受家訓外，更受教於師伯郝和（郝為真）。年稍長，求學異地，未能專心於此，以致無所成就，至以為憾！

近年來，習此術者甚眾。於是向吾家討秘本者有之；向福蔭請教益者有之；外間抄本過多，文字間略有不同，因生疑竇，就吾質正者亦有之；各方求知之切，竊自欣慰。

細檢家藏各本，文字間亦不相同，章篇或此前而彼後，或此多而彼少，緣先伯祖精求斯技，歷四十年，輯本非只一冊，著述屢有刪改。外間抄本因時間之不同，自難一致耳。先伯祖最後親筆工楷手抄共三本。一交先祖啟軒公，現已殘缺；一交門人郝和，現存伊子文桂手；先伯祖自留一本，現存十一叔父遜之公手，此皆完璧也；至於先伯祖屢次自編原稿，則為十叔父石泉公、十一叔父遜之公所珍藏。

今擇其詳盡者，厘定次第，原文之中，未敢增改一字。以福蔭之功夫未到，不敢妄加解說也。願世之好者，悉心研究，發揚而光大，甚幸！甚幸！

永年李福蔭敘
甲戌臘月二十四日（1935年1月28日）

註：李福蔭（1892 — 1943），郝為真之弟子，在永年十三中學任教。協助將乃祖李亦畬手出之太極拳譜，參考永年十三中油印本《廉讓堂太極拳譜》、石印本《太極

拳譜》重新編次，分章分節，書名《李氏太極拳譜》（後人習稱《廉讓堂太極拳譜》），籌資18000元（銀圓）於1935年在山西太原出版發行10000餘冊，免費分贈同好。此為王宗岳、武禹襄、李亦畬等前輩太極拳家所著拳論的第一次正式出版發行，其書對太極拳理論之弘揚發展具有深遠的歷史意義。

太極拳圖說自序

——陳鑫

古人云，莫為之前，雖美而弗彰；莫為之後，雖盛而弗傳。此傳與受之兩相資者也。

我陳氏自陳國支流山左派，衍河南，始於河內而卜居，繼於蘇封而定宅。

明洪武七年，始祖諱卜，耕讀之餘，而以陰陽開合，運轉周身者，教子孫以消化飲食之法，理根太極，故名曰「太極拳」。

傳十三世至我曾祖父諱公兆，文兼武備，再傳至我祖諱有恆，與我叔祖諱有本。我叔祖學業湛深，屢薦未中，終成廩貢，技藝精美，出類拔萃，天下智勇未有尚之者。於是以拳術傳之我先大人諱仲牲，與我先叔大人諱季牲。我先大人與我先叔大人是同母而生，兄弟齊名，終生無怠，詣臻神化。倘非先達傳之於前，雖有後生，安能述之於後也。

我先大人命我先兄諱垚習武，命愚習文。習武者武有

可觀，習文者文無所就，是誠予之罪也。夫所可幸者，少小侍側，耳聞目見，薰蒸日久，竊於是藝，管窺一斑，雖未通法華三昧，而於是藝僅得枝葉，其中妙理循環，亦時覺有趣。

迄今老大，已七十有餘矣，苟不即吾之一知半解，傳述於後，不且又加一辜哉。愚今者既恐時序遷流，迫不及待，又恐分門別戶，失我真傳；所以課讀餘暇，急力顯微闡幽，纖悉畢陳，自光緒戊申以至民國乙未，十有二年，其書始成。又急繕寫簡冊，雖六月盛暑不敢懈也。書中所言，吾不知於前人立法之意，有合萬一否。而要於先大人六十年之攻苦，庶不至淹沒不彰也，亦不至以祖宗十六代之家傳，至我身而斷絕也。

愚無學問，語言之間不能道以風雅，而第以淺言俗語，聊寫大意。人苟不以齊東野語唾而棄之，則由升堂入室，上可為國家禦賊寇，下可為筋骨強精神，庶寶塔圓光，世世相傳於弗替，豈不善哉。是書傳之於家則可，傳之於世，恐貽方家之一笑。

民國八年歲次乙未九月九日書於木欒店訓蒙學舍
陳鑫序

陳氏家乘　陳奏庭傳

——陳鑫

陳奏庭，名王廷，明庠生，清入武庠，精太極拳。

往山西訪友，見兩童子扳跌，旁有二老叟觀，公亦觀

之。老者曰：客欲扳跌乎。曰：然。老人命一童子與之扳跌。童子遂摟公腰，亮起用膝膝公氣海者三，將公放下，忽老幼皆不見。天亦晚，公悵然而歸。

公與登封縣武舉李際遇善，登封因官逼民亂，以際遇為首，公止之。當上山時，山上亂箭如雨，不能傷公。遇一敵手，公追之三周御寨未及。李際遇事敗，有蔣姓仆於公，即當日所追者，其人能百步趕兔，亦善拳者也。

公際亂世，掃蕩群氛，不可勝記，然皆散亡。只遺長短句一首，其詞云：歎當年，披堅執銳，掃蕩群氛，幾次顛險。蒙恩賜，罔徒然；到而今，年老殘喘。只落得《黃庭》一卷隨身伴。悶來時造拳，忙來時耕田。趁餘閒，教下些弟子兒孫，成龍成虎任方便。欠官糧早完，要私債即還。驕諂勿用，忍讓為先。人人道我憨，人人道我顛。常洗耳，不彈冠。笑殺那萬戶諸侯，兢兢業業，不如俺心中常舒泰，名利總不貪。參透機關，識彼邯鄲，陶情於漁水，盤桓乎山川，興也無干，廢也無干。若得個世境安康，恬淡如常，不伎不求，哪管他世態炎涼，成也無關，敗也無關。不是神仙誰是神仙？

後　記

　　歷時三年，此套太極拳經、論、解叢書終至彙集成冊，蔚然可觀，作為一名太極拳的傳承者和習練者，想到能為太極拳的發展做出自己力所能及的微薄貢獻，心中甚感欣慰。

　　中華武術，博大精深，門派林立，各有千秋，武林中人對本門功法大多皆諱莫若深，秘而不宣。但隨著時代的進步，資訊的發達，人們的保守意識也已逐步放開，很多以前只在門內秘傳的拳論，如今則大多得以公開流傳於世，此乃思想進步之徵也，更是太極拳發展之大幸也。

　　傳統文化的傳承最貴得真，最宜廣傳。一門武學精髓的體現主要就是其核心指導思想，用現代的話來說，也就是武學的DNA，這也是作為一門武學的最核心特質。而保持DNA的純正，須具備正知、正見、正信，也只有在這個大前提下所產生的理論方可稱其為正論，也就是所謂的拳論。

　　拳論，是一個拳種的理論指導核心，因其立意於實用，立言於心得，是以皆言簡意賅，不尚浮誇，其內容則微言大義，無一浮詞，皆自身體力行中感悟而來。其對後

學之指導作用則更非淺鮮，頗類禪宗之當頭棒喝，具有明心見性之功效，所謂得其一而萬事畢也。精研拳論，身體力行，日久功深，則頓悟全旨，而收事半功倍之效，自不易誤入旁徑，此即謂得其真傳正法也。

太極拳作為一門特別注重理論參究的拳種，其理法基礎根植於我國傳統文化的沃土，契合傳統文化中的天人合一、陰陽、五行思想，特別和道家思想有很深的淵源，其內涵豐富、深遠，涉及到傳統哲學、心理學、生理學、力學、醫學、運動生理學等等學科。

由於其理法過於細膩精微，學人初次接觸多有高山仰止之感，所以一直以來太極拳都是非常難學的一個拳種，既需要明師指點妙竅，同時還須具有極高的悟性，再加以勤學善思，潛心揣摩，朝夕悟於心，體於身，行持無間，方可克臻大成，殊為不易。

而筆者則認為，其難學之處，主要在於觀念，而非拳術本身。蓋因其拳理多與人慣有之思維、行為相左，如捨己從人、以弱勝強、無中生有、無為而為、隨人不隨己、柔軟勝堅剛等理論，初看多覺矛盾重重，不知所云，對於人們已建立的知識參照系來說，是一個全新的理念和體驗，所以很難讓學人一學即曉，當下即悟。

此外，太極拳作為中華文化之瑰寶，其理法完全體現了中華文化之內涵，其與道家文化水乳交融，與《道德經》以及一些佛家經典亦多有相契，因此對於學人的傳統文化修養要求較高，此亦其難學之處也。

所以對於廣大學習太極拳的學者來說，要想體悟太極

拳之真意，必須要特別重視理論之參究。習拳即是悟道的過程，思想的超脫和轉換非常重要，只有悟道與學拳並舉，方可事半而功倍。所以在習練太極拳時，自身觀念的轉變，以及對自我的揚棄，自我認識的再造和昇華，身、心、靈的蛻變和轉換，精、氣、神的凝聚和收放，內心的歷練和成熟，均是每日修煉之功。可以說習練太極拳就是一種自我身心的再造工程，而太極拳之所以為世人所喜愛，其魅力即在於斯。既如此，其歷代先賢用心血經驗凝練之精論，豈可忽哉？豈可不參哉？

縱觀我們身邊的太極拳練習者，很多人都是捧著似是而非的理論，或是混合著外家拳的觀念來習練內家拳，看著外形雖然是太極，而其路數則完全與太極毫無關涉。我們再看看各類太極拳的交流活動中，很多習練者所謂的推手，簡直是摔跤不像摔跤，柔道不像柔道，一個個如頂牛式的對抗拉扯，哪里還能看到一點點太極拳應有的的「沾、黏、連、隨」「引進落空」「四兩撥千斤」這些特質；所看到的都是「頂、匾、丟、抗」「斷、接、俯、仰」，舉動間更是毫無太極之拳意。一門技藝，若其理法不正，則失之真傳亦已遠矣。

筆者目鑒於此，實感憂慮，若長此下去，太極拳這一門精妙的武技也必將會隨著時間的推移而名存實亡。誠然，造成這些情況的原因固然很多，但我想其主要還是因為隨著社會經濟的高度發展，人們生活節奏的加快，人心亦大多趨於浮躁，很少有人能夠沉下心來、平心靜氣地去參究拳論，故不能領受祖師之教義，而迷失本真，失其根

本而流於枝葉，以至於造成如今太極拳發展之種種現象。正所謂「操練不按體中用，修到終期藝難精」，「武藝雖精竅不真，費盡心機枉勞神」，內家拳首重理法，理法不明，則練拳必然走偏，所謂差之雖毫釐，謬之已千里萬里矣。

所以，此套歷代太極拳經、論、解叢書的出版，可以在很大程度上使這些問題得到有效地解決。讀者只要悉心研究先賢之精論，悟於心，體於身，則如有祖師親授而收事半功倍之效，從而能夠更好地領會到太極拳之真傳妙諦，扶危救偏，樹立正信、正知、正見。

我們有理由相信，此套太極拳經論解叢書的出版，對於太極拳的傳承和發展都將會起到積極的促進作用，而太極拳這一凝聚歷代宗師智慧和心血的優秀拳種，也必將會隨著人們對先賢拳論、拳經的重視和研究而重放異彩，繼而發揚光大，使太極拳這一精微妙技，在新的歷史時期，煥發出勃勃的生機，從而更好的為習練者的健康服務，造福於全人類，光耀於全世界。

養生保健　古今養生保健法　强身健體增加身體免疫力

醫療養生氣功
定價250元

中國氣功圖譜
定價250元

少林醫療氣功精粹
定價250元

龍形實用氣功
定價220元

魚戲增視强身氣功
定價220元

道家玄牝氣功
定價200元

仙家秘傳祛病功
定價160元

少林十大健身功
定價180元

中國自控氣功
定價250元

醫療防癌氣功
定價250元

醫療强身氣功
定價250元

醫療點穴氣功
定價250元

中國八卦如意功
定價180元

正宗馬禮堂養氣功
定價420元

道家筋經內丹功
定價300元

三元開慧功
定價250元

防癌治癌新氣功
定價180元

顛定少佛家氣功修煉
定價200元

顛倒之術
定價360元

簡明氣功辭典
定價360元

八卦三合功
定價230元

朱砂掌健身養生功
定價250元

抗老功
定價230元

意氣按穴排濁自療法
定價250元

健身祛病小功法
定價200元

張氏太極混元功
定價250元

中國少林禪密功
定價200元

郭林新氣功
定價400元

太極
定價280元

現代原始氣功
定價400元

開脈太極
定價300元

强身功
定價300元

太極內功養生法
定價180元

無極養生氣功
定價200元

小周天健康法
定價200元

易筋經
定價350元

洗髓經
定價400元

精功易筋經
定價200元

武當內門七心心法真功
定價280元

手杖健身法
定價200元

武當道教養生導引術
定價180元

武當道教養生長壽功
定價200元

太極拳內功養生心法
定價280元

意拳
定價280元

靜坐要訣
定價200元

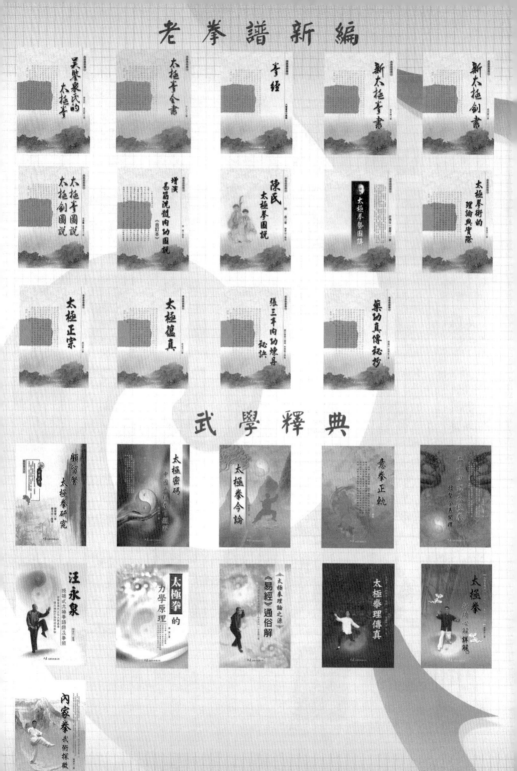

休閒保健叢書

瘦身保健按摩術
定價200元

顏面美容保健按摩術
定價200元

足部保健按摩術
定價200元

養生保健按摩術
定價280元

頭部穴道保健術
定價180元

健身醫療運動處方
定價230元

瘦身・美容・美體 點穴術
定價350元

中外保健按摩技法全集
定價550元

中醫三補養生
定價300元

運動創傷 康復診療
定價550元

養生抗老指南
定價350元

創傷骨折救護與康復
定價220元

面病全息自我診療
定價500元

拔罐排毒一身輕
定價330元

圖解針灸美容
定價350元

圖解針灸鎮痛
定價350元

圖解推拿治百病
定價350元

辨舌診百病
定價330元

望甲診療法
定價300元

現代女性養生
定價250元

現代男性養生
定價230元

每天3分鐘永保安康
定價230元

脊柱養生術 吳氏正椎法
定價230元

快速望診斷健康
定價330元

易經筋推拿療法
定價300元

針灸特效穴圖解
定價300元

按摩特效穴速成
定價280元

養生保健穴速成
定價280元

312經絡鍛鍊治病實例
定價250元

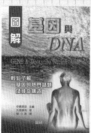

定價230元

定價230元

定價230元

定價230元

定價250元

定價230元

定價230元

定價230元

定價230元

定價280元

定價200元

定價550元

定價400元

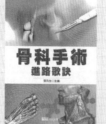

定價220元

定價250元

品冠文化出版社

圍棋輕鬆學

定價160元

定價300元

定價330元

定價250元

定價250元

定價250元

定價280元

定價280元

定價280元

定價250元

象棋輕鬆學

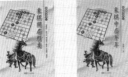
定價280元

定價280元

定價280元

定價280元

定價230元

定價450元

定價500元

智力運動

怎樣下 國際跳棋
定價220元

國際跳棋 攻殺練習
定價250元

圍棋知識
定價180元

象棋知識
定價200元

橋牌知識
定價180元

西洋棋知識
定價180元

五子棋知識
定價180元

田 棋
定價220元

棋藝學堂

兒少圍棋 啟蒙篇
定價180元

兒少圍棋 提高篇
定價220元

兒少圍棋 比賽篇
定價180元

兒少象棋 啟蒙篇
定價180元

兒少象棋 提高篇
定價180元

兒少象棋
定價180元

歡迎至本公司購買書籍

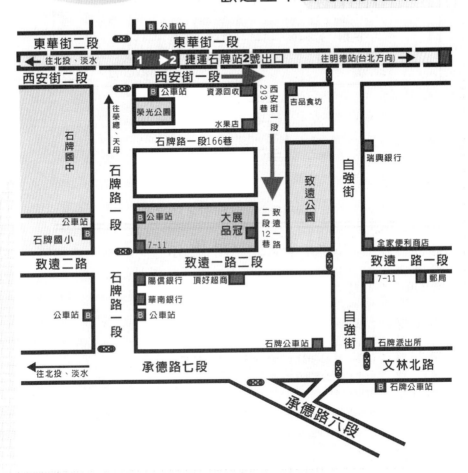

建議路線

1. 搭乘捷運‧公車

　　淡水線石牌捷運站2號出口出站(出站後靠右邊)，沿著捷運高架往台北方向走(往明德站方向)，其街名為西安街，約走100公尺(勿超過紅綠燈)，由西安街一段293巷進來(巷口有一公車站牌，站名為自強街口)，本公司位於致遠公園對面。搭公車者請於石牌站(石牌派出所)下車，走進自強街，遇致遠路口左轉，右手邊第一條巷子即為本社位置。

2. 自行開車或騎車

　　由承德路接石牌路，看到陽信銀行右轉，此條即為致遠一路二段，在遇到自強街(紅綠燈)前的巷子(致遠公園)左轉，即可看到本公司招牌。

國家圖書館出版品預行編目資料

妙諦傳心──太極拳經秘譜匯宗 ／ 何欣委　編著
──初版，──臺北市，大展，2015〔民104.04〕
面；21公分 ──（武學釋典；21）
ISBN　978－986－346－063－3（平裝）

1. 太極拳
528.972　　　　　　　　　　　　　　104002072

妙諦傳心──太極拳經秘譜匯宗

編 著 者／何欣委
責任編輯／朱曉峰
發 行 人／蔡森明
出 版 者／大展出版社有限公司
社　　　址／台北市北投區（石牌）致遠一路2段12巷1號
電　　　話／（02）28236031・28236033・28233123
傳　　　眞／（02）28272069
郵政劃撥／01669551
網　　　址／www.dah-jaan.com.tw
E－mail ／ service@dah-jaan.com.tw
登 記 證／局版臺業字第2171號
承 印 者／傳興印刷有限公司
裝　　　訂／承安裝訂有限公司
排 版 者／弘益電腦排版有限公司
授 權 者／北京人民體育出版社
初版1刷／2015年（民104年）4月

定　價／350元

大展好書　好書大展
品嘗好書　冠群可期

大展好書　好書大展
品嚐好書　冠群可期